股权期权激励
全程设计实施方案

实战案例版

张明辉◉编著

中国铁道出版社有限公司
CHINA RAILWAY PUBLISHING HOUSE CO., LTD.

图书在版编目（CIP）数据

股权期权激励全程设计实施方案:实战案例版/张明辉编著.—北京:中国铁道出版社有限公司，2020.6

ISBN 978-7-113-26067-5

Ⅰ.①股… Ⅱ.①张… Ⅲ.①股权激励-案例-中国 Ⅳ.①F279.23

中国版本图书馆CIP数据核字（2019）第146089号

书　　名：股权期权激励全程设计实施方案（实战案例版）
作　　者：张明辉

责任编辑：王　佩　　**读者热线电话：**010-63560056
责任印制：赵星辰　　**封面设计：**高博越

出版发行：中国铁道出版社有限公司（100054，北京市西城区右安门西街8号）
印　　刷：北京铭成印刷有限公司
版　　次：2020年6月第1版　2020年6月第1次印刷
开　　本：700mm×1 000mm　1/16　**印张：**21.75　**字数：**415千
书　　号：ISBN 978-7-113-26067-5
定　　价：69.80元

前　言

一、本书内容

全书共 25 章。第 1～14 章主要介绍股权期权激励全程设计实施方案；第 15～25 章介绍各类实战案例。

下面按关键词拆解书名，介绍各章的编排关系及主要内容。

1．股权期权

股权涉及股权（出资额）、股份、股票，对应不同的公司类型；期权则是一种选择权（具体内容见第 1 章）。

2．激励

激励可以从职工薪酬和股份支付来进行。广义的股权期权激励是指中长期激励，其形式大致可划分为三类：员工持股计划、股权激励计划以及激励基金计划。狭义的股权期权激励特指有限责任公司的股权（出资额）激励（具体内容见第 2 章）。

3．设计

对个人来说，参加各类激励计划，主要关注激励收益和风险（具体内容见第 3 章）。

对公司来说，推行各类激励计划，主要围绕可选的财务指标，设计出某种合理的激励机制（具体内容见第 4 章）。

4．方案

按激励形式与公司类型结合划分，非上市公司的分红权激励是常见而且相对简单的激励形式（具体内容见第 5 章）。

与非上市公司相对应的是上市公司。上市公司的中长期激励实施主要依据的监管政策有《上市公司股权激励管理办法》《关于上市公司实施员工持股计划试点的指导意见》等。上市公司采用限制性股票、股票期权或股票增值权等激励工具或法律法规允许的其他激励形式，均需遵循《上市公司股权激励管理办法》制订计划内容及实施程序。

5．全程设计实施

全程设计实施主要围绕上市公司的股权激励进行讲解，但具体内容各章也涉及了非上市公司的股权激励。

上市公司限制性股票、股票期权、股票增值权，是股权激励的不同形式，起草股权激励计划的目录基本类似；而起草员工持股计划、激励基金计划的目录则不同（具体内容见第 6 章）。

每一份上市公司股权激励计划都需要有制订依据。采用的激励形式不同、公司类型不同，生效的监管政策（法律法规、规章、规范性文件、公司章程等）也不同（具体内容见第 7 章）。

每个上市公司能否实施股权激励计划，以及激励对象能否获授和行使权益，涉及很多方面需要检查（具体内容见第 8 章）。

上市公司实施股权激励时，要注意控制总量和个量比例。用于股权激励的标的股票数量占当时公司总股本比例不得超过 10%（包括单期或累计），这是总量控制上限；激励对象获授的标的股票数量占当时公司总股本比例不得超过 1%（包括单期或累计），这是个量控制上限。在 10%的总体比例内，上市公司可考虑一次性用足，或采用分期实施的方式（具体内容见第 9 章）。

上市公司股本总额是会发生调整的，用于股权激励的标的股票数量也要考虑是否调整、如何调整。有激励对象调整引起的情况，也有 8 类权益调整事项，包括资本公积金转增股本、派送股票红利、缩股、股票拆细、配股、派息、增发、回购等，这些事项发生引起的权益数量调整方法和调整程序要进行规定，也要清楚如何具体计算（具体内容见第 10 章）。

上市公司实行股权激励，权益授予要满足授予条件，限制性股票解锁要满足解锁条件，股票期权及股票增值权的行权要满足行权条件。一般上市公司授予条件有两条，即公司未发生负面清单以及激励对象未发生负面清单，国有控股上市公司还须考虑满足授予的公司业绩条件。上市公司权益的解锁或行权条件有三条：公司未发生负面清单、激励对象未发生负面清单以及满足公司与个人的业绩条件。其中，国有控股上市公司的业绩条件设置及考核方法较为复杂，还需要按《国有控股上市公司（境内）实施股权激励试行办法》《关于规范国有控股上市公司实施股权激励制度有关问题的通知》等设计（具体内容见第 11 章）。

对激励对象个人来说，关注的是股权激励的收益，但对公司（激励主体）来说，实施股权激励也是一项投资：股权激励要做会计处理，同时有股权激励总成本及年度摊销要处理。这涉及 2 个会计准则，以及运用 Black-Scholes 模型预测期权的公允价值等（具体内容见第 12 章）。

上市公司的股权激励计划，什么情况下可以实施，实施后如何授予、调整、行使权益，发生变更甚至终止计划如何操作？上市公司的股权激励计划一般由董事会审议，由股东大会审议通过方可实施；其中国有控股上市公司还需先经国资监管部门同意，这是制订和批准程序。此后还包括授予、调整、解锁（行权）程序，这是实施程序。最后还有变更和终止程序（具体内容见第 13 章）。

股权激励的来源之一是公司从二级市场回购股票。在股权激励计划实施后，由于激励对象调整或业绩未达标等情形，导致公司须对激励对象的部分权益进行回购注销。其中，限制性股票需回购注销，股票期权需注销，股票增值权需内部取消（具体内容见第 14 章）。

6．实战案例版

股权激励计划案例最多，第 15～17 章是上市公司股权激励案例，第 18～20 章是非上市公司股权激励案例，第 21 章是虚拟股权激励案例。

员工持股计划、激励基金计划案例相对少，第 22 章是员工持股计划案例，第 23 章是激励金计划案例。激励基金计划与虚拟股权激励计划案例可以互相借鉴。

最后还补充提供了股权激励授予协议书（第 24 章）、业绩股票激励形式案例（第 25 章）。

二、本书特点

本书把中长期激励形式与公司类型结合起来，看完本书读者可以掌握：员工持股计划、股权激励计划、激励基金计划这三大类激励形式如何设计，以及上市公司、非上市公司在制订实施这些激励计划时的区别。上市公司包括一般上市公司和国有控股上市公司，非上市公司包括有限公司、股份公司、新三板挂牌公司；上市公司股权激励包括限制性股票、股票期权、股票增值权等激励工具。本书也筛选了大量近期的上市公司、新三板挂牌公司、非上市公司的股权激励计划案例，以及员工持股计划和激励基金计划案例。

三、本书读者

本书适合上市公司、新三板挂牌公司、非上市公司的董事、中高层管理人员（总经理、副总、财务总监、董秘）、人力资源总监（经理）、薪酬主管，及其他相关人员阅读。

鉴于编者水平有限，书中若有疏漏之处，欢迎读者批评指正。如您在学习过程中遇到问题，欢迎交流讨论。QQ：787808577，读者交流 QQ 群：166074990。微信公众号“考典科技”（ID:kpitech）。

张明辉

2019 年 10 月于杭州

目　录

第1章

股权期权

在江南某地“得州”有以下三家这样的企业。

（1）得州华胜投资合伙企业（有限合伙），简称“华胜投资”。

（2）吴县华安烧烤设备有限责任公司，简称“华安设备”。

（3）江南皮革（得州）股份有限公司，简称“江南皮革”。

它们各自对应着三种企业类型：有限合伙企业、有限责任公司、股份有限公司（非上市）。在这三家企业中，华安设备、江南皮革涉及股权，而华胜投资并不涉及股权。这是为什么呢？

1.1 合伙企业的财产份额

在以上三家企业中，企业的财产权具体到合伙企业叫财产份额，具体到公司叫股权。企业的所有者身份也有区别，合伙企业是合伙人所有，公司是股东所有。在基本制度方面，合伙企业以合伙协议为依据，公司以公司章程为依据。

我国《中华人民共和国合伙企业法》（以下简称《合伙企业法》）把合伙企业分为普通合伙企业、特殊普通合伙企业以及有限合伙企业。比如：

普通合伙企业：宁波水泵厂（普通合伙）。

特殊合伙企业：天健会计师事务所（特殊普通合伙）。

有限合伙企业：深圳市腾讯信达有限合伙企业（有限合伙）。

以有限合伙企业为例，它的合伙人人数规定是 2～50 人，其中至少有一个作为普通合伙人（GP）执行合伙事务，其他则作为有限合伙人（LP）；合伙企业的注册资本没有最低要求，可分期缴纳，注册资本等于各合伙人认缴的出资总额，实收资本等于各合伙人实缴的出资总额；合伙人的出资额叫财产份额，出资比例叫财产比例；合伙人必须订立书面的合伙协议。

以华胜投资来说，其企业类型为有限合伙企业，注册资本 200 万元，实收资本 100 万元，有三个合伙人：华夫人、华文、华武，华夫人作为普通合伙人（GP）执行合伙事务，华文、华武作为有限合伙人（LP）。合伙人认缴和实缴出资情况如下。

华夫人认缴出资 20 万元，出资比例 10%；实缴出资 10 万元，出资比例 10%。

华文认缴出资 100 万元，出资比例 50%；实缴出资 50 万元，出资比例 50%。

华武认缴出资 80 万元，出资比例 40%；实缴出资 40 万元，出资比例 40%。

各合伙人均以货币形式出资，并于 X 年 1 月 1 日完成认缴和第一次实缴。当前实收资本为注册资本的 50%。

有限合伙企业出资情况（华胜投资）如表 1.1 所示。

表 1.1　有限合伙企业出资情况（华胜投资）

序号	合伙人	合伙人类型	认缴出资				实缴出资			
			出资额（万元）	出资比例（%）	出资形式	缴纳时间	出资额（万元）	出资比例（%）	出资形式	缴纳时间
1	华夫人	普通合伙人（GP）	20	10.0	货币	X年1月1日	10	10.0	货币	X年1月1日
2	华文	有限合伙人（LP）	100	50.0	货币	X年1月1日	50	50.0	货币	X年1月1日
3	华武	有限合伙人（LP）	80	40.0	货币	X年1月1日	40	40.0	货币	X年1月1日
4	合计		200	100.0			100	100.0		

虽然有限合伙企业本身不涉及股权，但可作为公司实施股权激励的持股平台之一。

在公司制订股权激励时需考虑：激励主体准备让激励对象以何种方式持股。在实际操作中，持股方式可分为直接持股或间接持股。

间接持股平台有多种类型，包括有限责任公司、有限合伙企业、工会、员工持股计划、定向资产管理计划、集合资产管理计划等。例如华为公司就是以工会作为间接持股平台。

当公司设立的持股平台是有限合伙企业（而不是有限责任公司）时，对激励主体和激励对象各有如下好处。

（1）激励主体可以较少的出资取得控制权。这是因为在有限合伙企业中，不是哪个合伙人的财产份额多就说了算，而是谁当普通合伙人执行合伙事务谁掌握控制权。因此，华夫人虽然只认缴出资 20 万元、出资比例只有 10%，但却能够控制华胜投资。

（2）股权激励收益兑现时，激励对象可以缴纳较少的所得税费用。这是因为有限合伙企业只需缴一次（个人所得税），有限责任公司需缴两次（公司所得税、个人所得税）。

总之，当激励主体是合伙企业时，涉及的是财产权（财产份额），有时也叫资产份额、出资份额、合伙份额、激励份额等。只有当激励主体是公司时，才会涉及股权。

1.2　公司的股权

股权简单来说，就是股东的权利。

我国《中华人民共和国公司法》（2014 年修订）（以下简称《公司法》）第一章第四条规定：公司股东依法享有资产收益、参与重大决策和选择管理者等权利。

股权还可以这样理解：股东所享有的与其拥有的出资比例（或股份比例）相应的权益以及承担部分责任的权力。简而言之，即股权=权益+权力。

具体来说，股权包括所有权、表决权（投票权）、处置权（转让权、继承权、抵押质押担保权、清算权）、收益权（分红权、增值权）等。

1.2.1 有限责任公司的股权

对有限责任公司来说，在市场监督管理局（原工商局）完成工商登记并领取、更换营业执照，制订、修订公司章程，会涉及公司注册资本、各股东认缴的出资情况（出资额、出资形式、认缴出资日期等）。

此前的《公司法》对公司的注册资本有最低要求：有限责任公司最低 3 万元、一人有限责任公司最低 10 万元、股份有限公司最低 500 万元。从 2014 年 3 月 1 日起，修订后的《公司法》已经取消了注册资本的最低要求，并采用认缴制代替实缴制。

有限责任公司的股权（华安设备）如表 1.2 所示。

表 1.2 有限责任公司的股权（华安设备）

序号	股东	股东类型	出资额（万元）	出资比例(%)	出资形式	认缴日期
1	唐伯虎	自然人	40	80.0	货币	X 年 3 月 1 日
2	祝枝山	自然人	10	20.0	货币	X 年 3 月 1 日
3	合计		50	100.0		

可以看到，华安设备的注册资本是 50 万元，股东 2 人，认缴出资如下。

（1）唐伯虎认缴出资 40 万元，出资比例 80%。

（2）祝枝山认缴出资 10 万元，出资比例 20%。

各股东均以货币形式出资，并于 X 年 3 月 1 日完成认缴。

华安设备注册成立后，作为有限责任公司，根据《公司法》的规定，公司各股东以其认缴的出资额为限承担有限责任，公司以注册资本为限对其债务承担有限责任。

对华安设备公司来说，注册资本 50 万元就是公司股权；对股东唐伯虎来说，他认缴的出资额 40 万元就是他的股权，持股比例 80%。

通过上述出资额和出资比例可知，唐伯虎拥有了华安设备 80%的股权，包括所有权、表决权（投票权）、处置权（转让权、继承权、抵押质押担保权、清算权）、收益权（分红权、增值权）等。

《公司法》规定：股东的股权比例超过 50%时为控股股东，超过 2/3（66.7%）时为绝对控股股东。因此唐伯虎是华安设备的绝对控股股东和实际控制人。

1.2.2 股份有限公司的股份（股票）

有限责任公司的股权和持股比例，可以理解为出资额和出资比例。股份有限公司的财产权实质也是股权，但由于还出现了股份、股票的概念，因此十分容易混淆。

以江南皮革为例，它可以注册成立股份有限公司，成立方式包括发起设立或募集设立；也可以通过股份制改造，把有限责任公司整体变更设立为股份有限公司。

假如最早有家企业叫江南皮革厂（普通合伙），它无法改制为有限责任公司、股份有限公司。需另外注册成立一家有限责任公司叫得州江南皮革有限公司（简称江南有限），后改制为江南皮革（得州）股份有限公司（简称江南皮革或股份公司）。

股份公司注册资本 1 000 万元，是以“江南有限”经审计的上年末净资产 1 200 万元为估值基数，其中的 1 000 万元列入注册资本，200 万元列入资本公积。

会计做账分录如下（单位：万元）：

借：长期股权投资　　1 200

　　贷：注册资本　　1 000

　　　　资本公积　　200

股份公司的发起人有 2 人：华太师、华夫人，认缴出资如下。

（1）华太师认缴出资 550 万元，出资比例 55%。

（2）华夫人认缴出资 450 万元，出资比例 45%。

各发起人均以在江南有限的净资产作为出资形式，并于 X 年 6 月 1 日完成认缴和实缴。

作为股份公司应这样修改表述：把注册资本划分为等额股份，以 1 股为最小单位，每 1 股具有相同的权利，每股设定面值 1 元。这样，注册资本 1 000 万元的股份公司，它的股份总数为 1 000 万股，每股面值 1 元，股本 1 000 万元。

因此，股份公司发起人 2 人的认缴出资如下。

（1）华太师，认缴出资 550 万元，持有股份数 550 万股，持股比例 55%。

（2）华夫人，认缴出资 450 万元，持有股份数 450 万股，持股比例 45%。

股份有限公司出资情况（江南皮革）如表 1.3 所示。

表 1.3　股份有限公司出资情况（江南皮革）

序号	股东	发起人类型	出资额（万元）	持股数（万股）	持股比例（%）	出资形式	认缴日期
1	华太师	自然人	550	550	55.0	净资产	X 年 6 月 1 日
2	华夫人	自然人	450	450	45.0	净资产	X 年 6 月 1 日
3	合计		1 000	1 000	100.0		

因此，在表 1.3 所示的出资情况表中，要把股东改为发起人，出资额和

出资比例变成出资额、持股数和持股比例。注意持股的区别：有限责任公司指持有股权（出资份额），股份有限公司指持有股份。

因此，股份公司的股权已经具体化为股份，说股权也没错，但股份更符合；而有限责任公司只有股权，不能叫股份，因为没有划分过。如果有限责任公司要叫股份，那也只能叫模拟股份。

《公司法》还规定，股份有限公司发起设立时，注册资本要划分为等额股份，股份是以股票形式表现的。因此，股份有限公司的股权，也可以叫股票。

有限责任公司的股东拿到的凭证是出资证明书。

股份有限公司（非上市）的股东拿到的凭证是股票，但此时的股票不能上市流通。

股份有限公司（上市）的股东拿到的凭证也是股票，但此时的股票可以部分或全部上市流通。

1.2.3 如何理解股份等额划分

老刘是两家公司的股东：

（1）有限责任公司（甲）注册资本 5 000 万元，股东（老刘）出资 1000 万元，出资比例 20%，在没有另外约定时，股东老刘持有公司甲 20%的股权。

（2）股份有限公司（乙）注册资本 5 000 万元，总股本 5 000 万股，每股 1 元，股东（老刘）持有 1 000 万股，在没有另外约定时，股东老刘持有公司乙 20%的股份。

从股东老刘的公司持股比例来看，公司甲以出资额计算（未拆为等额股份）和公司乙以股本计算（拆为等额股份），最后都是持股 20%。

可以从以下两个方面来理解股份有限公司设立时注册资本要划分为等额股份。

首先，有限责任公司的出资额不做划分，股份有限公司的出资额做划分。划分的目的是为了便于股权交易。这是因为，有限责任公司的股东转让股权，其他股东有优先受让权，如果转让给公司外部机构或人员，要征得公司其他股东同意。股份有限公司的股份转让则不受此类限制。

其次，注册资本做等额划分，是我国《公司法》的规定，适用境内公司。我国境外公司，当地国家或地区法律规定不同，有的也是等额划分，但有的是不等额划分。

【案例】搜狗：AB 股权架构（不等额划分股份）

2017 年 11 月 9 日，搜狗（SOGO）在美国纽交所上市。其股权划分为 A

股普通股、B股普通股、B股优先股，拥有不同的投票权，即A股普通股每股投票权1票、B股优先股每股投票权1票、B股普通股每股投票权0票。

腾讯是搜狗的股东，其持有的股份数量为15 155.787 5万股，占当时搜狗公司总股本33 402.659 5万股的45.37%。但是腾讯的投票权数只有7 218.945 4万股，占当时搜狗公司投票权股票总数25 465.817 4万股的28.35%，因此腾讯没有搜狗的控制权。

为什么腾讯持有搜狗的股份数量及比例与腾讯持有搜狗的投票权数量及比例不一致呢？

这是因为，腾讯持有的股票包含了A股普通股、B股优先股、B股普通股，其中B股普通股7 936.842 1万股，但其对应的投票权数为0。

搜狗AB股权架构如表1.4所示。

表1.4 搜狗AB股权架构

股东	持股数（万股）	持股比例	股票种类	每股投票权	投票权数（万股）	投票权比例
搜狐	13 097.775	39.21%	A股普通股	1	13 097.775	51.43%
Photon（张朝阳控股）	3 200	9.58%	A股优先股	1	3 200	12.57%
腾讯	675.787 5	2.02%	A股普通股	1	675.787 5	2.65%
	6 543.157 9	19.59%	B股优先股	1	6 543.157 9	25.69%
	7 936.842 1	23.76%	B类普通股	0	0	0.00%
搜狗和搜狐的核心骨干员工	1 949.097	5.84%	A股普通股	1	1 949.097	7.65%
合计	33 402.659 5	100.00%			25 465.817 4	100.00%
A股小计	18 922.659 5	56.65%			18 922.659 5	74.31%
B股小计	14 480	43.35%			6 543.157 9	25.69%
腾讯小计	15 155.787 5	45.37%			7 218.945 4	28.35%

1.2.4 份额、股权、股份、股票

从一般的习惯来说，有限责任公司叫股权、股份有限公司（非上市）叫股份、股份有限公司（上市）叫股票。股份有限公司（新三板挂牌）的股权，可以叫股份或股票。

狭义的股权，特指有限责任公司的股权；广义的股权，包含有限责任公司的股权、股份有限公司（非上市）的股份、股份有限公司（上市、挂牌）的股票。但股权仅限于公司，合伙企业对应财产份额。

企业类型与财产份额、股权形式如表 1.5 所示。

表 1.5　企业类型与财产份额、股权形式

企业类型	财产份额	广义股权	狭义股权	股份	股票
普通合伙企业	√				
特殊普通合伙企业	√				
有限合伙企业	√				
有限责任公司		√	√		
股份有限公司（非上市）		√		√	
股份有限公司（挂牌）		√		√	√
股份有限公司（上市）		√			√

1.3　期权是选择权

与股权经常相提并论的还有期权。那什么是期权呢？首先要注意，股权的“权”和期权的“权”大有区别。

股权的“权”是权利，包含了权益和权力。期权的“权”也是权利，但特指选择的权利；激励对象届时可以行使权利，也可以放弃行使权利。由于它可以选择，因此它没有风险。期权有时也叫股权认购权、认股权，但更多时候还是叫期权。

假定以华安设备为例：X 年，公司召开董事会审议通过《华安设备第一期股权期权激励计划（草案）》，并经股东会审议通过后实施。

本期股权激励计划简述：公司采用股权期权为激励工具，以本公司股权（出资额）为标的，向 1 名激励对象（秋香）授予 6 万份权益，约占当时公司注册资本 50 万元的 12%。本次拟授予的股权期权来源为大股东唐伯虎转让的 6 万份股权（即 6 万元注册资本）。在满足条件的前提下，授予的每 1 份期权拥有以事先约定的行权价格购买本公司相应股权的权利，激励对象也可以放弃购买。行权价格确定为 1 元/1 元注册资本，授予日确定为 X 年的 7 月 1 日。计划有效期 3 年，其中第一年为等待期，第二、三年为行权期，每次行权比例为 50%、50%，每次行权期 12 个月。

实施 1 年后：公司和激励对象均满足行权条件，秋香第一次行权，按每 1 份期权 1 元的行权价格购买本公司 1 元注册资本对应的股权，行权 3 万份购买获得 3 万元注册资本对应的股权。

实施 2 年后：由于当年公司经营不良，每 1 元注册资本的净资产为 0.9 元，已经低于 1 元的行权价格。如果选择继续行权，表示秋香以 1 元的行权价格买到 0.9 元的净资产，显然这是不划算的。因此秋香选择了放弃行权，

即不购买另外的 3 万份股权，此时风险为零。

变动后股权结构：公司注册资本不变，仍为 50 万元；唐伯虎的出资额减少 3 万元，变为 37 万元，出资比例减为 74%；祝枝山的出资额不变，仍为 10 万元，出资比例 20%；秋香的出资额新增 3 万元，变为 3 万元，出资比例增为 6%。

华安设备股东变动（期权行权登记）如表 1.6 所示。

表 1.6 华安设备股东变动（期权行权登记）

序号	股东	变动前	变动前		本次变动		变动后		出资形式	认缴日期
			出资额（万元）	出资比例(%)	出资额（万元）	出资比例(%)	出资额（万元）	出资比例(%)		
1	唐伯虎	自然人	40	80.0	-3	-6.0	37	74.0	货币	X 年 3 月 1 日
2	祝枝山	自然人	10	20.0	0	0.0	10	20.0	货币	X 年 3 月 1 日
3	秋香	自然人		0.0	3	6.0	3	6.0	货币	X 年 9 月 1 日
4	合计		50	100.0	0	0.0	50	100.0		

1.4 如何理解股权期权

本书书名为《股权期权激励全程设计实施方案》，其中，股权期权激励是指广义的股权激励，包括基本类型和各种变化形式。

但在本书的具体章节中，要看具体语境加以区别。比如，本章虚拟的《华安设备第一期股权期权激励计划（草案）》，考虑到华安设备是有限责任公司，因此这里的股权期权是狭义的股权激励：激励工具是期权，股权两字特指出资份额。

为了对笼统的股权期权有更清晰的理解，下面按股权、期权划分，股权具体对应为股权（狭义）、股份、股票，与不同的公司类型对应。

股权期权的区别如表 1.7 所示。

表 1.7 股权期权的区别

公司类型	股权	期权
有限责任公司	股权（狭义）	股权期权
股份有限公司（非上市）、挂牌公司	股份	股份期权
上市公司、挂牌公司	股票	股票期权
公司	股权（广义）	股权（广义）期权

1.5 股权激励专业术语

在制订股权激励计划时会碰到很多专业术语，因此不少公司股权激励计划的第 1 章通常就是释义。各上市公司其实也是根据证监会修订的《上市公司股权激励管理办法》对释义的规定，结合本公司情况加以修改。

下面是《上市公司股权激励管理办法》的 14 个术语。

（1）标的股票：指根据股权激励计划，激励对象有权获授或者购买的上市公司股票。

（2）权益：指激励对象根据股权激励计划获得的上市公司股票、股票期权。

（3）授出权益（授予权益、授权）：指上市公司根据股权激励计划的安排，授予激励对象限制性股票、股票期权的行为。

（4）行使权益（行权）：指激励对象根据股权激励计划的规定，解除限制性股票的限售、行使股票期权购买上市公司股份的行为。

（5）分次授出权益（分次授权）：指上市公司根据股权激励计划的安排，向已确定的激励对象分次授予限制性股票、股票期权的行为。

（6）分期行使权益（分期行权）：指根据股权激励计划的安排，激励对象已获授的限制性股票分期解除限售、已获授的股票期权分期行权的行为。

（7）预留权益：指股权激励计划推出时未明确激励对象、股权激励计划实施过程中确定激励对象的权益。

（8）授予日或者授权日：指上市公司向激励对象授予限制性股票、股票期权的日期。授予日、授权日必须为交易日。

（9）限售期：指股权激励计划设定的激励对象行使权益的条件尚未成就的，限制性股票不得转让、用于担保或偿还债务的期间，自激励对象获授限制性股票完成登记之日起算。

（10）可行权日：指激励对象可以开始行权的日期。可行权日必须为交易日。

（11）授予价格：上市公司向激励对象授予限制性股票时所确定的、激励对象获得上市公司股份的价格。

（12）行权价格：上市公司向激励对象授予股票期权时所确定的、激励对象购买上市公司股份的价格。

（13）标的股票交易均价：标的股票交易总额/标的股票交易总量。

（14）本办法所称的“以上”“以下”含本数，“超过”“低于”“少于”不含本数。

第2章

中长期激励形式

【案例】航空工业：集团中长期激励总体方案[①]

中国航空工业集团公司（简称“航空工业”），是一家由中央管理的国有特大型企业，企业类型是全民所有制，于2008年11月重组成立。集团下辖140余家成员单位，员工逾45万人，拥有27家上市公司。

航空工业是国资委审批通过中长期激励方案最多的中央企业之一，集团下属上市公司已实施股权激励计划（限制性股票、股票期权），非上市公司已实施分红权激励计划。航空工业中长期激励实施试点情况如表2.1所示。

表2.1　航空工业中长期激励实施试点情况

激励工具	上市公司	非上市公司
限制性股票激励计划	中航科工（02357）、天虹商场（002419）、中航光电（002179）	
股票期权激励计划	中航电测（300114）、耐世特（01316）、贵航股份（600523）	
分红权激励计划		金航数码、青云公司

集团认为各试点单位通过中长期激励的实施，对提升业绩、稳定和激励核心骨干人才等起到明显作用，集团公司由此积累了多种中长期激励形式的推行经验。

在上述基础上，2017年7月集团公司推出中长期激励总体方案，即《中国航空工业集团公司中长期激励暂行办法》。

集团公司推行中长期激励主要有这样几个目的：有利于吸引、保留和激励核心骨干人才，激发人才创新创业活力，推动企业科技创新能力提升，促进集团公司健康可持续发展。

总体方案把中长期激励分为三类：上市公司股权激励、非上市公司分红权激励、国有科技型企业股权和分红权激励，并对三类公司的激励方式进行了明确规定，包括适用范围、激励工具、激励条件、激励额度、激励收益、业绩考核、审批管理等。

1. 激励工具

把股权激励和分红权激励作为不同的激励工具，可单独或结合起来运用。总体方案规定三类公司的激励工具如下：上市公司股权激励、非上市公司分红权激励、国有科技型企业股权和分红权激励。

2. 适用范围

同一单位、同一激励对象，原则上只能采取一种中长期激励方式。

---

① 参考资料：邓灿邦.央企首家！航空工业出台中长期激励总体方案.证券时报网，2017-07-13.

（1）激励主体的适用范围如下。

① 上市公司股权激励，适用于集团下属境内外上市公司。

② 非上市公司分红权激励，适用于非上市航空制造企业、科研院所和重点民品企业。

③ 国有科技型企业股权和分红权激励，适用于国有及国有控股未上市科技企业，即国家认定的高新技术企业、国家和省级认定的科技服务机构、转制院所企业和科研院所投资的科技企业。

（2）激励对象的适用范围如下。

激励对象应为单位核心骨干人才，单位不得向全体员工实施中长期激励。

① 上市公司股权激励的激励对象主要是董事、高级管理人员、对公司整体业绩和持续发展有直接影响的核心技术和管理骨干。

② 非上市公司分红权激励分为两类：岗位分红、项目分红。

a）岗位分红的激励对象，主要是对单位整体业绩、持续发展或科技创新有直接影响的核心技术骨干和重要经营管理人员，原则上每次激励人数不超过单位在岗职工总数的 15%。

b）项目分红的激励对象主要是科技成果项目的主要完成人、核心技术人员，项目产业化的主要经营管理人员、推广转化人员。

③ 国有科技型企业的激励对象，主要是与本企业签订劳动合同的重要技术人员和经营管理人员，重点激励在科技创新和科技成果产业化过程中发挥重要作用的核心科研、技术人员。

3. 激励额度

（1）上市公司。

上市公司全部股权激励计划授予股票总数，累计不得超过公司总股本的 10%；首次实施股权激励计划授予股票数量，不得超过公司总股本的 1%。

任何一名激励对象通过股权激励计划获授股票总数，累计不得超过公司总股本的 1%。

注：由于航空工业集团下属的上市公司系国有控股上市公司，因此首次实施股权激励计划授予股票数量，不得超过公司总股本的 1%。一般上市公司无此规定。

（2）非上市公司。

原则上，年度岗位分红的激励总额不高于当年税后利润的 15%，并控制在当年工资总额的 5%以内。

项目分红需按照企业规定或以约定的方式、数额和时限执行，单位未规定、也未进行约定的，按国家有关规定执行。

（3）国有科技型企业。

根据企业规模大小，分别确定股权激励总额不超过企业总股本的比例上限。

① 大型企业，不超过 5%。

② 中型企业，不超过 10%。

③ 小、微型企业，不超过 30%。

单个激励对象获授激励股权，不得超过企业总股本的 3%。

4．实施条件

针对不同的激励方式，实施单位需满足不同条件，如治理规范、管理制度健全、主业突出、全面完成年度科研任务、研发费用占营业收入在 3%以上等。

5．激励收益（业绩考核）

除项目分红和股权出售外，其他激励方式在权益兑现时，单位必须达到事先约定的业绩考核指标，方可兑现激励收益。

6．审批管理

除涉及实有股权的激励外，其他经批准的中长期激励所需支出均不受当年本单位工资总额限制、不纳入本单位工资总额基数。

其中，国有科技型企业的分红激励额度在集团公司工资总额外单列，非上市公司分红权激励额度由集团公司在全年工资总额中予以单列处理。

根据总体方案，集团公司拟通过分类实施，推动中长期激励在航空工业落地，包括：①持续推动上市公司股权激励工作；②尽快启动非上市公司分红权激励申报工作；③按照年初申报情况推进国有科技型企业股权和分红权激励试点工作。

2.1 中长期激励

制订股权激励计划，通常需要参考其他公司的激励方式。有关激励形式名目繁多，容易混淆，比如股权激励、股权激励计划、股权期权、限制性股票、股票期权、员工持股计划、股票增值权、虚拟股权、虚拟股票、激励基金计划、管理层持股、业绩股票、限制性股票单位、股权奖励、认股权、受限股奖励等。

其实上述激励形式都可以归到中长期激励机制名下。所谓中长期激励，通常是 2～10 年的有效期，可分为现金支付、股份支付或两者结合。

本章把中长期激励划分为三大类：股权激励、员工持股、激励基金。

2.1.1 三大类激励形式

1．股权激励计划

股权激励、股权激励计划、股权期权激励，虽然名称不同，但意思基本类似。股权激励可细分为限制性股票、股票期权、股票增值权、其他形式。其他形式有虚拟股权（分红权、增值权）、业绩股票等。

上市公司制订股权激励计划，最常采用的两种激励工具是限制性股票、股票期权，它们可以单独使用，也可以组合使用。

限制性股票解锁后、股票期权行权后，激励对象在二级市场出售股票获得的激励收益由资本市场支付；股票增值权行权后，激励对象的激励收益由本公司直接支付。因此，限制性股票、股票期权属于按权益结算的股份支付，股票增值权则属于按现金结算的股份支付。

上市公司股权激励计划都需要满足业绩考核条件。激励对象为公司董事、高级管理人员，以及核心技术（业务）骨干员工。

2. 员工持股计划

员工持股计划的参与对象可面向更多的公司员工。

虽然都涉及股权，但股权激励因有“激励”两字，可以理解为附带有业绩考核条件。员工持股计划没有“激励”两字，没有附带业绩考核条件，由参与对象（持有人）出资购买。

在购买价格上，员工持股不享有优惠，按照股票价格全额出资购买；股权激励则可以优惠购买，比如：①限制性股票可以按不低于当时股价的50%出资购买，有较大的折价收益；②股票期权授予时，激励对象一般无须出资；在行权期内，股票价格高于行权价格时，激励对象可选择出资购买股票，行权价格按不低于授予时股价的100%；如果行权时股票价格低于行权价格，激励对象可以放弃行权，无须出资；③股票增值权授予、行权，都不需要激励对象出资。

3. 激励基金计划

股权激励、员工持股都与公司股份支付有关，而激励基金一般情况下属于现金支付。一般需要满足年度业绩考核条件，计提年度激励基金（即建立奖金池），再分配给激励对象，兑现环节可以及时兑付或递延支付。

在扣缴个税前的激励基金，属于现金支付、现金激励计划。扣缴个税后的激励基金，如果直接以现金及时兑付，还是现金激励计划；如果采取现金递延支付，则属于中长期激励的递延奖金激励计划；如果采取购买公司股票并锁定一定期限，则属于中长期激励的业绩股票激励计划。

虚拟股权与激励基金的区别在于：虚拟股权是以本公司股票为虚拟标的，而激励基金计划则与本公司股票无关。

但是，在实际各家公司发布的股权激励计划中可以看到：①有些叫激励基金计划实际却与股票有关；②有些叫限制性股票计划却是业绩股票；③有些叫激励基金实际却是员工持股计划（通过持股平台间接持有）。

因此，激励形式的区分不能仅从激励计划的名称判断，还要结合激励计划的实质内容、设计的激励机制去判断。

2.1.2 股权激励的权益

第 1 章讲过，股权=权益+权力。在中长期激励形式中，股权激励计划、员工持股计划的设计主要就是围绕权益展开。无论哪种股票形式，就算种类和数量不同，也可以统一到权益的名下。

比如，某上市公司发布一期股权激励计划，其中限制性股票 300 万股、股票期权 200 万份，就可以说权益合计 500 万份。

下面以青岛海尔第四期股权激励计划为例，具体说明股权激励计划采用组合性激励工具时的权益合计的使用。

【案例】青岛海尔：第四期股权激励计划的权益总计及比例

青岛海尔股份有限公司（青岛海尔，600690），系上交所主板上市公司。

1. 股权激励计划简述

2014 年 6 月 16 日，公司股东大会审议通过《青岛海尔第四期股权激励计划（草案）》。本激励计划规定：采用的激励工具为股票期权和限制性股票，有效期 4 年，自股票期权、限制性股票首次授予日起算。当时公司股本总额 272 083.59 万股。分为首次授予、预留授予。

（1）首次授予：股票期权、限制性股票的授予日均为 2014 年 6 月 20 日。其中：

① 股票期权：有效期 4 年，首次授予的等待期 12 个月、预留授予的等待期 12 个月。授予之后 2 年为行权期，分 2 次行权，行权比例 40%、60%。股票期权行权价格 16.63 元。

② 限制性股票：有效期 4 年，锁定期 12 个月，此后 3 年为解锁期，分 2 次解锁，解锁比例 40%、60%。授予价格 7.73 元。

（2）预留授予：股票期权、限制性股票的授予日 2015 年 2 月 26 日。限制性股票授予价格 10.06 元，股票期权行权价格 20.44 元。

2. 权益授予情况

该激励计划拟向激励对象授予权益总计 5 456.00 万份，约占当时公司股本总额 272 083.59 万股的 2.01%。其中，首次授予 4 911.00 万份，约占股本总额的 1.80%；预留 545.00 万份，约占股本总额的 0.20%。

首次授予占本期授予权益总计的 90.01%，预留授予占本期授予权益总计的 9.99%。

青岛海尔第四期股权激励计划权益授予数量及比例如表 2.2 所示。

表 2.2 青岛海尔第四期股权激励计划权益授予数量及比例

权益工具	分次授予	当时公司股本总额（万股）	标的股票数量（万股）	占股本总额比（%）	占标的股票数量比（%）
股票期权	权益小计	272 083.59	4 764.00	1.75	100.00
	首次授予	272 083.59	4 287.90	1.58	90.01
	预留	272 083.59	476.10	0.17	9.99
限制性股票	权益小计	272 083.59	692.00	0.25	100.00
	首次授予	272 083.59	623.10	0.23	90.04
	预留	272 083.59	68.90	0.03	9.96
权益	权益合计	272 083.59	5 456.00	2.01	100.00
	首次授予	272 083.59	4 911.00	1.80	90.01
	预留	272 083.59	545.00	0.20	9.99

但该激励计划的权益工具由股票期权和限制性股票组成，因此这是一个组合式的股权激励计划。权益合计需拆分为股票期权（份）、限制性股票（股），下面分别介绍。

（1）股票期权授予情况。

公司拟向激励对象授予股票期权 4 764.00 万份，约占股本总额的 1.75%；其中，首次授予 4 287.90 万份，约占股本总额的 1.58%，预留 476.10 万份，约占股本总额的 0.17%。

首次授予占本期股票期权总数 4 764.00 万份的 90.01%，预留占本期股票期权总数的 9.99%。

（2）限制性股票授予情况。

公司拟向激励对象授予限制性股票 692.00 万股，约占股本总额的 0.25%；其中，首次授予 623.10 万股，约占股本总额的 0.23%，预留 68.9 万股，约占股本总额的 0.03%。

首次授予占本期限制性股票总数 692.00 万股的 90.04%，预留占本期限制性股票总数的 9.96%。

2.2 职工薪酬和股份支付

股权期权激励可以说包含在中长期激励形式名下。与中长期激励对应的叫短期激励，也就是一年内发生的各种名目的奖金、提成、计件工资、绩效工资等，按月、季度、半年、年度结算，甚至按周、日计算。

有关激励的问题，既可以从职工薪酬角度去看，也可以从股份支付角度去看。

2.2.1 职工薪酬（现金激励）

从上市公司年报来看，薪酬结构通常划分为应付职工薪酬、长期应付职工薪酬。

应付职工薪酬可细分为短期薪酬、离职后福利-设定提存计划、辞退福利、一年内到期的其他福利。人力资源部平时操作的薪资，涉及工资、奖金、津贴和补贴，归入短期薪酬科目中。

1．应付职工薪酬列示

宝钢股份 2015 年应付职工薪酬列示如表 2.3 所示。

表 2.3　宝钢股份 2015 年应付职工薪酬列示（单位：亿元）

项　　目	期初余额	本期增加额	本期减少额	期末余额
一、短期薪酬	16.19	79.51	80.70	15.00
二、离职后福利-设定提存计划	0.01	12.70	12.70	0.02
三、辞退福利	1.23	2.06	1.59	1.70
四、一年内到期的其他福利				0.00
合计	17.43	94.27	94.99	16.72

在表 2.3 中，从纵向看，应付职工薪酬合计=短期薪酬+离职后福利（设定提存计划）+辞退福利+一年内到期的其他福利。

从横向看，期末余额=期初余额+本期增加额-本期减少额。

要想大概得知宝钢股份 2015 年计划预算数据，应看哪个数据呢？

应该看“本期增加额”列，即本期增加的应付职工薪酬 94.27 亿元，其中：短期薪酬 79.51 亿元、离职后福利-设定提存计划 12.70 亿元、辞退福利 2.06 亿元。

2．短期薪酬列示

宝钢股份 2015 年短期薪酬列示如表 2.4 所示。

表 2.4 宝钢股份 2015 年短期薪酬列示（单位：亿元）

项目	期初余额	本期增加额	本期减少额	期末余额
一、工资、奖金、津贴和补贴	12.35	59.28	60.20	11.43
二、职工福利费		3.88	3.88	0.00
三、社会保险费	0.00	6.36	6.35	0.01
其中：医疗保险费	0.00	5.08	5.08	0.00
工伤保险费	0.00	0.27	0.27	0.00
生育保险费	0.00	0.45	0.45	0.00
伤残就业金	0.00	0.50	0.50	0.00
其他		0.06	0.05	0.01
四、住房公积金	0.00	6.05	6.03	0.02
五、工会经费和职工教育经费	1.93	2.02	2.07	1.88
六、短期带薪缺勤		1.27	1.27	0.00
七、短期利润分享计划				0.00
八、其他	1.89	0.65	0.90	1.64

从表 2.4“本期增加额”列可以看到以下信息：宝钢股份 2015 年度本期增加的短期薪酬 79.51 亿元中：工资、奖金、津贴和补贴 59.28 亿元，职工福利费 3.88 亿元，社会保险费 6.36 亿元，住房公积金 6.05 亿元，工会经费和职工教育经费 2.02 亿元，短期带薪缺勤 1.27 亿元，短期利润分享计划 0 元，其他 0.65 亿元。

短期激励在“工资、奖金、津贴和补贴”中体现，也可以在单列的“短期利润分享计划”中体现。

3．长期应付职工薪酬列示

长期应付职工薪酬可细分为离职后福利-设定受益计划净负值、辞退福利、其他长期福利。

宝钢股份 2015 年长期应付职工薪酬表如表 2.5 所示。

表 2.5 宝钢股份 2015 年长期应付职工薪酬表（单位：亿元）

项目	期末余额	期初余额
一、离职后福利-设定受益计划净负值		
二、辞退福利	3.28	1.62
三、其他长期福利		
合计	3.28	1.62

截至 2015 年末，宝钢股份长期应付职工薪酬 3.28 亿元，全部由辞退福利产生。

2.2.2 股份支付（股权激励）

股份支付分为按权益结算或现金结算两类，这就涉及股权以及股权激励计划了。

宝钢股份 2015 年合并资产负债表个别科目如表 2.6 所示。

表 2.6 宝钢股份 2015 年合并资产负债表个别科目（单位：万元）

科 目	期末余额	期初余额
应付职工薪酬	167 175	174 334
应付股利	63	1 218
长期应付职工薪酬	32 831	16 206

截至 2015 年末，宝钢股份应付股利 63 万元，而在 2015 年初的应付股利 1 218 万元。这意味着在 2015 年，宝钢股份实际支付了超过 1 100 万的股利。

股利包括股息、红利，属于股份支付范围。当红利采用派发现金（派现）时，比如每 10 股派发现金 1 元，属于按现金结算形式的股份支付；当红利采用派送股票红利（送红股）时，比如每 10 股送 2 股，属于按权益结算形式的股份支付。

股利是股权衍生的。当公司授予激励对象股权时，就是股份支付。

股权的“权”=权益+权力。对大股东或实际控制人来说，权益和权力都很重要，有时权力更重要（由投票权体现的控制权）；而对参与股权激励计划的激励对象来说，主要看中的是权益，当然跟权力也有一定的关系（转让权等）。

宝钢股份 2015 年度所有者权益如表 2.7 所示。

表 2.7 宝钢股份 2015 年度所有者权益（单位：亿元）

科 目	期末余额	期初余额
股本	164.675 2	164.710 3
资本公积	337.398 8	332.539 5
归属于母公司所有者权益合计	1 128.032 4	1 142.579 2

从表 2.7 可以看到，截至 2015 年末，宝钢股份的股本约 164.675 2 亿元，资本公积金 337.398 8 亿元，归属于母公司所有者权益合计 1 128.032 4 亿元。所有者权益也就是归属于母公司所有者的净资产。

宝钢股份的股票面值为每股 1 元（人民币），因此股本金额和股本总额（数量）等值，即注册资本 164.675 2 亿元、公司股本总额 164.675 2 亿股。股本总额有时也称为总股本。

注：2015 年末，宝钢股份的普通股股份总数精确数值为 1 646 751.752 4 万股。

第3章

从个人激励收益看股权期权激励设计

本章从激励对象的角度，通过如何获取激励收益（相应承担亏损风险）来理解股权期权激励设计的机制。

假设在2017年4月1日愚人节，得州华安互娱股份有限公司在江南证券交易所创业板IPO上市，证券简称及证券代码为：华安互娱（309527）。

该公司上市3个月后，也就是2017年7月份，华安互娱计划推行首期股权激励计划。公司董事会尚未确定采用哪种股权激励方式，交由董事会薪酬与考核委员会筹备起草。本期激励计划的激励对象范围可能包含董事、高级管理人员、核心业务（技术）人员。

公司签约主播“石榴姐”是老员工，直播业务做得不错，很有可能被确定为“核心业务（技术）人员”，从而成为激励对象。因此，石榴姐开始关心股权激励的各种形式，包括向已实施过股权激励计划的公司的熟人打听，目的就是为了尽快了解自己一旦成为激励对象后，可能产生的激励收益或风险。

石榴姐记得以前直播间来过一个叫“怼穿肠”的玩家，自称宁王科技董秘，对股权期权激励十分精通。他上来就打出上联：

左勾拳，右勾拳，统统不是股权；

然后开始“怼土豪”，点名要求直播间总榜第一的华太师接下联。华太师一时答不上来，幸亏直播间房管华安救场，给出下联：

这奖励，那奖励，谁说没有激励？

顿时直播间弹幕飞起，满屏的点赞。

有网友为了带动气氛，跟着打出横批：

见者有（股）份！

有一天石榴姐下播后，通过微信向“怼穿肠”咨询关于上市公司实行股权期权激励的各种形式。

“怼穿肠”倒也热心，对此做了相对通俗的解说。他首先查询了前30个交易日华安互娱股票的收盘平均价，平均价为10.32元/股，为简便起见，按10元/股分析。

以下是从“怼穿肠”告诉石榴姐的角度表述。

3.1 员工持股计划的激励收益

“怼穿肠”：贵公司有可能采用员工持股计划作为激励形式。其激励机制大概如下。

贵公司股票价格10元/股，公司确定的认购价格为9元/股，拟授予员工持股计划份额10万份，每份对应1股华安互娱股票。

你需要在规定期限内，自筹资金90万元，有可能要以非公开认购形式缴纳认购款。此后一定时间内，公司在证券登记结算公司开设本期员工持股计划的账户，完成股票登记，你就间接拥有了这 10 万股股票。

需要注意的是，员工持股计划和有限合伙企业、有限责任公司、工会等都是持股平台，你不是直接持有华安互娱股票，而是间接持有该股票。

员工持股计划的有效期可能设为 4 年。由于采用非公开认购股票方式，你和其他所有持有人的股票都必须被锁定 3 年。

第 4 年由贵公司委托第三方统一操作，在二级市场分批转让。假定转让了 20 批次，平均交易价格 12.00 元/股。第三方要提取管理费，按照转让收入的 10%提取，分摊到每股股票的管理费为 1.2 元/股。

第 4 年满后（第 5 年），贵公司把转让收入扣除管理费后加上股息红利（1.2 元/股），按照所有持股对象的股份总数分摊，减去每股认购成本，就是目前所有持有人的每股激励收益。

期间不存在任何业绩考核，即公司业绩不考核，个人业绩也不考核。

再给你测算一遍，加深理解：

（1）“石榴姐”每股激励收益=（每股转让收入-每股管理费+每股股息红利）-每股认购成本=（12-12×10%+1.2）-9=3 元/股。

（2）“石榴姐”10 万股激励收益（税前）=每股激励收益×标的股票数量=3×10=30 万元。

（3）“石榴姐”的激励收益率=每股激励收益/每股认购成本×100%=3/9=33.3%。

“怼穿肠”还提醒“石榴姐”说：“这只是一种可能。当锁定期后操作转让的每股平均交易价低于 9 元时，你就亏损了，所以员工持股计划的风险比较大。”

3.2 限制性股票的激励收益

“怼穿肠”：贵公司也有可能采用限制性股票作为激励形式。其激励机制大概是这样的：贵公司股票价格 10 元/股，公司按 5 折确定授予价格为 5 元/股，拟授予限制性股票 10 万股，股票种类为华安互娱 A 股普通股股票。

你需要在规定期内，自筹资金 50 万元缴纳认购款。股票来源为公司向激励对象定向发行或从二级市场回购本公司股票。此后一定时间（60 天内），公司在证券登记结算公司完成股票登记，你就拥有了这 10 万股股票。

同样需要注意的是，员工持股计划是间接持股，股权激励计划则可能是直接持股或间接持股。比如，贵公司设立一个有限合伙企业 W 作为持股平台，你可以通过持有 W 的合伙份额间接持有华安互娱的股份。

限制性股票激励计划的有效期可能设为 4 年。所有激励对象的股票都被锁定 1 年，此后 3 年，每年按照 30%、30%、40%的比例分批解锁。每批解锁有效期 12 个月，逾期未解锁的股票由公司回购注销。

解锁期内，你可以申请由公司统一操作或选择自主行权操作，在二级市场分批或一次性出售。假定总共出售交易 9 次，平均交易价格 12.00 元/股。不需要向第三方支付管理费。期间的股息红利一般在有效期（4 年）结束后公司发放给个人。

作为潜在的激励对象，能否参加本激励计划，要看是否满足授予条件。限制性股票的授予条件主要是未发生《上市公司股权激励管理办法》规定的负面清单，即公司 5 种情形、个人 6 种情形，详见本书第 8 章内容。

获授的限制性股票此后要满足解锁条件才能解锁。限制性股票的解锁条件除了未发生公司和个人的负面清单，还要满足业绩条件，包括公司业绩指标达成、个人业绩考核合格。

需要注意的是，出现负面清单之一或未达成业绩考核指标之一，都有可能导致各批的限制性股票归零。从理论上来说，你持有的这 10 万股股票有变零的风险。

具体测算过程如下。

（1）“石榴姐”每股的激励收益=每股出售均价+每股股息红利−每股认购成本=12+1.2−5=8.2（元/股）。

但由于 10 万股股票分批解锁，第 1、2、3 批解锁股票数量分别为 3 万股、3 万股、4 万股，每批能否解锁、实际解锁数量存在不确定性。因此，每股激励收益为 8.2 元/股时，10 万股限制性股票的激励收益可能范围是 0～82 万元。

（2）按每期都 100%解锁测算，“石榴姐”的激励收益=∑各批解锁股票均价×各批解锁股票数量=8.2×3+8.2×3+8.2×4=82 万元。

（3）“石榴姐”的限制性股票的激励收益率=每股激励收益/每股购股成本×100%=82/50×100%=164%。

激励形式比较：从名称来看，股权激励计划（含限制性股票、股票期权、股票增值权激励计划等）的“激励”就要求有业绩考核，而员工持股计划不要求做业绩考核。

获授的限制性股票且以直接持股方式时，该等股票登记在你名下，所有权已经归属于你，但其他权利暂时被限制，在锁定期内暂时不得转让、抵押等。

从激励收益来看，限制性股票与员工持股计划的区别在于，个人认购价格较低，最低折扣是基准价的 5 折。因此，当日后股票价格下跌到基准价 9 折以下，员工持股计划的持有人已经浮亏，但限制性股票的激励对象还处于浮盈状态，一直要下跌到基准价的 50%以下才出现浮亏。

3.3 股票期权的激励收益

“怼穿肠”：“石榴姐”，你发现没，刚才说的员工持股计划、限制性股票都是公司给予的实际股份（实股）。若贵公司考虑改变方式，不直接授予你股票，而是授予你一种权利：你可以在未来一定时间以事先约定的价格和条件购买公司股票；当未来的股价价格比约定价格低时，你可以选择放弃，此时，没有风险。这就是股票期权。

需要注意的是，股票期权可理解为你拥有一种股权（股票）的选择权利。

贵公司确定的股票期权的行权价格为 10 元/份，公司拟授予你 10 万份期权。授予期权时，不需要自筹资金缴纳认购款，它是免费给予的。

此后一定时间（60 天内），公司在证券登记结算公司完成权益登记后，你就拥有了这 10 万份期权。

股票期权激励计划的有效期可能设为 4 年。所有激励对象都有 1 年的等待期，此后 3 年，每年按照 30%、30%、40%的比例分批行权。行权的意思就是可以按事先规定的 10 元/份的价格购买 1 股华安互娱股票，如果此时股票价格为 12 元/股，你行权获得的激励收益为 2 元/股。

等待期 12 个月，每期行权有效期 12 个月。按《上市公司股权激励管理办法》新规定，股票期权第 2 次行权必须在第 1 次行权届满日之后（依次类推），也就是行权时间不能重叠。

各期行权有效期内，你可以选择申请公司统一操作或个人自主行权操作，也就是购买股票。注意，此时要出资缴款了。每批行权时，如股票价格低于 10 元/股，你可以放弃行权。

行权后，公司在证券登记结算公司完成权益登记，股票转入到你个人名下后，这些股票真正归属于你了。股票期权不存在向第三方支付管理费。

作为潜在的激励对象，能否参加本激励计划，要看是否满足授予条件。股票期权的授予条件也就是未发生《上市公司股权激励管理办法》规定的负面清单，即公司 5 种情形、个人 6 种情形。

获授的股票期权此后要满足行权条件才能行权。股票期权的行权条件除了未发生公司和个人的负面清单，还要满足业绩条件，包括公司业绩指标达成、个人业绩考核合格。

要提醒你的是，出现负面清单之一或未达成业绩考核指标之一，都有可能导致各批的股票期权归零。从理论上来说，你这 10 万份期权有变零的风险。

再测算一遍：

（1）“石榴姐”每份股票期权的激励收益=每股股票实际价格-每份行权价格=12-10=2 元/份。

（2）“石榴姐”10万份期权的激励收益=每份期权激励收益×标的股票期权数量=2×10=20万元。

（3）“石榴姐”的行权出资额=每份行权价格×标的股票期权份数=10×10=100万元。资金缴纳不是在股票期权授予时，而是在行权时。

（4）“石榴姐”的激励收益率（税前）=股票期权行权的每股激励收益/每股行权成本×100%=2/10×100%=20%。

激励形式比较：股票期权激励计划和限制性股票激励计划类似，也是要业绩考核的。

获授股票期权时，该等股票期权登记在你名下，期权（选择权）的所有权已经归属于你，但该等期权所对应的股票要行权后才能归属于你。

从激励收益来看，股票期权与限制性股票的区别在于，股票期权的行权价格按基准价格确定（无折扣）、限制性股票的授予价格按基准价值的最低5折确定。因此，今后公司股票的价格低于10元/股时，股票期权行权没有激励收益；而限制性股票在股票市场价格10元/股时，相比授予价格5元/股，仍有激励收益5元/股。当然，股票期权的激励对象可以放弃行权，此时没有风险。

“石榴姐”，你发现没，员工持股计划、限制性股票、股票期权有一个共同点，就是贵公司采用这三种激励方式时，你的激励收益都是来自二级市场，不是公司支付。

因此，对贵公司来说，作为持有人或激励对象缴纳的认购款会增加公司的现金流，将来你们兑现激励收益也不会减少公司的现金流。

如果贵公司采用下面要介绍的激励形式，就要由公司支付激励收益了。

3.4 股票增值权的激励收益

假如现在贵公司有可能改变了激励方式：不直接授予你股票，也不授予你一种在未来一定时间以约定价格和条件购买本公司股票的权利；而是以华安互娱股票作为虚拟标的股票，参照股票期权的激励方式，届时由公司支付激励收益。

贵公司确定的股票增值权行权价格为10元/份，公司拟授予10万份股票增值权。

此时，拥有的是不是股票期权，而是叫股票增值权。即公司授予你一种权利，可以在未来一定时间以约定价格和条件，要求公司执行收益增值，也可以放弃。

股票增值收益计算方法：差额=（行权时的公司股票实际价格-行权价格）×行权数量。当今后的股票价格低于约定价格时，可以弃权，此时没有风险。

也不需要自筹资金缴纳认购款，增值权授予、行权环节都不需要出资。贵公司不在证券登记结算公司做权益登记，由贵公司内部登记，你就拥有了这10万份权益（增值权）。

股票增值权激励计划的有效期可能设为4年。所有激励对象的权益都有1年的等待期，此后3年，每年按照30%、30%、40%的比例分批行权。

等待期12个月，每批行权有效期12个月，而且按《上市公司股权激励管理办法》新规定，第2次行权必须在第1次行权届满日之后（依次类推）。这和股票期权的行权安排类似。

等待期满后，你可以选择行权，由公司支付增值收益。各批行权时，如果股票价格低于10元/股，可放弃行权，此时没有风险。股票增值权不需要向第三方支付管理费。

作为潜在的激励对象，你能否参加本期权激励计划，要看是否满足授予条件。股票增值权的授予条件，也是未发生《上市公司股权激励管理办法》规定的负面清单，即公司5种情形、个人6种情形。

你获授的股票增值权此后要满足行权条件才能行权。股票增值权的行权条件除了未发生公司和个人的负面清单，还要满足业绩条件，包括公司业绩指标达成、个人业绩考核合格。

要提醒你的是，出现负面清单之一或未达成业绩考核指标之一，都有可能导致各批的股票增值权归零。反正从理论上来说，你这10万份增值权有变零的风险。

具体测算过程如下。

（1）“石榴姐”的股票增值权每股激励收益=每股股票实际价格-每股行权价格=12-10=2元/份。

（2）“石榴姐”10万份股票增值权的激励收益=2×10=20万元。

（3）“石榴姐”的出资额0万元（授予、行权都不需要投入自筹资金）。“石榴姐”的激励收益率无法计算。

激励方式比较：股票增值权激励计划和限制性股票、股票期权激励计划类似，也是要业绩考核的。

获授股票增值权时，该股票增值权由公司内部登记在你名下，公司不会在证券登记结算公司办理权益登记（股票或股票期权），你拥有的只是增值权，它所对应的这部分华安互娱股票只是虚拟标的股票。

从激励收益来看，股票增值权与限制性股票的区别在于，股票期权的行权价格按基准价格确定（无折扣）、限制性股票的授予价格按基准价值的最低5折确定。因此，今后的公司股票价格低于10元/股时，股票增值权行权没有激励收益；而限制性股票在股票市场价格10元/股时，相比授予价格5元/股，仍有激励收益 5 元/股。当然，股票增值权的激励对象可以放弃行权，此时没有风险。

2016 年 8 月 13 日前，《上市公司股权激励管理办法（试行）》规定，激励对象为非中国籍员工的，不适用限制性股票和股票期权，但适用股票增值权。此后《上市公司股权激励管理办法》修订，在我国境内工作的非中国籍员工作为激励对象，可以适用限制性股票和股票期权工具；但在我国境外工作的非中国籍员工，仍只能适用股票增值权工具。

但从 2017 年来看，还是有公司实施股票增值权激励计划，比如顺丰控股。其原因就是对在我国境外工作的非中国籍员工，顺丰控股只能采用股票增值权工具。

3.5 虚拟股票的激励收益

若公司采用虚拟股票激励方式。它的激励机制如下：贵公司当时总股本 5 000 万股，公司 2016 年净利润 600 万元。本期激励计划公司设置虚拟股权 500 万股，激励对象 50 人，公司在业绩条件达成时计提年度激励基金总额，再分配给激励对象。

公司拟授予你 10 万股虚拟股权。授予和行权时都不需要出资购买，公司和激励对象需要进行业绩考核，届时的激励收益由公司支付。

虚拟股权与实际股权的关系：原普通股股东的利润分红，要切出 10%比例给虚拟股权激励对象，原股东可分配的利润减少了 10%。切出比例 10%，即虚拟股 500 万股占总股本 5 000 万股的比例。

具体测算过程如下。

（1）公司 2016 年度的激励基金总额=2016 年净利润×虚拟股权总数/公司总股本=600×500/5 000=600×10%=60 万元。

（2）假如有人离职等原因导致激励对象减少，实际参与分红的虚拟股权总数由 500 万股减少为 480 万股。

虚拟股每股现金价值=2016 年激励基金总额/实际参与分红的虚拟股权总数=60/480=0.125 元/股。

（3）“石榴姐”的虚拟股权分红（税前）=虚拟股每股现金价值×虚拟股数量=0.125×10=1.25 万元。

激励方式比较：股票增值权、虚拟股权都是以本公司股票作为虚拟标的股票，激励对象没有标的股票的所有权。公司授予激励对象的是股票的收益权的一部分，收益权被拆分为分红权和增值权。

这里设想的虚拟股权激励计划指的是分红权激励计划。有的公司的虚拟股权激励计划还可能指净资产账面价值增值权或指收益权转让（含分红权和股份增值权）。

像华为公司，早期采用员工持股计划（实有股权），后来逐渐改变为虚拟受限股、期权，它的虚拟股权就包含了分红与净资产增值两种情况。

3.6 激励基金的激励收益

若公司采用激励基金计划，此时它已经不是股权期权激励，而是其他中长期激励形式了。激励机制如下：公司在业绩条件达标时计提年度激励基金总额 S，总额分配后，得到激励对象的个人年度激励基金 s，支付方式有各种情况：公司可以现金支付，也可以股票支付；可以一次性支付，也可以分批递延支付。

假设当时总股本 5 000 万股，但与本次激励基金计划无关。激励基金能否提取，要满足业绩条件。比如，以 2016 年度的营业收入增长率达到 20%作为计提条件，按净利润的 20%计提年度激励基金总额，则：公司 2016 年度激励基金总额=2016 年度净利润×计提比例=600×20%=120 万元。

在分配时有不同的操作方式：①直接由公司确定不同职位等级的人员的年度激励基金额度，比如“石榴姐”3 万元；②由公司设置系数，用系数占比或加权系数占比来分配激励基金总额；③公司还要结合考核系数加权。

以操作方式②为例，公司设置的所有岗位的总系数为 200，“石榴姐”系数为 3，则：“石榴姐”的 2016 年激励基金=2016 年度激励基金总额×石榴姐系数/总系数=120×3/200=1.8 万元。

按全年一次性奖金计算个税，适用税率 3%和速算扣除数 0，个税=18 000×3%-0=540 元，“石榴姐”的激励基金分配额（税后）=18 000-540=17 460 元。

此后的支付方式操作各公司变化多样。

（1）公司可能采取现金一次性支付方式，则 2017 年石榴姐工资进账 17 460 元。

（2）公司可能采取现金递延支付方式，第 1、2、3 年每年支付 30%、30%、40%，则 2017 年“石榴姐”工资进账=激励基金分配额（税后）×第 1 年支付比例=17 460×30%=5 238 元。

（3）公司可能采取 50%现金支付+50%股票支付的方式，则“石榴姐”2017 年工资进账=17 460×50%=8 730 元。

另外的 8 730 元购买华安互娱股票，当时股价 10 元/股，则“石榴姐”获得股票数量=8 730/10=873 股。公司要求“石榴姐”在税后 8 730 元到账后的 2 个月内买入本公司股票，股票要锁定一定年限。

（4）公司可能采取全部股票支付的方式。公司与个人按一定比例配比资金，由公司统一操作去购买公司股票。

比如公司与个人资金配比 1:1，即公司和个人各出资 17 460 元，合计 34 920 元购买华安互娱股票。按当时股票价格 10 元/股计算，“石榴姐”持有华安互娱股票数量=购股资金额/每股股价=34 920/10=3 492 股。这些股票也要锁定一定年限以后再给个人。

分红激励计划和激励基金计划相比，共同点是激励总额都是从公司净利润中提取，区别是分红总额与股权数量设置有关，而激励基金总额则与股权数量设置无关。

净资产账面价值增值权激励计划与激励基金计划相比有以下两点区别。

（1）账面价值增值的激励总额是从公司净资产中提取，激励基金总额是从公司净利润中提取。

（2）账面价值增值的激励总额与股权数量设置有关，而激励基金总额则与股权数量设置无关。

第4章 从公司财务指标看股权期权激励设计

股权期权激励设计要清楚这几个财务指标：股本、净利、净资产、估值、市值，即注册资本（或股本）、净利润、净资产账面价值、净资产评估价值、股票市场价值。

下面先看一个有限责任公司股权激励的框架方案设计。

【案例】润安科技发展有限公司能否采用限制性股票？

浩云科技股份有限公司（浩云科技，300448）系深交所创业板上市公司。

深圳市润安科技发展有限公司（简称：润安科技）系浩安云科技控股子公司。

2017 年 11 月 27 日，上市公司董事会审议通过《关于控股子公司员工股权激励框架方案的议案》，同意润安科技实施员工股权激励框架方案。

1. 收购和增资情况

（1）浩云科技收购润安科技 51%股权。

2016 年 3 月 30 日，浩云科技收购润安科技，以现金出资 6 630 万元取得润安科技 51%的股权。润安科技当时注册资本为 5 000 万元，股东浩云科技持有 2 550 万元注册资本，其他股东持有 2 450 万元注册资本。

浩云科技的出资额 6 630 万元，2 550 万元列入注册资本，4 080 万元列入资本公积。

以“完成股权转让登记、已支付购买价款的 50.10%、取得润安科技控制权”作为购买日的确定依据，确定本次购买日为 2016 年 4 月 5 日。

从 2016 年 4 月 5 日起，润安科技并入浩云科技合并报表，2016 年润安科技营业收入 6 688 万元，净利润 1 199 万元。

（2）润安科技增资 138 万元注册资本。

2016 年 12 月 20 日，润安科技召开董事会和股东会，决议由润安科技现有股东按照其各自持有股权比例向润安科技进行溢价增资。

① 增资总额 358 万元，其中 138 万元列入注册资本、220 万元列入资本公积。

② 浩云科技按持股比例 51%，出资 182.58 万元，其中 70.38 万元列入注册资本、112.20 万元列入资本公积。

本次增资后，润安科技注册资本调整为 5 138 万元，股东浩云科技持有 2 620.38 万元注册资本，其他股东持有 2 517.62 万元注册资本。

2. 润安科技股权激励框架方案

浩云科技股份有限公司
关于控股子公司员工股权激励框架方案的议案

一、背景和目的

润安科技为充分调动其经营管理层及核心员工的积极性，稳定和吸引人才，完善对员工的激励制度，拟实施股权激励方案。

润安科技本次股权激励方案拟采用限制性股票的方式，将深圳市彤富创投资合伙企业（有限合伙）持有的润安科技 5%股权、新余市彤富创投资合伙企业（有限合伙）后续通过增资方式取得的润安科技 10%股权作为激励股权来源。

激励对象通过受让前述持股平台财产份额的方式间接持有激励股权。

二、润安科技员工股权激励框架方案的主要内容

（一）实施原则

（1）润安科技实施限制性股票激励应当符合法律、行政法规、相关制度和润安科技公司章程的规定，有利于润安科技及公司的持续发展，不得损害润安科技及公司利益。

（2）润安科技董事、监事和高级管理人员在实行限制性股票激励中应当诚实守信、勤勉尽责，维护润安科技及公司和全体股东的利益。

（3）润安科技根据实际情况，可分期实施限制性股票激励。每一期限制性股票激励的具体实施方案以限制性股票激励计划的方式确定。

（二）实施主体

润安科技通过深圳市彤富创投资合伙企业（有限合伙）、新余市彤富创投资合伙企业（有限合伙）实施。

（三）激励对象范围

润安科技董事、监事、中高级管理人员、核心技术、业务骨干且已在润安科技或关联公司服务满一年，以及润安科技股东会认为对润安科技有特殊贡献、需要进行激励的其他员工。

（四）激励比例

不超过持股平台持有的润安科技 15%股权，具体为深圳市彤富创投资合伙企业（有限合伙）持有的润安科技 5%股权、新余市彤富创投资合伙企业（有限合伙）后续通过增资方式取得的润安科技 10%股权。

（五）激励方式

采用限制性股票方式，激励对象通过受让持股平台原合伙人财产份额的方式成为持股平台普通合伙人或有限合伙人，通过持股平台间接持有润安科技激励股权。

（六）激励对象获利途径

激励对象间接持有的润安科技股权的获利途径为：公司在合适的条件下收购员工持股平台持有的润安科技股权；润安科技盈利分红；满足一定条件后对外转让股权。

三、润安科技员工股权激励框架方案审批的程序

2017 年 11 月 27 日，公司董事会审议通过《关于控股子公司员工股权激励框架方案的议案》，独立董事对本事项发表了同意的独立意见。

3. 本案例分析

润安科技的公司类型为有限责任公司，以注册资本作为公司股权，以注册资本比例作为股东持股比例，但有限责任公司不具有股份、股票。因此，上述框架方案说润安科技本次激励方式拟采用限制性股票，是不妥当的。

有限责任公司搞股权激励设计，它可选的财务指标含注册资本、净利、净资产、估值，不可选的财务指标含股本总额、市值。

因此，润安科技本次激励方式应修改为限制性股权激励合适。限制性股票与限制性股权，虽一字之差，激励机制的实质差别很大，主要是标的不同。

股权期权激励设计，第 3 章从激励对象的激励收益角度解说，本章则从公司的财务指标选取的角度解说。

某类公司的股权期权激励机制设计，实际是围绕可选取的财务指标展开的。有些财务指标各类公司都可选，但另外一些财务指标有的公司可选，有的公司不可选。因此，一家公司在制订股权期权激励计划时，必然要考虑本公司目前发展到哪个阶段、属于哪种公司类型。

公司可分为上市公司、非上市公司，非上市公司具体细分为有限责任公司、股份有限公司（非上市）、新三板挂牌公司。由此有四种公司类型：有限责任公司 A、股份有限公司 B、新三板挂牌公司 C、上市公司 D。

4.1 五类财务指标（股本、利润和三项资产价值）

第一类是股本。有限公司只有注册资本、无股本总额，其他三类公司均有注册资本和股本总额。

第二类是利润。主要指净利润，有多种口径（详见第 5 章）。净利润有的来源于公司直接提供、未经审计的财务报表，有的来源于经会计师事务所审计后的财务报表。各种公司类型都可以把净利润作为股权期权激励机制设计的可选财务指标。

第三类是账面价值，即净资产账面价值。有的是公司直接提供、未经审计的财务报表，有的是经会计师事务所审计后的财务报表。

第四类是第三方评估价值，即净资产评估价值，有时也简称估值，是经资产评估机构评估后的数据。

第五类是市场价值，分为在新三板挂牌的股份市场价值、在证券交易所上市的股票市场价值。有限公司、股份公司均无市场价值，新三板公司有股份市场价值、无股票市场价值，上市公司有股票市场价值、无股份市场价值。

4.2 四类公司的股本和资产价值

不同公司类型的财务指标如表 4.1 所示。

表 4.1 不同公司类型的财务指标

序号	指标		单位	有限责任公司 A	股份有限公司 B	新三板挂牌公司 C	上市公司 D
1	股本	注册资本	万元	100	1 000	2 000	5 000
2		股本总额	万股		1 000	2 000	5 000
3	利润	净利润	万元	200	800	1 200	4 000
4	账面价值	净资产-账面价值	万元	500	1 500	3 000	15 000
5	第三方评估价值	净资产-评估价值	万元	600	2 000	10 000	80 000
6	市场价值	股份市场价值-新三板	万元			15 000	
7		股票市场价值	万元				150 000

注：阴影栏表示该公司类型无相应的财务指标。

1．有限责任公司 A

注册资本 100 万元，当年净利润 200 万元，净资产账面价值 500 万元，净资产估值 600 万元。

2．股份有限公司 B

注册资本 1 000 万元、股本总额 1 000 万股，当年净利润 800 万元，净资产账面价值 1 500 万元，第三方净资产估值 2 000 万元。

3．新三板挂牌公司 C

注册资本 2 000 万元、股本总额 2 000 万股，当年净利润 1 200 万元，净资产账面价值 3 000 万元，第三方净资产估值 1 亿元，股份市场价值 1.5 亿元。

4．上市公司 D

注册资本 5 000 万元、股本总额 5 000 万股，当年净利润 4 000 万元，净资产账面价值 1.5 亿元，第三方净资产估值 8 亿元，股票市场价值 15 亿元。

在公司设立时，有的公司是有限责任公司，有的公司是股份有限公司（非上市）。设立后，随着公司发展，公司类型可能会改变，比如有限责任公司变为股份有限公司，股份公司变成新三板挂牌公司，或股份公司直接变成上市公司。也有的公司类型长期不变，比如华为技术有限公司、华为投资控股有限公司，一直是有限责任公司。

较少部分公司，从成立时的有限公司，经历了股份公司、新三板挂牌公司、上市公司的变化，比如万马科技。

4.3 【案例】万马科技：从有限公司、股份公司到挂牌公司、上市公司

4.3.1 公司 21 年的发展阶段及类型

万马科技股份有限公司（万马科技，300698），系深交所创业板上市公司。

从 1997 年公司成立到 2017 年 IPO 上市共 21 年，其公司类型经历了有限责任公司、股份有限公司、新三板挂牌公司、拟上市公司、上市公司的变化。

1．有限公司阶段

第 1～19 年（1997-01-28—2015-08-09），约 18 年半，属于有限责任公司。其中包含了公司更名，即由浙江万马集团电子有限公司（1997-01-28—2014-03-19）变更为万马电子医疗有限公司（2014-03-20—2015-08-09），上述有限公司的简称均为“万马电子”。

2．股份有限公司（非上市）阶段

第 19 年（2015-08-10—2015-12-08），约 4 个月，属于股份有限公司（非上市）。即万马科技股份有限公司。以下公司简称均为“万马科技”。

3．新三板挂牌阶段

第 19～21 年（2015-12-09—2017-08-18），不足 2 年，属于新三板挂牌公司。即万马科技股份有限公司（万马科技，834864）。其中，2016-06-27—2017-08-17 处于停牌状态，2017-08-18 日摘牌退出。

期间空档 12 天（2017-08-19—2017-08-30），应属于股份有限公司（拟上市）。

4．上市公司阶段

第 21 年（2017-08-31），在创业板 IPO 上市，即万马科技股份有限公司（万马科技，300698）。

4.3.2 公司注册资本或股本变更

浙江万马集团电子有限公司成立时的注册资本为 1 200 万元，此后注册资本先后变更为 1 500 万元、3 000 万元、5 020 万元；2014 年 3 月公司名称变更为万马电子医疗有限公司，随后注册资本变更为 10 050 万元。有限责任公司只有注册资本，不存在股本总额。

此后，公司类型变为股份有限公司、新三板挂牌公司、拟上市公司，公司注册资本保持 10 050 万元不变，同时对应的股本总额 10 050 万股不变。

2017 年 8 月 31 日 IPO 上市，公司类型变为上市公司，发行后公司注册资本为 13 400 万元，发行后股本总额 13 400 万股。

万马科技的公司类型及变更（名称、注册资本或股本）如表 4.2 所示。

表 4.2　万马科技的公司类型及变更（名称、注册资本或股本）

公司类型	公司名称	公司简称或证券代码	注册资本（万元）	股本总额（万股）	变更时间	备注
有限责任公司	浙江万马集团电子有限公司	万马电子	1 200		1997-01-28	
			1 500		2000-07-22	
			3 000		2005-06-02	
			5 020		2012-06-05	
	万马电子医疗有限公司	万马电子	5 020		2014-03-20	公司名称变更
			10 050		2014-04-25	
股份有限公司（非上市）	万马科技股份有限公司	万马科技	10 050	10 050	2015-08-10	
新三板挂牌公司		万马科技（834864）	10 050	10 050	2015-12-09	挂牌
			10 050	10 050	2016-06-27	停牌
			10 050	10 050	2017-12-08	摘牌
股份有限公司（拟上市）		万马科技	10 050	10 050	2017-08-19	
上市公司		万马科技（300698）	13 400	13 400	2017-08-31	上市

4.3.3　公司类型及可选财务指标

万马科技各阶段的公司类型及相关指标如表 4.3 所示。

表 4.3　万马科技各阶段的公司类型与相关指标

序号	指标		单位	有限公司 A1	有限公司 A2	股份公司 B	新三板挂牌公司 C		上市公司 D
				2000-03-31	2014 年度	2015-05-31	2015 年度	2016 年度	2017-09-30
1	股本	注册资本	万元	1 200	5 020	5 020	10 050	10 050	13 400
2		股本总额	万股			5 020	10 050	10 050	13 400
3	利润	净利润	万元		389		3 201	3 692	3 015
4	账面价值	净资产-账面价值	万元		9 355	12 490.05	14 679	18 370	38 233
5	第三方评估价值	净资产-评估价值	万元	1 592.49		13 433.70			

续上表

序号	指标		单位	有限公司A1	有限公司A2	股份公司B	新三板挂牌公司C		上市公司D
				2000-03-31	2014年度	2015-05-31	2015年度	2016年度	2017-09-30
6	市场价值	股份价值-新三板	万元				10 050	10 050	
7		股票市场价值	万元						584 374

注：阴影部分表示该阶段的公司类型无相应的财务指标。空白部分表示该阶段的公司类型有相应的财务指标但没有填充数据。

1．2000年3月末，当时的有限责任公司A1

即浙江万马集团电子有限公司。注册资本为1 200万元，经第三方评估的净资产评估价值为1 592.49万元。

此阶段，无股本总额，无市场价值，有净利润、净资产账面价值（只是未找到数据填充）。

2．2014年度，当时的有限责任公司A2

即万马电子医疗有限公司。注册资本为5 020万元，净利润389万元，净利润账面价值9 355万元。

此阶段，无股本总额，无市场价值，可以聘请第三方做净资产评估（实际未做）。

3．2015年5月末，当时的非上市股份有限公司B

即万马科技股份有限公司。注册资本5 020万元，股本总额5020万股，净资产账面价值12 490.05万元，经第三方评估的净资产评估价值为13 433.70万元。

此阶段，有股本总额，无市场价值，有净利润（只是未找到数据填充）。

4．2015年度，当时的新三板挂牌公司C

即万马科技股份有限公司（万马科技，834864）。注册资本为10 050万元，股本总额10 050万股，净利润3 201万元，净资产账面价值14 679万元，新三板股份市场价值10 050万元（按挂牌时每股1元计，此后无实际成交和融资）。

此阶段，有股本总额，有市场价值（但无实际成交，只能按1元每股计），可以聘请第三方做净资产评估（实际未做）。

5．2016年度，当时的新三板挂牌公司C

即万马科技（834864）。注册资本为10 050万元，股本总额10 050万股，净利润 3 692 万元，净资产账面价值 18 370 万元，新三板股份市场价值 10 050 万元（按挂牌时每股 1 元计，此后无实际成交和融资）。

此阶段，有股本总额，有市场价值（但无实际成交，只能按 1 元每股计），可以聘请第三方做净资产评估（实际未做）。

6. 2017 年 9 月末，当时的创业板上市公司

即万马科技（300698）。发行后注册资本 13 400 万元，股本总额 13 400 万股，净利润 3 015 万元，净资产账面价值 38 233 万元，股票市场价值约 58.44 亿元（按 2017 年 9 月 29 日收盘价 43.61 元/股计）。

此阶段，有股本总额，有市场价值，可以聘请第三方做净资产评估（实际未做）。

第5章

非上市公司利润分享与分红权激励计划

非上市公司、上市公司的股权期权激励，其设计与实施都有较大的差别。从第 6 章开始，将根据《上市公司股权激励管理办法》等监管政策，详细介绍上市公司股权期权激励设计实施的要点与参照案例。在此之前，先了解下非上市公司的股权期权激励。

本章以一家模拟的有限责任公司宁王科技为例，介绍其实施的利润分享与分红权激励计划。

得州宁王科技有限公司，成立于 2014 年 7 月，公司类型为一人有限责任公司（自然人独资），注册资本 50 万元，股东朱小强。

公司前 4 年营业收入、净利润如表 5.1 所示。

表 5.1　宁王科技营业收入和净利润

财务指标	单位	2014 年	2015 年	2016 年	2017 年
营业收入	万元	20	300	700	1 200
净利润	万元	-5	65	140	280
净利润率	%	-25.0	21.7	20.0	23.3

5.1　利润分享计划

公司成立后，制订了一份利润分享计划。该计划规定：激励对象 2 人，包括业务主管张富、技术主管李贵，享有 20%的分红权（其中张富 12%、李贵 8%）。公司与激励对象签订了书面协议，明确按约定比例参与公司当年实现的净利润分配。个人所得税由公司代扣代缴。2014 年净利润亏损 5 万元，公司不能分红。

5.1.1　2015 年全额分红

1. 可供股东分配的利润

当年净利润 65 万元。按税法规定，由于上一年度亏损，当年净利润首先要弥补累计亏损 5 万元，补亏后的当年净利润 60 万元。

按税法规定，以补亏后的当年净利润为基数，按 10%比例计提法定公积金，因此计提的法定公积金 6 万元=60×10%。

随后，可以考虑计提任意公积金，但公司决定不计提。

因此，当年计提的盈余公积 6 万元。盈余公积=法定公积金+任意公积金。

计提盈余公积后的当年净利润 54 万元=60-6。

公司不存在股息支付。

因此，弥补亏损、计提盈余公积、支付股息后的剩余部分，是股东享有的可供分配利润 54 万元。

2. 当年分红总额及分配

（1）公司决定全部分红，当年分红总额 54 万元。

（2）实有股权和虚拟股权的分配：①实有股权的股东，分红比例 80%，股东分红总额 43.2 万元=54×80%；②参与利润分享计划的激励对象，分红比例 20%，利润分红总额 10.8 万元=54×20%。

（3）虚拟股权的分配：张富的利润分红额 6.48 万元=54×12%；李贵的利润分红额 4.32=54×8%。

3. 单位代扣代缴个人所得税

（1）朱小强系股东，股权分红 43.2 万元，税法规定一人有限责任公司股东无须缴纳个税，因此朱小强的股权分红（税后）也是 43.2 万元。

若是有限责任公司（股东 2～50 人），应按利息股息红利所得项目计税，红利个税=本次支付的红利×税率 20%=43.2×10 000×20%=86 400 元，即 8.64 万元。

（2）张富和李贵不是股东，获得的利润分红属于劳动分红，按工资、薪金所得项目计税。

根据 2019 年起施行的新《个人所得税法》，2019—2021 年仍可按全年一次性奖金计算个税，也可与综合所得合并计算个税；2022 年起，必须与当年综合所得合并计算个税。

若与综合所得合并计算个税，应查综合税率表如表 5.2 所示。

表 5.2 个人所得税税率表（综合所得适用）

级数	全年应纳税所得额	税率（%）	速算扣除数
1	不超过 3.6 万元的	3	0
2	超过 3.6～14.4 万元的部分	10	2 520
3	超过 14.4～30 万元的部分	20	16 920
4	超过 30～42 万元的部分	25	31 920
5	超过 42～66 万元的部分	30	52 920
6	超过 66～96 万元的部分	35	85 920
7	超过 96 万元的部分	45	181 920

若按全年一次性奖金计算个税，应查月度税率表如表 5.3 所示。

表 5.3 月度税率表

级数	应纳税所得额	税率（%）	速算扣除数
1	不超过 3 000 元的	3	0

续上表

级数	应纳税所得额	税率（%）	速算扣除数
2	超过 3 000～12 000 元的部分	10	210
3	超过 12 000～25 000 元的部分	20	1 410
4	超过 25 000～35 000 元的部分	25	2 660
5	超过 35 000～55 000 万元的部分	30	4 410
6	超过 55 000～80 000 元的部分	35	7 160
7	超过 80 000 元的部分	45	15 160

现仍按全年一次性奖金计算个税：

按 64 800/12=5 400 元，查月度税率表（如表 5.3 所示），适用税率 10%、速算扣除数 210，个税=64 800×0.1-210=6 270 元，即张富利润分红扣缴个税 6 270 元。

按 43 200/12=3 600 元，查月度税率表，适用税率 10%、速算扣除数 210，个税=43 200×0.1-210=4 110 元，即李贵利润分红扣缴个税 4 110 元。

5.1.2　2016 年预留 40%再分红

1．可供股东分配的利润

当年净利润 140 万元。不需要弥补累计亏损。

以当年净利润的 10%计提法定公积金，仍不计提任意公积金，计提盈余公积=140×10%+0=14 万元。

不需要支付股息。

可分配利润=当年净利润-弥补亏损-盈余公积=140-0-14=126 万元。

本年初可分配利润=0；累计可分配利润=0+126=126 万元。

2．当年分红总额及分配

（1）公司股东会决定，从累计可分配利润提取 60%作为本年分红，剩余 40%预留作为公司发展基金。当年分红总额 75.6 万元=126×60%，预留发展基金 50.4 万元=126×40%。

（2）实有股权和虚拟股权的分配：①实有股权的股东，分红比例 80%，股东分红总额 60.48 万元=75.6×80%；②参与利润分享计划的激励对象，分红比例 20%，利润分红总额 15.12 万元=75.6×20%。

（3）虚拟股权的分配：张富的利润分红额 9.07 万元=75.6×12%；李贵的利润分红额 6.05=75.6×8%。

3．单位代扣代缴个人所得税

（1）朱小强系股东，股权分红 60.48 万元，因税法规定一人有限责任公司股东无须缴纳个税，因此朱小强的本次股权分红（税后）也是 60.48 万元。

（2）张富和李贵不是股东，获得的利润分红属于劳动分红，按工资、薪金所得项目计税。

现仍按全年一次性奖金计算个税：

按 90 720/12=7 560 元，查月度税率表（如表 5.3 所示），适用税率 10%、速算扣除数 210，个税=90 720×0.1−210=8 862 元，即张富利润分红应扣缴个税 8 862 元。

按 60 480/12=5 040，查月度税率表，适用税率 10%、速算扣除数 210，个税=60 480×0.1−210=5 838 元。

5.2 利润分享计划修订

根据公司发展需要，宁王科技对利润分享计划进行了修订，经股东会批准实施《宁王科技利润分享计划（2017 年修订）》。

本次修订主要有以下三点。

（1）增设了业绩条件：当年实现的净利润不低于上年的净利润，方可实施利润分享；否则，不得实施利润分享。

（2）对利润分享总额计提方式做了修改，修改前为按净利润的 20%比例计提，修改后为按超额净利润为基数、按比例分段计提，得到当年的利润分享总额。

（3）激励对象范围和人数增加。

5.2.1 利润分享计划（2017 年修订）说明

1．激励对象

主要根据岗位、工作年限、其他能力条件筛选确定激励对象：①岗位要求部门经理及以上；②工作时限要求担任本岗位职务满 2 年及以上；③其他能力条件要求具有优秀的管理能力，强烈认同公司文化，对公司发展有积极贡献。

2．激励方式

实行累进计提的超额利润分享计划：要求当年实现的净利润不低于上年的净利润，方可实施本计划；达到条件后，以当年实现的净利润超过上年的增加额作为计提基数，对超额净利润按 15%、30%、50%的分段比例计提，累加得到当年可计提的利润分享总额。

3. 利润分享总额（*W*）计提

利润指公司财务部按会计核算制度和内部管理口径计算的本年度净利润。

利润分享计提总额=∑超额净利润×分段计提比例。具体如下。

（1）计提条件。

以上年度的净利润 P_0 为基数，当年实现的净利润 P 超过基数 P_0，方可实施计提；否则，不得计提。

（2）计提比例（*T*）采取分段累计方式。

宁王科技 2017 年修订的利润分享总额计提如表 5.4 所示。

表 5.4 宁王科技 2017 年修订的利润分享总额计提

计提条件	利润分享总额
当年净利润≤基数	0
基数<当年净利润≤基数×1.2	（当年净利润-基数）×15%
基数×1.2<当年净利润≤基数×1.5	（基数×1.2-基数）×15%+（当年净利润-基数×1.2）×30%
	即：基数×3%+（当年净利润-基数×1.2）×30%
当年净利润>基数×1.5	（基数×1.2-基数）×15%+（基数×1.5-基数×1.2）×30%+（当年净利润-基数×1.5）×50%
	即：基数×12%+（当年净利润-基数×1.5）×50%

4. 利润分享总额的个人分配

根据各岗位的责任和贡献大小，制订岗位分配系数，再以利润分享总额、岗位分配系数、个人考核系数，计算个人利润分红。

计算公式为：

个人利润分红=利润分享总额/岗位总系数×个人岗位系数×个人年度考核系数。

5. 兑付方式

当年计提分配的个人利润分红分 2 次发放，其中 80%在当年 3 月底前发放，剩余 20%在次年 3 月底前发放，均以现金形式发放。

6. 离职员工的兑付规定

离职员工的兑付规定：①劳动合同期满不续签的，剩余激励额度在员工离职时一次性发放；②劳动合同期内员工辞职，剩余激励额度取消；③员工在岗期间被发现受贿或其他重大经济违法违规行为，剩余激励额度取消。

7. 激励额度的税费

由激励对象个人承担，公司负责代扣代缴。

5.2.2 2017 年累计可分配利润

根据表 5.1，宁王科技 2017 年净利润为 280 万元。不需要弥补累计亏损。

以当年净利润的 10%计提法定公积金，仍不计提任意公积金，计提盈余公积=280×10%+0=28 万元。

不需要支付股息。

2017 年度可分配利润=当年净利润-弥补亏损-盈余公积=280-0-28=252 万元。

2017 年初可分配利润（2016 年累计可分配利润）=50.4 万元，因此 2017 年度累计可分配利润=50.4+252=302.4 万元。

5.2.3 2017 年度利润分享实施模拟计算

2017 年公司实现的净利润 280 万元，2016 年的净利润 140 万元，满足当年净利润不低于上年的条件。2018 年一季度，宁王科技公司股东会同意实施提取 2017 年度的利润分享总额。

2017 年的净利润/2016 年的净利润=280/140=2 倍，属于超过基数的 1.5 倍的情形，因此，2017 年可提取的利润分享总额=基数×3%+基数×9%+（当年净利润-基数×1.5）×50%

=140×3%+140×9%+（280-140×1.5）×50%=4.2+12.6+35=51.8 万元，

利润分享比例=51.8/280×100%=18.5%。

2017 年可计提利润分红总额 51.8 万元。

据此可以进一步计算激励对象个人分配的利润分红额度。

5.3 净利润与分红

各类公司实施股权期权激励，股东通过出资或接受赠与获得实有股权，其中一项是分红权。当合伙人或激励对象通过接受赠与或出资获得虚拟股权时，其中一项也是分红权。在非上市公司的股权期权激励方案中，激励对象获取激励收益的途径之一就是分红。

分红来源于公司实现的净利润。因此，有必要弄清楚分红、红利、净利润的确切定义。

5.3.1 分红的真实含义（股权分红）

1. 什么是分红

公司股东分取红利或分配红利，简称分红。

2. 什么是红利

公司当年实现的净利润，利润分配顺序如下。

（1）先弥补上年累计亏损。5 年之内的累计亏损，可以用当年的利润总额（税前利润）弥补；5 年之前的亏损，用当年的净利润（税后利润）弥补。

（2）计提法定公积金。计提比例 10%，以弥补亏损后的净利润为基数。

（3）计提任意公积金。可以不计提。

（4）得到盈余公积=法定公积金+任意公积金。

（5）支付优先股的股息。如果没有优先股，则股息=0。

当年实现的净利润在弥补亏损、计提盈余公积、支付股息后，剩余的净利润就是红利。也就是说，当年实现的净利润中，超过弥补亏损、计提盈余公积、支付股息以上的净利润部分，称为红利。红利有时也叫花红。

3. 红利怎么分配

当年的红利，可以全部分配完，也可以分配一定比例、预留一定比例。预留部分叫未分配利润。

当年的未分配利润，加上以前年度的，结转到期末未分配利润。

期末未分配利润，加上当年的红利，叫可供股东分配利润。

若公司当年出现亏损，当年没有红利可发放；但可以从盈余公积、期末未分配利润发放红利，此时会减少净资产。

5.3.2 利润分红的含义（虚拟股权）

与实有股权对应的是虚拟股权。在完整的实有股权中，自然包含了其中一项权利“分红权”；在虚拟股权中，激励对象未享有所有权，但公司可以授予除所有权之外的部分其他权利，此时，分红权只是虚拟股权的一种。

虚拟股权指三种情形：分红权、增值权、收益权（分红权+增值权）。

虚拟的分红权（也叫利润分红）计提的方式有以下两种。

（1）虚拟股权比照实有股权，公司股东会决定每年是否发放红利。

（2）虚拟股权不比照实有股权，而是按照当年实现的净利润的一定比例，或超额利润的一定比例，计提激励基金，再按一定方法分配给激励对象，以现金、股权或两者结合的形式支付。

5.3.3 各种利润口径（利润分享）

还有的“分红”，它的含义有所变化，只是一种习惯性的说法。它的含义其实已经是利润分享，已经不是特指当年实现的净利润中“超过弥补亏损、计提盈余公积、支付股息以上的剩余净利润”。

利润分享的计提基数可能指：净利润、利润总额（税前利润）、营业利润、毛利，也可能指国有企业采用的经济增加值（EVA）。计提基数也可能是上述这些“利润”的增加额，即超额利润，经济增加值改善值（ΔEVA）。

下面看一张模拟的利润表如表 5.5 所示。

表 5.5 宁王科技模拟利润表

单位：万元

科目	2014 年	2015 年	2016 年	2017 年
营业收入	20.0	300.0	700.0	1 800.0
减：营业成本	12.0	180.0	420.0	1 080.0
毛利	8.0	120.0	280.0	720.0
减：营业税金及附加	1.4	20.4	47.6	122.4
销售费用	2.0	13.0	30.0	120.0
管理费用	9.6	11.0	20.0	100.0
财务费用	0.0	0.0	0.0	0.0
资产减值损失	0.0	0.0	0.0	0.0
加：投资收益	0.0	0.0	0.0	0.0
营业利润	-5.0	75.6	182.4	377.6
加：营业外收入	0.0	10.0	5.0	0.0
减：营业外支出	0.0	0.6	0.8	4.3
利润总额	-5.0	85.0	186.6	373.3
减：所得税费用	0.0	20.0	46.7	93.3
净利润	-5.0	65.0	140.0	280.0

1. 2014 年模拟情况

（1）年营业收入 20 万元，年营业成本 12 万元。假设其他业务收入为 0、其他业务成本为 0，则主营业务收入为 20 万元，主营业务成本 12 万元，据此可以计算毛利：

年毛利=年主营业务收入-年主营业务成本=20-12=8 万元，毛利率=8/20×100%=40%。

（2）毛利扣减各项税费、资产损失，加上投资收益（若有），得到营业利润。

年营业利润=毛利-（营业税金及附加+销售费用+管理费用+财务费用）-资产减值损失+投资收益=8-（1.4+2+9.6+0）-0+0=-5 万元。

（3）营业利润加减营业外收支，得到利润总额，也就是税前净利润。

利润总额=营业利润+营业外收入-营业外支出=-5+0-0=-5 万元。

（4）利润总额扣减企业所得税，得到净利润，也就是税后净利润。

所得税=所得×税率 25%=（利润总额-抵扣项）×25%，当年利润总额亏损时，所得税=0。

净利润=利润总额-所得税=-5-0=-5 万元。

2. 2015 年模拟情况

（1）年营业收入 300 万元，营业成本 180 万元。假设其他业务收入为 0、其他业务成本为 0，则主营业务收入为 300 万元，主营业务成本 180 万元，据此可以计算毛利：

年毛利=年主营业务收入-年主营业务成本=300-180=120 万元，毛利率=120/300×100%=40%。

（2）毛利扣减各项税费、资产损失，加上投资收益（若有），得到营业利润。

年营业利润=毛利-（营业税金及附加+销售费用+管理费用+财务费用）-资产减值损失+投资收益=120-（20.4+13+11+0）-0+0=75.6 万元。

（3）营业利润加减营业外收支，得到利润总额，也就是税前净利润。

利润总额=营业利润+营业外收入-营业外支出=75.6+10-0.6=85 万元。

（4）利润总额扣减企业所得税，得到净利润，也就是税后净利润。

所得税=所得×税率 25%=（利润总额-抵扣项）×25%=（85-5）×25%=20 万元。其中的抵扣项是 2014 年的亏损 5 万元。

净利润=利润总额-所得税=85-20=65 万元。

5.3.4 各种净利润口径（归属、扣非）

关于净利润，要弄明白：合并报表的净利润，公司当年实现的净利润，归属于母公司股东的净利润，扣除非经常性损益后的净利润，归属于母公司股东的扣除非经常性损益后的净利润等口径。

公司当年实现的净利润和归属于母公司所有者的净利润，是一个意思。

在上市公司中，母公司所有者须改为上市公司股东，如归属于母公司所有者的净利润，改为归属于上市公司股东的净利润。

（1）如果宁王科技无下属子公司，则不存在合并报表。

（2）假定宁王科技有 2 家子公司，1 号子公司为全资子公司（控股比例

100%）、2 号子公司为控股子公司（控股比例 80%）。

控股比例大于 50%的子公司，纳入合并报表；少于 50%的子公司，不纳入合并报表。据此规则，宁王科技的合并报表范围包含：宁王科技、1 号子公司、2 号子公司。

2015 年，宁王科技的净利润 65 万，1 号子公司的净利润 20 万，2 号子公司的净利润 10 万元。

1. 合并净利润

合并报表的净利润=母公司净利润+∑子公司净利润=65+20+10=95 万元。

即宁王科技 2014 年的合并净利润 95 万元。

2. 归母净利润

公司当年实现的净利润，也就是归属于母公司股东的净利润。

归母净利润=母公司净利润+∑子公司净利润×母公司持股比例=宁王科技净利润+1 号子公司净利润×100%+2 号子公司净利润×80%

=65+20×100%+10×80%=93 万元。

即宁王科技 2015 年归属于母公司所有者的净利润为 93 万元。

2 号子公司 10 万净利润中的另外 2 万，属于少数股东的权益。

3. 扣非净利润

2015 年，宁王科技（母公司）的营业外收支差=10-0.6=9.4 万元，属于非经常性损益（比如政府补贴）。

2015 年扣除非经常性损益后的净利润=2015 年净利润-2015 年非经常性损益

=95-9.4=85.6 万元。

即宁王科技 2015 年扣非净利润为 85.6 万元。

4. 归母扣非净利润

2015 年归属于母公司所有者扣除非经常性损益后的净利润=2015 年归母净利润-2015 年非经常性损益

=93-9.4=83.6 万元。

即宁王科技 2015 年归母扣非净利润为 83.6 万元。

第6章

股权期权激励计划目录起草

与绩效管理办法、薪酬管理制度、奖金提成方案、绩效工资考核分配实施细则等类似，股权激励计划（及其他中长期激励）也是一种制度、方案，需要包括必要的组成方面，但还要遵循一些特定的内容结构和形式规范。本章介绍写一份股权期权激励计划从哪些方面入手，主要解决制度文本结构搭建。

6.1 股权激励计划目录

6.1.1 上市公司股权激励计划目录

限制性股票、股票期权、股票增值权这三类股权激励工具，在具体计划内容方面各有差别，但在制度文本结构的形式规范上基本类似，只要把股权激励计划的“股权”字样替换为限制性股票、股票期权、股票增值权，或简称本激励计划。

限制性股票、股票期权在目录搭建时，总体类似，主要区别在于以下几个方面。

（1）有效期的行权安排：限制性股票需设置锁定期、解锁期，或称限售期、解除限售期，这是对应股票而言；股票期权需设置等待期、行权期，这是对应期权而言。

（2）权益价格：限制性股票是授予价格，股票期权是行权价格。

（3）回购/注销：限制性股票需要回购并注销，股票期权是注销（不存在回购）。

【案例】圆通速递：限制性股票激励计划目录

《圆通速递：第一期限制性股票激励计划（草案）》

2016年12月发布。先列声明、特别提示，后附目录。

第一章 释义

第二章 本激励计划的目的与原则

第三章 本激励计划的管理机构

第四章 激励对象的确定依据和范围

一、激励对象的确定依据

二、激励对象的范围

三、激励对象的核实

第五章 激励计划具体内容

一、激励计划的股票来源和数量

二、限制性股票激励计划的有效期、授予日、限售期和解除限售安排

三、限制性股票的授予价格和授予价格的确定方法

四、限制性股票的授予与解除限售条件

五、限制性股票激励计划的调整方法和程序

六、限制性股票会计处理及对经营业绩的影响

第六章 股权激励计划的实施程序

一、股权激励计划授予程序

二、限制性股票的授予程序

三、限制性股票解除限售的程序

四、本激励计划的变更、终止程序

五、限制性股票回购注销的原则

第七章 公司/激励对象各自的权利义务

一、公司的权利和义务

二、激励对象的权利和义务

第八章 公司/激励对象发生异动的处理

一、公司发生异动的处理

二、激励对象个人情况发生变化

三、公司与激励对象之间争议的解决

第九章 附则

注：股权激励计划授予程序，建议改为股权激励计划批准程序。

【案例】美的集团：股票期权激励计划目录

《美的集团第三期股票期权激励计划（草案）》

2016年5月发布。先列声明、特别提示，后附目录。

第一章 总则

一、制订本计划所遵循的基本原则

二、本激励计划的管理机构

三、本计划的实施程序

第二章 激励对象的确定依据和范围

一、激励对象的确定依据

二、激励对象的范围

三、有下列情形之一的，不能成为本计划的激励对象

四、激励对象的确定和审核

第三章 本激励计划的股票来源和数量

一、股权激励计划的股票来源

二、授予股票期权的数量

三、授予的股票期权分配情况

第四章 股票期权激励计划的有效期、授予日、等待期、可行权日和禁售期

一、有效期

二、授予日

三、等待期

四、可行权日

五、禁售期

第五章 股票期权的行权价格和行权价格的确定方法

一、授予的股票期权的行权价格

二、股票期权行权价格的调整

第六章 股票期权授予和行权条件

一、股票期权的授予条件

二、股票期权的行权条件

第七章 股票期权数量及行权价格的调整方法和程序

一、股票期权数量的调整方法

二、行权价格的调整方法

三、调整程序

第八章 股票期权的会计处理

一、股票期权的会计处理原则

二、股票期权的价值估计

三、对公司经营业绩的影响

第九章 公司授予股票期权及激励对象行使的程序

一、授予程序

二、激励对象行权的程序

第十章 公司与激励对象的权利义务

一、公司的权利与义务

二、激励对象的权利与义务

第十一章 股票期权激励计划的变更与终止

第十二章 其他事项

第十三章 附则

分析：其实上述第四章的标题太长，“股票期权激励计划的有效期、授予日、等待期、可行权日和禁售期”或可改为：股票期权激励计划的行权时间安排。

【案例】顺丰控股：股票增值权激励计划目录

《顺丰控股股票增值权激励计划（草案）》。2017 年 10 月发布。

第一章 释义

第二章 实施激励计划的目的

第三章 本计划的管理机构

第四章 激励对象的确定依据和范围

第五章 激励计划具体内容

一、激励计划的股票来源

二、激励计划标的股票的数量

三、激励对象获授的股票增值权分配情况

四、激励计划的有效期、授予日、等待期、行权安排、可行权日

五、股票增值权的行权价格和行权价格的确定

六、股票增值权的授予与行权条件

七、股票增值权激励计划的调整方法和程序

第六章 本计划的相关程序

一、计划批准程序

二、授予

三、股票增值权的授予及激励对象的行权程序

四、本计划的变更、终止程序

第七章 公司/激励对象各自的权利义务

一、公司的权利与义务

二、激励对象的权利与义务

第八章 公司/激励对象发生异动的处理

一、公司发生异动的处理

二、激励对象个人情况发生变化

三、公司与激励对象之间争议的解决

第九章 附则

【案例】大族激光：股票期权及股票增值权激励计划目录

《大族激光股票期权及股票增值权激励计划（草案修订稿）》

2012 年 10 月发布。先列声明、特别提示，后附目录。

一、释义

二、股权激励计划的目的

三、股权激励对象的确定依据和范围

四、本计划所涉及的标的股票来源和数量

五、激励对象获授的权益工具分配情况

六、股权激励计划的有效期、授权日、等待期、可行权日和禁售期

七、权益工具的行权价格及行权价格的确定方法

八、激励对象获授条件和行权条件

九、股权激励计划的调整方法和程序

十、股权激励计划的会计处理

十一、公司实行股权激励计划的程序、授予权益工具及激励对象行权的程序

十二、公司与激励对象各自的权利义务

十三、股权激励计划变更、终止

十四、附则

6.1.2 上市公司子公司股权期权激励计划目录

【案例】科伦药业：子公司员工股权激励框架方案目录

四川科伦药业股份有限公司（科伦药业，002422），系中小板上市公司。

四川科伦博泰生物医药股份有限公司（简称：科伦生物），系科伦药业子公司。

以科伦生物作为上市公司实施子公司员工股权激励的激励主体（境内部分），实施核心研发人员的股权激励的方案。

2016年11月14日，上市公司股东大会审议通过《关于实施子公司员工股权激励方案的议案》《子公司员工股权激励管理办法（境内部分）》等。

科伦药业《子公司员工股权激励管理办法（境内部分）》目录如下。

释义

第一章 总则

第一条 依据

第二条 目的

第三条 基本原则

第二章 股权激励的方案

第四条 激励方式

第五条 激励对象

第六条 激励比例

第七条 激励份额认购价格

第八条 激励份额价款支付

第九条 激励份额分配方式

第十条 激励份额分配程序

第十一条 激励对象义务

第十二条 激励份额单独回购

第十三条 激励份额整体回购

第十四条 激励方案的调整

第十五条 独立上市

第三章 股权激励的管理

第十六条 公司股东大会

第十七条 公司董事会

第十八条 股权激励管委会

第四章 其他

第十九条 纠纷处理

第二十条 文件冲突

第二十一条 生效

【案例】英威腾：子公司期权激励计划实施细则目录

深圳市英威腾电气股份有限公司（英威腾，002334），系中小板上市公司。

2014年9月29日，上市公司股东大会审议通过《英威腾子公司期权激励计划实施细则》。

6.2 员工持股计划目录

【案例】上汽集团：上市公司员工持股计划目录

上海汽车集团股份有限公司（上汽集团，600104），系上交所主板上市公司。《上汽集团核心员工持股计划（草案）（认购非公开发行股票方式）》2015年11月发布。先列声明、特别提示，后附目录。

【案例】天桥起重：国有控股混合所有制企业员工持股计划目录

2017 年 9 月发布。先列声明、特别提示，后附目录。

6.3 激励基金计划目录

虚拟股票、激励基金两类与前面四类相比，在具体内容方面有差别，制度文本结构的形式规范也有较大差别，虽然可以归到股权激励范围，但也可以归到中长期激励管理办法。

【案例】粤赣高速：上市公司激励基金计划目录

江西粤赣高速公路股份有限公司（粤赣高速，600269），系上交所主板上市公司。

《粤赣高速业绩奖励基金激励计划（实施细则）》2016年12月发布。

一、业绩奖励基金激励计划
二、设立业绩奖励基金的目的
三、设立业绩奖励基金遵循的原则
四、业绩奖励基金的激励对象
五、业绩奖励基金的计提
六、业绩奖励基金的使用
七、业绩奖励基金权益分配比例
八、业绩奖励基金实施方案的管理与权限
九、业绩奖励基金实施的操作流程
十、附则

【案例】精冶源：新三板挂牌公司虚拟股权激励计划目录

北京精冶源新材料股份有限公司（精冶源，831091），系新三板挂牌公司。

《精冶源虚拟股权激励方案（2015年11月修订）》2015年11月发布。

第一章 总则
第一条 目的
第二条 定义
第三条 有效期限
第四条 组织实施
第二章 虚拟股权的授予
第五条 授予对象确定的标准和范围
第六条 授予对象的确定
第三章 授予数量的确定
第七条 虚拟股权持有数量
第八条 股权级别及职位股数确定
第九条 个人能力系数
第十条 本司工龄系数表
第四章 业绩目标与绩效考核
第十一条 业绩目标
第十二条 业绩目标考核
第十三条 业绩目标调整
第十四条 考核周期
第十五条 考核内容
第十六条 考核结果与绩效系数
第五章 激励基金的提取、分配和发放
第十七条 年度激励基金总额
第十八条 虚拟股权的每股现金价值
第十九条 分红办法和分红现金数额
第二十条 红利发放
第六章 激励计划的修订、终止及其他
第二十一条 虚拟股份退出
第二十二条 转换条款
第二十三条 修订、解释

第7章

股权期权激励计划的制订依据

有一天，祝枝山找唐伯虎商议制订股权激励计划的依据。在探讨有限责任公司的股权激励计划制订依据时，提到了华为公司的情况。

祝枝山好奇发问：唐兄，你说像华为公司，它制订股权激励计划的依据要怎么写呢？

唐伯虎考虑了一下，说：这个嘛，只是我个人的猜测分析啊。

华为公司主要是两个公司实体，即华为技术有限公司（简称：华为技术）、华为投资控股有限公司（简称：华为控股）。

华为技术和华为控股是什么关系呢？

华为技术目前是华为控股的全资子公司（100%持股），而华为控股只有两个股东：任正非（自然人股东）、华为投资控股有限公司工会委员会（社会团体法人）。

华为公司股权激励的激励主体以前是华为技术，后来逐渐转移到华为控股。但不论是华为技术还是华为控股，其公司类型均为有限责任公司。因此，推测其股权激励计划制订依据可按如下表述。

公司根据《公司法》等有关法律、法规和规范性文件，以及华为公司《公司章程》的相关规定，制订本激励计划。

随后，两人又针对华安设备和江南皮革进行了切磋分析。唐伯虎提出如下看法。

1. 吴县华安烧烤设备有限公司

其公司类型为有限责任公司，股权激励计划制订依据可按如下表述。

公司根据《公司法》等有关法律、法规和规范性文件，以及华安设备《公司章程》的相关规定，制订本激励计划。

唐伯虎补充一点：若持股方式是通过有限合伙企业间接持股，其制订依据应增加《合伙企业法》。

2. 江南皮革（得州）股份有限公司

其公司类型为股份有限公司（非上市），股权激励制订依据可按如下表述。

公司根据《公司法》《证券法》等有关法律、法规和规范性文件，以及江南皮革《公司章程》的相关规定，制订本激励计划。

祝枝山学到一招，补充说：若持股方式是通过有限合伙企业间接持股，其制订依据应增加《合伙企业法》。

唐伯虎哈哈一笑，随口吟出两句诗来：

世人笑我太疯癫，我笑他人看不穿……

不见股权期权薄，无凭无据画圈圈。

【案例】南钢股份：股权激励计划的制订依据怎么写

宝钢股份、南钢股份都是上市公司，也都实施过股权激励计划。在起草股权激励计划时，它们的制订依据是否有区别呢？

1．宝钢股份：国有控股上市公司

查看《宝钢股份 A 股限制性股票计划（草案)》，第一章总则的第一条是制订依据，其中包含两个政策文件：《国有控股上市公司（境内）实施股权激励试行办法（国资发分配[2006]175 号)》《关于规范国有控股上市公司实施股权激励制度有关问题的通知（国资发分配[2008]171 号)》。

这是因为宝钢股份的公司类型为国有控股上市公司。另外一些钢铁企业的上市公司也是国有控股上市公司。

2．南钢股份属于哪类上市公司

现在再来看南京钢铁股份有限公司（南钢股份，600282)。

2017 年 4 月 14 日，公司股东大会审议通过《南钢股份 2017 年股票期权激励计划（草案)》。

草案第二章是目的与原则，其中的制订依据为根据《公司法》《证券法》《管理办法》等有关法律、法规和规范性文件以及《公司章程》的规定，制订本激励计划。

草案第一章“释义”中明确，该《管理办法》指《上市公司股权激励管理办法》。从 2016 年 8 月 13 起，《上市公司股权激励管理办法》施行，《上市公司股权激励管理办法（试行)》同时废止。

现在有一个疑问：南钢股份股权激励计划制订依据，为何没有像宝钢股份那样，涉及国有控股上市公司的两个文件呢？

这有以下几种可能。

(1) 南钢股份不是国有控股上市公司，因此不需要写。

(2) 南钢股份是国有控股上市公司，但起草人员忘记写了。

(3) 南钢股份是国有控股上市公司，起草人员是知道的，只是不特意写出来，已经包含在“等有关法律、法规和规范性文件”表述中了。

查询南钢股份 2015 年年报，前十名股东持股情况显示：

第 1 名：南京南钢钢铁联合有限公司，期末持股数量约 17.953 5 亿股，占当时总股本 38.757 5 亿股的 45.31%；

第 2 名：南京钢铁联合有限公司，期末持股数量约 1.141 8 亿股，占当时总股本的 2.88%。

这两家的股东性质均标明为境内非国有法人。由此判断，南钢股份在 2015 年已经不是国有控股上市公司了。因此，当它在 2017 年初制订股权激励计划时，不需要增加国有控股上市公司的 2 个文件作为制订依据之一。

上市公司（非国有控股)、国有控股上市公司，它们的股权激励计划从制订到经股东大会批准实施，程序不同。相对来说，国有控股上市公司的程序更复杂，因为至少要取得国资监管部门审核同意。

因此，每家公司股权期权激励计划的制订依据，要结合本期采用的激励形式和本公司类型而定。

7.1 中长期激励计划的制订依据

中长期激励制订依据如表 7.1 所示。

表 7.1 中长期激励制订依据

序号	文号	文件	实施时间
1	主席令[2013 年]8 号	中华人民共和国公司法（2013 年 12 月 28 日第三次修订）	2014 年 3 月 1 日起
2	主席令[2013 年]14 号	中华人民共和国证券法（2014 年 8 月 31 日第三次修订）	2014 年 8 月 31 日起
3	主席令[2006 年]55 号	中华人民共和国合伙企业法（2006 年 8 月 27 日修订）	2007 年 6 月 1 日起
4	证监公司字[2005]151 号	上市公司股权激励管理办法（试行）	2006 年 1 月 1 日-2016 年 8 月 12 日施行；已废止
5	证监会[2014]33 号	关于上市公司实施员工持股计划试点的指导意见	2014 年 6 月 20 日起
6	国资发分配[2006]8 号	国有控股上市公司（境外）实施股权激励试行办法	2006 年 3 月 1 日起
7	国资发分配[2006]175 号	国有控股上市公司（境内）实施股权激励试行办法	2006 年 9 月 3 日起
8	国资发分配[2008]171 号	关于规范国有控股上市公司实施股权激励制度有关问题的通知	2008 年 10 月 21 日起
9	证监会[第 96 号令]	非上市公众公司监督管理办法	2013 年 1 月 1 日起
10	财资[2016]4 号	国有科技型企业股权和分红激励暂行办法	2016 年 3 月 1 日起
11	国资发改革[2016]133 号	关于国有控股混合所有制企业开展员工持股试点的通知	2016 年 8 月 2 日起
12	证监会[第 126 号令]	上市公司股权激励管理办法	2016 年 8 月 13 日起
13	证监会[2018]17 号	关于试点创新企业实施员工持股计划和期权激励的指引	2018 年 6 月 6 日起

7.2 公司类型划分

上海证券交易所的上市公司有 A 股和 B 股，A 股包含主板、科创板，B 股为主板；深圳证券交易所的上市公司有 A 股和 B 股，A 股包含主板、中小板、创业板，B 股为主板。

股票代码识别：6 开头的是上交所主板 A 股、688 开头的是上交所科创板、9 开头的是上交所 B 股；0 开头的是深交所主板 A 股、002 开头的是深交所中小板、3 开头的是深交所创业板、2 开头的是深交所 B 股。这些都是我国境内的上市公司。

A 股和 B 股的区在于：A 股是我国境内的大陆居民购买，属于内资股；B 股是以外币认购和交易，我国境内外居民均可购买。

另外可以根据资本市场层次划分为：一板、二板、新三板。一板指上交所的主板A股/B股、深交所的主板A股/B股+中小板。二板指深交所的创业板。新三板指北京全国中小企业股份转让系统（股转公司），证券代码8开头或4开头，属于非上市公众公司。此外，2019年上交所A股新设了科创板。

公司类型划分如表7.2所示。

表7.2 公司类型划分

公司类型	上市/挂牌场所	内/外资股	资本市场层次	证券代码识别	非国有控股	国有控股	其他企业	国有科技型企业
境内上市公司	上海证券交易所	A股	主板	6开头	神奇制药（600613）	宝钢股份（600019）		
		A股	科创板	688开头	海尔生物（688139）	中国号通（688009）		
		B股	主板	9开头	神奇B股（900904）	云赛B股（900901）		
	深圳证券交易所	A股	主板	0开头	美的集团（000333）	中兴通讯（000063）		
			中小板	002开头	游族网络（002174）	海康威视（002415）		
			创业板	3开头	昆仑万维（300418）	辰安科技（300523）		
		B股	主板	2开头	南玻B（200012）	建摩B（200054）		
境外上市公司	纽约证券交易所	N股	主板	NYSE:	百世集团（BSTI）	上海石化（SHI）		
	纳斯达克证券交易所		创业板	NASDAQ:	网易（NTES）	中国电信（CHA）		
	新加坡证券交易所	S股		SGE:	阿里影业（S91）	中国航油（EAO）		
	香港联合交易所	H股	主板		万科企业（02202）	中兴通讯（00763）		
			创业板		浙江展望（08273）	赛迪顾问（08235）		
新三板挂牌公司	全国中小企业股份转让系统	以2014年5月19日挂牌时间划分，此前挂牌公司4开头，此后挂牌公司8开头					华安股份（430279）	今晚网络（835352）
股份有限公司（非上市）							广州多益网络股份有限公司	
有限责任公司							杭州市地铁集团有限责任公司	长春长光辰芯光电技术有限公司
有限合伙企业					深圳市腾讯信达有限合伙企业（有限合伙）			

注：A股为人民币普通股票，B股为人民币特种股票。

此外，还要注意国有控股混合所有制企业，它可能对应上市公司或非上市公司。

属于国有控股混合所有制企业的上市公司有以下几家。

（1）中国联合网络通信股份有限公司（中国联通，600050/00762），系上交所主板A股、港交所H股上市公司。

（2）浙江海正药业股份有限公司（海正药业，600267），系上交所主板上市公司。

（3）株洲天桥起重机股份有限公司（天桥起重，002523），系深交所中小板上市公司。

（4）北京辰安科技股份有限公司（辰安科技，300523），系深交所创业板上市公司。

属于国有控股混合所有制企业的非上市公司有以下几家。

山东玻纤集团股份有限公司、雅安市商业银行股份有限公司、浙江中医药大学中药饮品有限公司、陕煤新能源有限公司。

下面介绍各类公司采用不同的中长期激励计划的制定依据。中长期激励分为股权激励计划、员工持股计划、激励基金计划三大类。

7.3 股权激励计划的制订依据

在讨论上市公司股权激励计划的制订依据前，先要弄清楚上市公司、非上市公司的区别。

1. 境内上市公司和境外上市公司

2016年修订的《上市公司股权激励管理办法》规定，该办法适用于股票在上海、深圳证券交易所上市的公司。这类上市公司属于我国境内上市公司，如圆通速递、美的集团等。

如果我国企业在美国纽约证券交易所、纳斯达克证券交易所、新加坡证券交易所等挂牌上市，属于我国境外上市公司，如阿里巴巴等，不适用该办法。

2. 非上市公司

我国境内的非上市公司包括有限责任公司、股份有限公司（非上市）、新三板挂牌公司，如杭州市地铁集团有限责任公司、浙江娃哈哈实业股份有限公司、永安期货股份有限公司（833840）。

注：全国中小企业股份转让系统，简称股转公司，俗称新三板。

7.3.1 上市公司

下面介绍青岛海尔和圆通速递的股权激励计划制订依据的异同。

（1）2014 年 6 月 16 日，公司股东大会审议通过《青岛海尔第四期股权激励计划（草案）》。其制订依据为：本计划依据《公司法》《证券法》《上市公司股权激励管理办法（试行）》《股权激励有关事项备忘录 1～3 号》及其他有关法律、行政法规、规章、规范性文件以及青岛海尔《公司章程》制订。

（2）2017 年 9 月 18 日，公司股东大会审议通过《圆通速递第一期限制性股票激励计划（草案修订稿）》。其制订依据为：根据《公司法》《证券法》《上市公司股权激励管理办法》等有关法律、法规和规范性文件以及本公司《公司章程》的规定，制订本激励计划。

由此总结以下两点。

第一点，《上市公司股权激励管理办法》从 2016 年 8 月 13 日起施行，此前的《上市公司股权激励管理办法（试行）》及《股权激励有关事项备忘录 1～3 号》同时废止。

现行办法与试行办法相比，有不少修订点，因此上市公司必须依据新政策制订本公司股权激励计划，确保合规。

这并非简单的文字修改，而是上市公司股权激励计划的具体内容有调整：有的以前可以做，现在不能做了；有的以前不可以做的，现在可以做了；有的以前可以做的，现在还可以做但操作空间有变化，变大或变小了。如表 7.3 所示。

表 7.3 《上市公司股权激励管理办法》修订说明

修订的主要方面	
（一）对信息披露作专章规定，强化信息披露监管	
（二）进一步完善试行或参与股权激励的条件	① 完善不得实行股权激励、不得参与股权激励的负面清单
	② 结合市场各方诉求，进一步明确激励对象的范围
（三）深化市场化改革，进一步赋予公司自治和灵活决策空间	① 放宽了绩效考核指标等授权条件、行权条件要求，完善综合评价机制
	② 放宽对授予价格、行权价格的定价要求，完善股票定价机制
	③ 明确股权激励与其他重大事项不互斥
	④ 放宽对预留权益的限制

续上表

修订的主要方面	
（四）基于实践发展需求，完善限制性股票与股票期权相关规定	① 细化了限制性股票相关规定
	② 明确股票期权的行权期和行权比例要求
（五）强化内部监督与市场约束，进一步完善股权激励实施程序、决策程序相关规定	① 增加对授予条件、行权条件是否成就评判的规定
	② 细化分次授予、分期行权的考核条件与执行要求
	③ 进一步规范上市公司变更、终止实施股权激励的行为
	④ 增加了对实施程序的规范性要求，强化程序公正
（六）加强事后监督，强化内部问责与监督处罚	① 完善公司内部问责与不当利益回吐机制
	② 细化对股权激励相关违法违规行为的监管与处罚规定

第二点，从 2016 年 8 月 13 日后，上市公司股权激励计划制订依据如下：本计划依据《公司法》《证券法》《上市公司股权激励管理办法》等有关法律、行政法规和规范性文件及本公司《公司章程》制订。

要注意的是，国有控股上市公司还要增加另外的制订依据。

7.3.2 国有控股上市公司（境内、境外）

1. 国有控股上市公司（境内）

下面介绍宝钢股份两期股权激励计划的制订依据的异同。

（1）2014 年 5 月 20 日，公司股东大会审议通过《宝钢股份 A 股限制性股票计划（草案）》《宝钢股份 A 股限制性股票首期授予方案（草案修订稿）》。其制订依据为：公司根据《公司法》《证券法》《国有控股上市公司（境内）实施股权激励试行办法（国资发分配〔2006〕175 号）》《关于规范国有控股上市公司实施股权激励制度有关问题的通知（国资发分配〔2008〕171 号）》《上市公司股权激励管理办法（试行）（证监公司字〔2005〕151 号）》《股权激励有关事项备忘录 1、2、3 号》以及其他有关法律、法规、部门规章、规范性文件和《公司章程》的规定，制订本激励计划。

（2）2017 年 12 月 19 日，公司股东大会审议通过《宝钢股份第二期 A 股限制性股票计划（草案）》。其制订依据为：公司根据《公司法》《证券法》《国有控股上市公司（境内）实施股权激励试行办法（国资发分配〔2006〕175 号）》《关于规范国有控股上市公司实施股权激励制度有关问题的通知（国资发分配〔2008〕171 号）》《上市公司股权激励管理办法（证监会令第 126 号）》以及其他有关法律、法规、部门规章、规范性文件和《公司章程》的规定，制订本激励计划。

由此也总结以下两点。

第一点与前文一样，《上市公司股权激励管理办法》从2016年8月13日起施行，此前的《上市公司股权激励管理办法（试行）》及《股权激励有关事项备忘录1～3号》同时废止。

第二点，国有控股上市公司股权激励计划的制订依据，要增加两个文件：国资发分配〔2006〕175号、国资发分配〔2008〕171号。从2016年8月13日后，国有控股上市公司股权激励计划制订依据为：本计划依据《公司法》《证券法》《国有控股上市公司（境内）实施股权激励试行办法（国资发分配〔2006〕175号）》《关于规范国有控股上市公司实施股权激励制度有关问题的通知（国资发分配〔2008〕171 号）》《上市公司股权激励管理办法》等有关法律、行政法规和规范性文件及本公司《公司章程》制订。

注意：此处所指国有控股上市公司为国有控股上市公司（境内）。国有控股上市公司（境外）有另外的制订依据。

2. 国有控股上市公司（境外）

东方电气股份有限公司（东方电气，600875/01072）是国有控股上市公司，同时在上交所主板A股和港交所H股上市。

2012年12月14日，公司股东大会审议通过《东方电气H股股票增值权激励计划》。其制订依据为：本计划依据《公司法》《证券法》《国有控股上市公司（境外）实施股权激励试行办法》《关于规范国有控股上市公司实施股权激励制度有关问题的通知》《国有控股上市公司实施股权激励工作指引》《上市公司股权激励管理办法（试行）》《股权激励有关事项备忘录1、2、3号》《香港联合交易所有限公司证券上市规则》中的相关条款制订。

由此总结以下几点。

（1）国有控股上市公司（境外），要依据《国有控股上市公司（境外）实施股权激励试行办法（国资发分配[2006]8号）》。

（2）《上市公司股权激励管理办法（试行）》《股权激励有关事项备忘录1、2、3号》在2016年8月13日后应替换为《上市公司股权激励管理办法》。

（3）H股上市公司要增加《香港联合交易所有限公司证券上市规则》。

3. 中兴通讯适用境内还是境外

中兴通讯（000063/00763）系国有控股上市公司，同时在深交所主板A股和港交所H股上市。

2017年6月20日，公司2016年度股东大会、2017年度A股类别股东大会、2017年度H股类别股东大会，分别审议通过《中兴通讯2017年股票期权激励计划（草案）》。其制订依据为：本公司依据《公司法》《证券法》《上市公司股权激励管理办法》《香港联合交易所有限公司证券上市规则》以及其他有关法律、法规及《公司章程》，并参照《国有控股上市公司（境内）实施股权激励试行办法》《关于规范国有控股上市公司实施股权激励制度有关问题的通知》，制订本激励计划。

总结：

（1）H股上市公司要增加《香港联合交易所有限公司证券上市规则》。

（2）虽然中兴通讯同时在A股和H股上市，但本期股票期权激励计划是以中兴通讯A股普通股股票为标的，因此股权激励计划的制订依据适用国有控股上市公司（境内）。

7.3.3 新三板挂牌公司

由于《上市公司股权激励管理办法》适用股票在上海、深圳证券交易所上市的公司，据此划分，在北京全国中小企业股份转让系统（股转公司）挂牌的新三板公司，不适用该办法。

新三板挂牌公司适用《非上市公众公司监督管理办法》。

1．分豆教育

北京分豆教育科技股份有限公司（分豆教育，831850），系新三板挂牌公司。2015年10月9日，公司股东大会审议通过《分豆教育股权激励方案（修订版）》。其制订依据为：根据《公司法》《证券法》《非上市公众公司监督管理办法》及其他有关法律、法规和规范性文件以及《公司章程》的相关规定，制订本股权激励计划。

2017年9月3日，公司股东大会审议通过《关于取消<股权激励方案>的议案》，《分豆教育股权激励计划（修订版）》终止。

2．蓝宇数码

浙江蓝宇数码科技股份有限公司（蓝宇数码，836764），系新三板挂牌公司。2016年8月28日，公司股东大会审议通过《蓝宇数码股权激励计划（草案）》。其制订依据为：公司根据《公司法》《证券法》《合伙企业法》《非上市公众公司监督管理办法》《全国中小企业股份转让系统业务规则（试行）》等有关法律、法规和规范性文件，以及《公司章程》的规定，制订本激励计划。

总结：

（1）新三板挂牌公司股权激励计划的制订依据，适用《非上市公众公司监督管理办法》《全国中小企业股份转让系统业务规则（试行）》。

（2）股权激励计划的持股方式为通过有限合伙企业间接持股时，制订依据应增加《合伙企业法》。但分豆教育、蓝宇数码的持股方式都是有限合伙企业间接持股，分豆教育股权激励计划制订依据的表述并未明确体现《合伙企业法》。不过，可以看做包含在“以及其他有关法律、法规和规范性文件”中。

7.3.4 股份有限公司（非上市）

1. 华康药业

吉林华康药业股份有限公司，其公司类型为股份有限公司（非上市），同时也属于上市公司子公司，其控股股东为深交所主板上市公司——长春高新技术产业（集团）股份有限公司（长春高新，000661）。

2013 年 6 月 25 日，上市公司董事会审议通过《华康药业股权激励计划（草案）》。其制订依据为：公司依据《公司法》《证券法》及其他法律、法规和规范性文件以及《公司章程》的相关规定，制订本激励计划。

注：该计划最终须经华康药业公司股东大会审议通过，方可实施。

2. 珠海爱迪生

2016 年 8 月 1 日，珠海爱迪生智能家居股份有限公司（爱迪生，837831）在新三板挂牌。此前，爱迪生的公司类型为股份有限公司（非上市），同时也是上市公司子公司，其控股股东为深交所中小板上市公司——广州海鸥卫浴用品股份有限公司（海鸥卫浴，002084）。

2015 年 12 月 31 日，爱迪生公司股东大会审议通过《爱迪生股权激励计划（草案）》。其制订依据为：公司根据《公司法》《证券法》以及其他有关法律、法规和规范性文件以及《公司章程》的相关规定，制订本激励计划。

3. 科伦生物

四川科伦博泰生物医药股份有限公司（简称：科伦生物）的公司类型为股份有限公司（非上市），同时也属于上市公司子公司，其控股股东为深交所中小板上市公司——四川科伦药业股份有限公司（科伦药业，002422）。

2016 年 11 月 14 日，上市公司股东大会审议通过《关于实施子公司员工股权激励方案的议案》《子公司员工股权激励管理办法（境内部分）》。

境内子公司股权激励实施主体是科伦生物，持股方式为激励对象通过有限合伙企业间接持有科伦生物的股权。

上市公司《子公司员工股权激励管理办法（境内部分）》制订依据为：根据科伦药业《公司章程》以及《公司法》《证券法》《合伙企业法》等相关法律、法规、规范性文件的规定，制订本办法。

本办法确定的激励对象持股科伦生物，不属于《上市公司股权激励管理办法》规定的上市公司股权激励，也非《关于上市公司实施员工持股计划试点的指导意见》中上市公司员工持有上市公司股份的员工持股计划。

注：以上市公司子公司为激励主体（以该子公司股权为标的）时，不属于上市公司股权激励或上市公司员工持股计划。

7.3.5 有限责任公司

1. 爱问普惠科技

海南新浪爱问普惠科技有限公司（简称：爱问科技），其公司类型为有限责任公司，同时也属于新三板挂牌公司子公司，其控股股东为深圳爱问科技股份有限公司（爱问科技，870036）。

2017 年 11 月 30 日，爱问科技公司股东大会审议通过《爱问科技控股子公司股权激励计划（草案）修订版》。其制订依据为：根据爱问科技《公司章程》以及《公司法》《证券法》《合伙企业法》等相关法律、法规、规范性文件的规定，制订本计划。

总结一下，本期股权激励计划比较特殊。

（1）股权激励计划是由挂牌公司“爱问科技”制订。因此制订依据涉及爱问科技《公司章程》《证券法》，须经爱问科技公司股东大会批准方可实施。

（2）激励主体是挂牌公司的控股子公司“爱问科技”，激励对象也是控股子公司“爱问科技”的核心员工。

（3）本期股权激励计划的持股方式系通过有限合伙企业间接持股，即激励对象通过持有持股平台“海南普惠信息中心（有限合伙）”的份额，间接持有标的公司“爱问科技”的股权。

（4）如果本期股权激励计划由爱问普惠科技制订，作为有限责任公司，不需按《证券法》，其制订依据修改为：依据《公司法》《合伙企业法》等有关法律、法规和规范性文件，以及爱问科技《公司章程》的相关规定，制订本激励计划。须经爱问科技公司股东大会批准，方可实施。

2. 科伦国际医药

科伦国际医药（控股）有限公司（简称：科伦国际医药），其公司类型为有限责任公司，同时也属于上市公司子公司，其控股股东为深交所中小板上市公司科伦药业（002422）。

2016 年 11 月 14 日，上市公司股东大会审议通过《关于实施子公司员工股权激励方案的议案》《子公司员工股权激励管理办法（境外部分）》。

境外子公司股权激励实施主体是科伦国际医药，持股方式为激励对象通过有限合伙企业间接持有科伦国际医药的股权。

上市公司《子公司员工股权激励管理办法（境外部分）》制订依据为：根据科伦药业《公司章程》以及《公司法》《境外投资管理办法》等相关法律、法规、规范性文件的规定，制订本办法。

7.3.6 国有科技型企业

1. 今晚网络

天津市今晚网络信息技术股份有限公司（今晚网络，835353），其公司类型为新三板挂牌公司，同时也属于国有科技型企业。

2016 年 10 月 13 日，公司股东大会审议通过《今晚网络股权激励计划》。其制订依据为：公司根据《公司法》《证券法》《非上市公众公司监督管理办法》《国有科技型企业股权和分红激励暂行办法（财资〔2016〕4 号）》《全国中小企业股份转让系统业务规则（试行）》等有关法律及其他法律、法规和规范性文件，以及《公司章程》的相关规定，制订本激励计划。

2. 长光辰芯

长春长光辰芯光电技术有限公司（简称：长光辰芯），其公司类型为有限责任公司，同时也属于上市公司子公司，其控股股东为深交所中小板上市公司：长春奥普光电技术股份有限公司（奥普光电，002338）。

2016 年 6 月 27 日，上市公司董事会审议通过《奥普光电关于子公司长光辰芯筹划股权激励的议案》。具体的股权激励计划未公开，推测其制订依据如下。

根据《公司法》《国有科技型企业股权和分红激励暂行办法（财资〔2016〕4 号）》等有关法律、法规和规范性文件，以及长光辰芯《公司章程》的相关规定，制订本激励计划。须经长光辰芯公司股东大会批准，方可实施。

总结：国有科技型企业指我国境内的国有及国有控股未上市科技企业，包含有限责任公司、股份有限公司（非上市）、新三板挂牌公司。

国有科技型企业股权激励计划的制订依据要增加《国有科技型企业股权和分红激励暂行办法（财资〔2016〕4 号）》。其他制订依据参考有限责任公司、股份有限公司（非上市）、新三板挂牌公司。

【案例】辰安科技：股权激励计划的制订依据怎么写

有的公司属于国有控股、也是科技企业，但不一定属于国有科技型企业。

北京辰安科技股份有限公司是清华大学控股的科技企业，但已经是创业板上市公司——辰安科技（300523），因此要按国有控股上市公司（境内）股权激励计划选取制订依据。

2017年1月17日，公司董事会审议通过《辰安科技2017年限制性股票激励计划（草案）》。注：截至2018年11月底，尚未经公司股东大会批准。其制订依据为：公司根据《公司法》《证券法》《上市公司股权激励管理办法》、《国有控股上市公司（境内）实施股权激励试行办法（175号文）》《关于规范国有控股上市公司实施股权激励制度有关问题的通知（171号文）》和本公司《公司章程》以及有关法律、法规、规章和规范性文件的规定，制订本激励计划。

7.4 员工持股计划的制订依据

员工持股计划根据政策依据的差别，公司类型按上市公司、非上市公司划分，再考虑国有控股混合所有制企业和其他企业划分。

7.4.1 上市公司

步步高商业连锁股份有限公司（步步高，002251），系深交所中小板上市公司。2017年9月29日，公司股东大会审议通过《步步高2017年第一期员工持股计划（草案）》。其制订依据为：公司根据《公司法》《证券法》《关于上市公司实施员工持股计划试点的指导意见》《关于上市公司员工持股计划开户有关问题的通知》等法律、法规、规范性文件和步步高《公司章程》的规定，制订本持股计划。

7.4.2 非上市公司

1. 中兴软创

中兴软创科技股份有限公司（中兴软创，838824），系新三板挂牌公司，同时也属于上市公司子公司，其控股股东为中兴通讯（000063/00763）。2017年1月13日，公司股东大会审议通过《中兴软创第一期员工持股计划（草案）》。其制订依据为：公司依据《公司法》《证券法》《关于上市公司实施员工持股计划试点的指导意见》等有关法律、行政法规、规章、规范性文件和本公司《公司章程》的规定，制订本持股计划。

2. 钢银电商

上海钢银电子商务股份有限公司（钢银电商，835092），系新三板挂牌公司，同时也属于上市公司子公司，其控股股东为深交所创业板上市公司——上海钢联电子商务股份有限公司（上海钢联，300226）。

2016 年 8 月 15 日，公司股东大会审议通过《钢银电商第一期员工持股计划（草案）》。其制订依据为：公司依据《公司法》《证券法》等有关法律、规章、规范性文件和钢银电商《公司章程》《钢银电商股票期权激励计划（修订稿）》的规定，并参照《关于上市公司实施员工持股计划试点的指导意见》的规定，制订本持股计划。

钢银电商把员工持股计划与股票期权激励计划结合操作，是比较特殊的。

7.4.3 国有混合所有制企业

1. 天桥起重

株洲天桥起重机股份有限公司（天桥起重，002523），系深交所中小板上市公司。2017 年 9 月 18 日，公司股东大会审议通过《天桥起重第一期员工持股计划（草案）》。（注：2018 年 3 月 19 日公告，宣布终止第一期员工持股计划）。其制订依据为：公司依据《公司法》《证券法》《关于上市公司实施员工持股计划试点的指导意见》《中小企业板信息披露备忘录第 7 号：员工持股计划》《关于国有控股混合所有制企业开展员工持股试点的意见》及其他有关法律、法规、规范性文件，以及本公司《公司章程》，制订本持股计划。

2. 金丝利药业

江苏金丝利药业股份有限公司（简称：金丝利药业），其公司类型为股份有限公司（非上市），同时也属于上市公司子公司，其控股股东为精华制药。精华制药集团股份有限公司（精华制药，002349），系深交所中小板上市公司，也是南通市国资委控股的国有控股上市公司。2017 年 7 月 31 日，上市公司发布公告《金丝利药业实施混合所有制改革同步引入员工持股方案》。其制订依据没有明确表述，现将其整理归纳如下。

根据《公司法》《证券法》《关于国有控股混合所有制企业开展员工持股试点的意见（国资发改革〔2016〕133 号）》等有关法律、法规和规范性文件以及本公司《公司章程》等，制订本方案。

7.5 激励基金计划的制订依据

激励基金计划根据政策的差别，公司类型按上市公司、非上市公司划分。

7.5.1 上市公司

1. 上海建工

上海建工集团股份有限公司（上海建工，600170），系上交所主板上市公司（国有控股）。2012 年 3 月 26 日，公司董事会审议通过《上海建工激励基金计划（草案）》。2012 年 4 月 15 日，公司股东大会审议通过《公司关于担任董事、监事职务的管理人员参与激励基金计划的提案》。本激励基金计划的制订依据为：公司根据《公司法》《证券法》及《公司章程》等有关规定，并结合公司实际情况，制订本方案。

2. 天桥起重

天桥起重（002523），系中小板上市公司、国有混合所有制企业。2017 年 8 月 28 日，公司董事会审议通过《天桥起重激励基金计划》。本计划规定，董事、监事参与本计划，须经股东大会批准。为此，2017 年 9 月 18 日，公司股东大会审议通过《关于公司董事参与激励基金计划的议案》。本激励基金计划的制订依据为：公司根据相关法律法规、政府规范性文件以及本公司《公司章程》的规定，制订本激励计划。

7.5.2 非上市公司

中科美菱低温科技股份有限公司（中科美菱，835892），系新三板挂牌公司。2016 年 12 月 22 日，公司股东大会审议通过《中科美菱年度业绩激励基金实施方案》。其制订依据为：公司根据《公司法》《证券法》及《公司章程》等有关法律、法规，并结合公司实际情况，制订本方案。

第8章

股权激励计划合规性检查

制订上市公司的股权激励计划时，要搞清楚《上市公司股权激励管理办法》规定的负面清单，并把本公司的实际情况与之对照。只有激励主体未发生5类情形时，上市公司才能实施股权激励计划；只有激励对象未发生6类情形时，激励对象才有资格获授及行使权益。

8.1 公司负面清单（5类情形规定）

《上市公司股权激励管理办法》规定，公司发生下列情形时不得实施股权激励，所有激励对象不得获授及行使权益。

（1）最近一个会计年度财务会计报告被注册会计师出具否定意见或者无法表示意见的审计报告。

（2）最近一个会计年度财务报告内部控制报告被注册会计师出具否定意见或无法表示意见的审计报告。

（3）上市后36个月内出现过未按法律法规、公司章程、公开承诺进行利润分配的情形。

（4）法律法规规定不得实行股权激励的。

（5）中国证监会认定的其他情形。

下面以公司实例来说明上述5类情形。

【情形1案例】ST中安：财务报表被否定

中安消股份有限公司（中安消，600654），系上交所主板上市公司。

根据《中安消2016年年度报告（修订版）》显示，德勤华永会计师事务所（特殊普通合伙）为该公司2016年年度报告出具了“无法表示意见”的审计报告，包括对年度财务会计报告、财务报告内部控制均出具“无法表示意见”的审计意见。

2017年5月，公司股票简称“中安消”变更为“ST中安”。

【情形1案例】【新三板】ST中标：财务报表被否定

江苏中标节能科技发展股份有限公司（中标科技，833345），系新三板挂牌公司。

根据《中标科技2016年年度报告》显示，江苏苏亚金诚会计师事务所（特殊普通合伙）对该公司2016年度财务会计报告出具了“否定意见”的审计报告。

2017年4月，公司证券简称“中标科技”变更为“ST中标”。

【情形2案例】上海家化：内部控制被否定

上海家化联合股份有限公司（上海家化，600315），系上交所主板上市公司。

根据《上海家化2013年年报（补充版）》显示，普华永道中天会计师事务所（特殊普通合伙）对该公司2013年度财务报表出具了“标准无保留意见”的审计报告，但对财务报告内部控制出具了“否定意见”的审计报告。

【情形3案例】东方网络：利润分配违规

东方时代网络传媒股份有限公司（东方网络，002175），系深交所中小板上市公司。

2015年11月30日，深交所发布对东方网络的处分公告，对公司未按期实施预披露的利润分配方案进行处罚，公司及相关当事人被通报批评。

处分事项如下。

（1）2015年8月4日公司披露，经控股股东彭朋提议，公司拟向全体股东每10股转增20股。

（2）8月29日，公司披露2014年半年度报告，称公司计划不派发现金红利、不送红股、不以资本公积金转增股本。

（3）8月31日，公司披露《关于推迟实施公司2015年半年度利润分配预案的说明公告》，彭朋承诺将于2014年年度报告时，按照不低于每10股转增20股的分配比例，重新提出分配预案。

处分措施如下。

（1）对公司给予通报批评的处分；

（2）对公司实际控制人、董事长兼董事彭朋，董事彭敏、马昕、陆取辉，独立董事敬云川、李文华，董事会秘书兼副总经理黄艳给予通报批评的处分。

【情形4案例】ST贤成：违反法律法规

青海贤成矿业股份有限公司（贤成矿业，600381），系上交所主板上市公司。

注：2015年贤成矿业重组为青海春天药用资源科技股份有限公司（青海春天，600381）。

2014年3月29日公司披露，公司于28日收到中国证监会《行政处罚决定书》（[2014]27号）。证监会认定公司8项事项违反了《证券法》相关条款规定，构成违反《证券法》的违法行为。

处罚措施如下。

（1）责令贤成矿业改正，对贤成矿业给予警告，并处以60万元罚款。

（2）对臧静涛（董事长）给予警告，并处以30万元罚款。

（3）对王彬、李晓冬、马海杰、田树浩、黄绍优给予警告，并分别处以10万元罚款。

（4）对吴茂成、蒋晓帆、王霖给予警告，并分别处以5万元罚款。

（5）对易永健、王汉齐、裴永红给予警告，并分别处以3万元罚款。

李广建、张勇、黄志文、白延宵的责任已过行政处罚时效，按照《行政处罚法》的规定，不再给予行政处罚。

由于出现了情形4，《贤成矿业首期股票期权激励计划（草案）二次修订稿》撤销，激励计划终止。

【情形5案例】埃斯顿：未在60日内完成登记

南京埃斯顿自动化股份有限公司（埃斯顿，002747），系深交所中小板上市公司。

2017年1月16日，公司股东大会审议通过《埃斯顿第二期股权激励计划（草案）》。

2017年8月29日，公司董事会披露《关于公司终止第二期股权激励计划之股票期权激励计划的公告》。

导致本期股票期权激励计划终止的原因如下。

（1）根据规定，公司需在股东大会审议通过股权激励计划之日起60日内，按相关规定完成股票期权的授予、登记、公告等相关程序。若公司未能在60日内完成上述工作的，将终止实施股票期权激励计划，未完成实际授出的股票期权失效。

（2）鉴于公司未能在上述规定期限内完成股票期权的授予登记工作，根据上述法律法规的规定，公司决定终止股票期权激励计划。

2017年9月13日，公司股东大会审议通过《关于公司终止第二期股权激励计划之股票期权激励计划的议案》。

按规定，自董事会披露终止实施股权激励计划的公告之日起3个月内（即2017年8月29日—2017年11月28日内），埃斯顿不得再次审议股权激励计划。

8.2 个人负面清单（6类情形规定）

《上市公司股权激励管理办法》规定，发生下列情形时激励对象不得获授及行使权益。

（1）最近12个月内被证券交易所认定为不适当人选的情形。

（2）最近 12 个月内被中国证监会及其派出机构认定为不适当人选的情形。

（3）最近 12 个月内因重大违法违规行为被中国证监会及其派出机构行政处罚或者采取市场禁入措施的情形。

（4）具有《公司法》规定的不得担任公司董事、高级管理人员的情形的。

（5）法律法规规定不得参与上市公司股权激励的。

（6）中国证监会认定的其他情形。

下面以公司实例来说明这 6 类情形。

【情形 1 案例】中毅达：上交所认定不适当人选 3 名

上海中毅达股份有限公司（中毅达，600610；中毅达 B，900906），系上交所主板 A 股、B 股上市公司。

2017 年 2 月 6 日，上交所发布对中毅达（600610）的处分公告。

处分原因是该公司存在以下 3 点信息披露违规行为。

（1）虚构 2015 年 3 季报收入，财务信息披露严重失实。

（2）业绩变化重大信息披露不及时，股票交易异常波动核查不充分。

（3）重组标的资产被司法冻结的信息未及时披露，重组失败的风险未及时披露。

处罚措施如下。

上证所决定对中毅达和 3 名高管刘效军（董事长兼总经理）、任鸿虎（代董事长兼总经理）、林旭南（财务总监兼董事会秘书）予以公开谴责，并公开认定刘效军、任鸿虎、林旭南 3 年内不适合担任上市公司董事、监事和高级管理人员。

由于刘、任、林三人在 3 年内（2017-02-06—2020-02-05）不得担任上市公司董事、监事和高级管理人员，假如该公司在此期间股权激励计划，此三人不能成为激励对象。

【情形 2 案例】北大荒：被证监会认定为不适当人选

黑龙江北大荒农业股份有限公司（北大荒，600598），系上交所主板上市公司。

2013 年 11 月 21 日公司披露，公司于 20 日收到中国证监会黑龙江监管局的行政监管措施决定书（[2013]13 号），认定公司董事、总经理丁晓枫为不适当人选，在本决定书出具之日起三年内不得担任上市公司的董事、监事、高级管理人员职务或者实际履行上述职务。

【情形 3 案例】ST 昆机：被证监会处罚

沈机集团昆明机床股份有限公司（ST 昆机，600806），系上交所主板上市公司。

2017 年 2 月 16 日，ST 昆机（600806）披露被证监会处分的公告。

处分原因如下。

证监会对昆明机床信息披露违法行为进行了立案调查、审理。该案已调查、审理终结。

处分措施如下。

（1）证监会决定对昆明机床给予警告，并处以 40 万元罚款。

（2）对王兴（董事长）、罗涛（董事会秘书）给予警告，并分别处以 15 万元罚款。

【情形 3 案例】祥源文化：赵薇夫妇拟市场禁入

浙江祥源文化股份有限公司（祥源文化，600576），系上交所主板上市公司。

注：祥源文化由浙江万好万家文化股份有限公司（万家文化，600576）重组变更。

2017 年 11 月 10 日公司披露，公司于 11 月 8 日收到中国证监会《行政处罚及市场禁入事先告知书》（处罚字[2017]123 号）。

处分原因如下。

万家文化、西藏龙薇文化传媒有限公司（简称：龙薇传媒）涉嫌信息披露违法，中国证监会拟对其做出行政处罚和市场禁入。

处分措施如下。

（1）依据《证券法》第 193 条第 1 款的规定，拟决定。

① 对万家文化责令改正，给予警告，并处 60 万元罚款。

② 对孔德永给予警告，并处 60 万元罚款。

③ 对龙薇传媒责令改正，给予警告，并处 60 万元罚款。

④ 对黄有龙、赵薇、赵政给予警告，并分别处以 30 万元罚款。

（2）根据《证券法》第 233 条和《证券市场禁入规定》第 3、5、6 条的规定，拟决定：对孔德永、黄有龙、赵薇分别采取 5 年证券市场禁入措施。

【情形 4 案例】快播科技：CEO 获刑

具有《公司法》规定的不得担任公司董事、高级管理人员的情形的，到底是哪些情形呢？

《公司法》第 146 条规定：

第一百四十六条　有下列情形之一的，不得担任公司的董事、监事、高级管理人员。

（一）无民事行为能力或者限制民事行为能力。

（二）因贪污、贿赂、侵占财产、挪用财产或者破坏社会主义市场经济秩序，被判处刑罚，执行期满未逾五年，或者因犯罪被剥夺政治权利，执行期满未逾五年。

（三）担任破产清算的公司、企业的董事或者厂长、经理，对该公司、企业的破产负有个人责任的，自该公司、企业破产清算完结之日起未逾三年。

（四）担任因违法被吊销营业执照、责令关闭的公司、企业的法定代表人，并负有个人责任的，自该公司、企业被吊销营业执照之日起未逾三年。

（五）个人所负数额较大的债务到期未清偿。

公司违反前款规定选举、委派董事、监事或者聘任高级管理人员的，该选举、委派或者聘任无效。

董事、监事、高级管理人员在任职期间出现本条第一款所列情形的，公司应当解除其职务。

以深圳市快播科技有限公司（简称：快播科技）原 CEO 王欣为例。

2016 年 9 月 13 日，北京市海淀区法院公开宣判快播科技以及王欣等 4 人的案件。快播科技判处罚金 1000 万元；快播科技 CEO 王欣获刑三年六个月，罚金 100 万元。

按 2014 年 8 月 8 日被逮捕起算，不考虑减刑因素，王欣将于 2018 年 2 月 8 日刑满释放。

按《公司法》上述条款规定，自 2018 年 2 月 8 日起至 2023 年 2 月 7 日止的 5 年期间，王欣不得担任公司董事、高级管理人员。

在上述的 2018—2023 年期间，假设王欣在某上市公司任职，上市公司实施股权激励计划，届时王欣不得成为激励对象。

【情形 5 案例】恒生电子：违反法律法规

恒生电子股份有限公司（恒生电子，600570），系上交所主板上市公司。

杭州恒生网络技术股份有限公司（简称：恒生网络）系恒生电子子公司。

2016 年 12 月 14 日恒生电子披露，公司于 13 日收到证监会《行政处罚决定书》（[2016]123 号）。

处分原因如下。

恒生网络开发运营的HOMS系统，违反《证券法》第122条规定，构成《证券法》第197条所述非法经营证券业务的行为。时任恒生网络董事长刘曙峰为直接负责的主管人员，总经理官晓岚为其他直接责任人员。

处分措施如下。

依据《证券法》第197条的规定，决定处罚如下。

（1）没收恒生网络违法所得约1.1亿元，并处以约3.3亿元罚款。

（2）对刘曙峰给予警告，并处以30万元罚款。

（3）对官晓岚给予警告，并处以30万元罚款。

【情形6案例】宝泰隆：6个月内买卖股票

宝泰隆新材料股份有限公司（宝泰隆，601011），系上交所主板上市公司。

2017年9月20日，公司股东大会审议通过《宝泰隆2017年限制性股票激励计划（修订稿）》。

在此之前，2017年8月27日，公司董事会审议通过《宝泰隆2017年限制性股票激励计划（草案）》。

2017年9月8日，公司董事会审议通过《调整公司2017年限制性股票激励计划激励对象及授予数量》。

关于激励对象及授予数量调整的原因如下。

2017年8月30日起，本期激励计划的激励对象名单在公司内部公示。

公示期间，公司董事会对激励对象在激励计划公告前6个月内买卖股票的情况进行了自查，发现其中10名激励对象本人，在知悉公司筹划股权激励事项后至公开披露激励计划期间，仍有买卖公司股票的行为。

根据《上市公司股权激励管理办法》规定，上述10名员工不得成为公司本期激励计划的激励对象。上述其中1名激励对象为杨连福，属于核心业务人员。

取消上述10人激励对象资格后，授予人数由110人调整为100人，本次授予的限制性股票数量由2 263万股调整为1 977万股。

8.3 上市公司股权激励计划合规性自查

上市公司的股权激励计划是否合规，可按《上市公司股权激励计划草案自查表》详细检查。

深圳市新纶科技股份有限公司（新纶科技，002341），系深交所中小板上市公司。

下面以新纶科技为例，其“中小企业板上市公司股权激励计划自查表”包含 10 个方面、71 细项。

一、上市公司（8 项）
二、激励对象（11 项）
三、股权激励计划（4 项）
四、信息披露完整性 16 项）
五、绩效考核指标（5 项）
六、限制性股票（5 项）
七、股票期权（6 项）
八、独立董事、监事会及中介机构专业意见（11 项）
九、审议程序（4 项）
十、其他（1 项）

自查表“是否”栏的填写：按是否存在该事项，可填写“是/否/不适用”。其中，新纶科技填写情况，第 22 条、29 条、42 条、44 条、45～49 条、66 条、70 条为“不适用”，其余为“是”。

合规性要求是要求不得出现负面清单罗列的情形，因此合规性要求的表述正好与负面清单的情形的表述相反。比如：

公司的负面清单（情形 1）的表述：最近一个会计年度财务会计报告被注册会计师出具否定意见或者无法表示意见的审计报告。

上市公司合规性要求（第 1 点）的相反表述：最近一个会计年度财务会计报告**是否没有**被注册会计师出具否定意见或者无法表示意见的审计报告。

以下是按 10 个方面列出的合规性要求自查分表。

8.3.1 上市公司

上市公司合规性要求如表 8.1 所示。

表 8.1 上市公司合规性要求

序号	事项	是否	备注
一、上市公司合规性要求			
1	最近一个会计年度财务会计报告是否没有被注册会计师出具否定意见或者无法表示意见的审计报告		
2	最近一个会计年度财务报告内部控制报告是否没有被注册会计师出具否定意见或无法表示意见的审计报告		
3	上市后 36 个月内是否不存在未按法律法规、公司章程、公开承诺进行利润分配的情形		
4	是否不存在其他不适宜实施股权激励的情形		
5	是否不存在为激励对象提供贷款以及其他任何形式的财务资助		
6	上市公司最近三个月是否不存在以下情形：①股东大会或董事会审议通过终止实施股权激励；②股东大会未审议通过股权激励计划；③未在规定期限内完成授予权益并宣告终止实施股权激励		

续上表

序号	事项	是否	备注
7	如上市公司发生《上市公司股权激励管理办法》第七条规定的情形时，方案是否约定终止实施股权激励计划，已获授但尚未行使的权益是否终止行使		
8	上市公司是否对内部信息知情人在股权激励计划草案公告前6个月内买卖本公司股票及其衍生品种的情况进行自查，是否拟在股东大会审议通过股权激励计划及相关议案后及时披露内幕信息知情人买卖本公司股票的自查报告		

8.3.2 激励对象

激励对象合规性要求如表8.2所示。

表8.2 激励对象合规性要求

序号	事项	是否	备注
二、激励对象合规性要求			
9	是否不包括单独或合计持有上市公司5%以上股份的股东或实际控制人及其配偶、父母、子女		
10	是否不包括独立董事、监事		
11	是否不存在最近12个月内被证券交易所认定为不适当人选的情形		
12	是否不存在最近12个月内被中国证监会及其派出机构认定为不适当人选的情形		
13	是否不存在最近12个月内因重大违法违规行为被中国证监会及其派出机构行政处罚或者采取市场禁入措施的情形		
14	是否不存在《公司法》规定的不得担任公司董事、高级管理人员的情形		
15	是否不存在知悉内幕信息而买卖公司股票或泄露内幕信息而导致内幕交易发生的情形		
16	是否不存在其他不适宜成为激励对象的情形		
17	激励对象名单是否经监事会核实		
18	激励对象名单、职务是否拟在审议股权激励计划的股东大会召开前，通过公司网站或其他途径进行公示，公示期是否拟不少于10天		
19	如激励对象出现《上市公司股权激励管理办法》第八条规定的不得成为激励对象的情形，方案是否约定上市公司不得继续授予其权益，其已获授但尚未行使的权益终止行使		

8.3.3 股权激励计划

股权激励计划合规性要求如表8.3所示。

表 8.3　股权激励计划合规性要求

序号	事项	是否	备注
三、股权激励计划合规性要求			
20	上市公司全部在有效期内的股权激励计划所涉及的标的股票总数累计是否未超过公司股本总额的 10%		
21	单一激励对象通过全部有效期内的股权激励计划获授的公司股票累计是否未超过公司股本总额的 1%		
22	预留权益比例是否未超过本次股权激励计划授予权益数量的 20%		
23	股权激励计划的有效期从授权日起计算是否未超过 10 年		

8.3.4 信息披露完整性

股权激励计划信息披露完整性要求如表 8.4 所示。

表 8.4　股权激励计划信息披露完整性要求

序号	事项	是否	备注
四、股权激励计划信息披露完整性要求			
24	对照《管理办法》的规定，是否逐条说明上市公司不存在不得实行股权激励以及激励对象不得参与股权激励的情形		
25	股权激励计划的目的、激励对象的确定依据和范围		
26	股权激励计划拟授予的权益数量及占上市公司股本总额的百分比；若分次实施的，每次拟授予的权益数量及占上市公司股本总额的百分比；设置预留权益的，拟预留的权益数量及占股权激励计划权益总额的百分比；所有在有效期内的股权激励计划所涉及的标的股票总数累计是否超过公司股本总额的 10%及其计算方法的说明		
27	除预留部分外，激励对象为公司董事、高级管理人员的，是否披露其姓名、职务、各自可获授的权益数量、占股权激励计划拟授予权益总量的百分比；是否披露其他激励对象（各自或者按适当分类）的姓名、职务、可获授的权益数量及占股权激励计划拟授出权益总量的百分比；单个激励对象通过全部在有效期内的股权激励计划获授的公司股票累计是否超过公司股本总额 1%的说明		
28	股权激励计划的有效期，股票期权的授权日、可行权日、行权有效期和行权安排，限制性股票的授予日、限售期和解除限售安排等；若激励对象有授予条件，授予日是否确定在授权条件成就之后		
29	限制性股票的授予价格、股票期权的行权价格及确定方法。如采用《管理办法》第二十三、二十九条规定的方法以外的其他方法确定授予价格、行权价格的，是否对定价依据及定价方式作出说明，独立财务顾问是否就该定价的合理性、是否损害上市公司利益以及对股东利益的影响发表意见		

续上表

序号	事项	是否	备注
30	激励对象获授权益、行使权益的条件。拟分次授出权益的，是否披露激励对象每次获授权益的条件；拟分期行使权益的，是否披露激励对象每次行使权益的条件。是否明确约定授予权益、行使权益条件未成就时，相关权益不得递延至下期。如激励对象包括董事和高管，是否披露激励对象行使权益的绩效考核指标，同时充分披露所设定指标的科学性和合理性。同时实行多期股权激励计划的，若后期激励计划的公司业绩指标低于前期激励计划，是否充分说明其原因与合理性		
31	公司授予权益及激励对象行使权益的程序；是否明确上市公司不得授出限制性股票以及激励对象不得行使权益的期间		
32	股权激励计划所涉及的权益数量、行权价格的调整方法和程序（例如实施利润分配、配股等方案时的调整方法）		
33	股权激励会计处理方法、限制性股票或股票期权公允价值的确定方法、涉及估值模型重要参数取值及其合理性、实施股权激励应当计提费用及对上市公司经营业绩的影响		
34	股权激励计划变更、终止的条件、需履行的审批程序		
35	公司发生控制权变更、合并、分立以及激励对象发生职务变更、离职、死亡等事项时如何实施股权激励计划		
36	公司与激励对象各自的权利义务，相关纠纷或争端解决机制		
37	上市公司有关股权激励计划相关信息披露文件不存在虚假记录、误导性陈述或者重大遗漏导致不符合授予权益或行使权益情况下全部利益返还公司的承诺；上市公司权益回购注销和收益收回程序的触发标准和时点、回购价格和收益的计算原则、操作程序、完成期限等		
38	上市公司在股权激励计划草案中是否明确规定，自股权激励计划授予条件成就后 60 日或获得股东大会审议通过股权激励计划之日起 60 日内（适用于未规定授予条件的情形），按相关规定完成权益授权、登记、公告等相关程序		
39	上市公司在股权激励计划草案中是否明确“股权激励计划的实施是否可能导致股权分布不具备上市条件”，存在导致股权分布不具备上市条件可能性的，是否披露解决措施		

8.3.5 绩效考核指标

绩效考核指标是否符合相关要求如表 8.5 所示。

表 8.5 绩效考核指标是否符合相关要求

序号	事项	是否	备注
	五、绩效考核指标是否符合相关要求		
40	是否包括公司业绩指标和激励对象个人绩效指标		
41	指标是否客观公正、清晰透明，符合公司的实际情况，是否有利于促进公司竞争力的提升		
42	以同行业可比公司相关指标作为对照依据的，选取的对照公司是否不少于 3 家		
43	是否说明设定指标的科学性和合理性		
44	实行多期股权激励计划的，后期股权激励计划的公司业绩指标低于前期激励计划的，是否充分说明原因与合理性		

8.3.6 限制性股票

限制性股票合规性要求如表 8.6 所示。

表 8.6 限制性股票合规性要求

序号	事项	是否	备注
	六、限制性股票合规性要求		
45	授权日与首次解除限售日之间的间隔是否不少于 1 年		
46	每期解除限售时限是否不少于 12 个月		
47	各期解除限售的比例是否未超过激励对象获授限制性股票总额的 50%		
48	股票授予价格是否不低于股票票面金额		
49	股票授予价格是否不低于下列价格较高者：①股权激励计划草案公布前 1 个交易日的公司股票交易均价的 50%；②股权激励计划草案公布前 20 个交易日、60 个交易日或者 120 个交易日的公司股票交易均价之一的 50%		

8.3.7 股票期权

股票期权合规性要求如表 8.7 所示。

表 8.7 股票期权合规性要求

序号	事项	是否	备注
	七、股票期权合规性要求		
50	授予日与首次可以行权日之间的间隔是否不少于 1 年		
51	股票期权后一行权期的起算日是否不早于前一行权期的届满日		
52	每期行权时限是否不少于 12 个月		

续上表

序号	事项	是否	备注
53	每期可行权的股票期权比例是否未超过激励对象获授股票期权总额的 50%		
54	行权价格是否不低于股票票面金额		
55	行权价格是否不低于下列价格较高者：①股权激励计划草案公布前 1 个交易日的公司股票交易均价；②股权激励计划草案工部前 20 个交易日、60 个交易日或者 120 个交易日的公司股票及交易均价之一		

8.3.8 独董、监事会及中介机构专业意见

独立董事、监事会及中介机构专业意见合规性要求如表 8.8 所示。

表 8.8 独立董事、监事会及中介机构专业意见合规性要求

序号	事项	是否	备注
八、独立董事、监事会及中介机构专业意见合规性要求			
56	独立董事、监事会是否就股权激励计划是否有利于上市公司的持续发展、是否存在明显损害上市公司及全体股东利益发表独立意见 上市公司是否聘请律师出具法律意见书，并按照《管理办法》的规定对下述事项发表专业意见：		
57	①上市公司是否符合《管理办法》规定的实行股权激励的条件		
58	②股权激励计划的内容是否符合《管理办法》的规定		
59	③股权激励计划的拟定、审议、公示等程序是否符合《管理办法》的规定		
60	④股权激励对象的确定是否符合《管理办法》及相关法律法规的规定		
61	⑤上市公司是否已按中国证监会的相关要求履行信息披露义务		
62	⑥上市公司是否不存在为激励对象提供财务资助的情况		
63	⑦股权激励计划是否不存在明显损害上市公司及全体股东利益和违反有关法律、行政法规的情形		
64	⑧拟作为激励对象的董事或与其存在关联关系的董事是否根据《管理办法》的规定进行了回避		
65	⑨是否说明其他应当说明的事项		
66	上市公司如聘请独立财务顾问，独立财务顾问报告所发表的专业意见是否完整、是否符合《管理办法》的要求	不适用	

8.3.9 审议程序

审议程序合规性要求如表 8.9 所示。

表 8.9 审议程序合规性要求

序号	事项	是否	备注
九、审议程序合规性要求			
67	董事会表决股权激励计划草案时，关联董事是否回避表决		
68	股东大会审议股权激励计划草案时，关联股东是否拟回避表决		
69	召开股东大会审议激励计划，独立董事是否就股权激励计划向所有的股东征集委托投票权		
70	上市公司未按照独立董事或监事会建议聘请独立财务顾问对股权激励计划相关事项发表专业意见的，是否就此事项作特别说明	不适用	

8.3.10 其他

其他合规要求如表 8.10 所示。

表 8.10 其他合规要求

序号	事项	是否	备注
十、其他合规要求			
71	股权激励计划是否不存在金融创新及重大无先例事项		
本公司保证所填写的情况真实、准确、完整、合法，并承担因所填写情况有误产生的一切法律责任。			
深圳市××科技股份有限公司 董事会 （盖章）			
20××年×月×日			

第9章

股权激励计划的总量控制与分期实施设计

上市公司的股本总额会发生变化，比如 IPO 上市时的股本总额 5 000 万股，1 年后实施年度权益分派方案，向全体股东每 10 股转增资本公积金 10 股，则调整后的公司股本总额为 10 000 万股。

因此，在股权激励计划的各种版本（预案、草案、修订稿）中，都会涉及当时的公司总股本（股本总额）。

9.1 为何要考虑当时的公司总股本

（1）强调“当时的公司总股本”的原因之一，是股权激励计划的权益数量与此有关。

比如，某上市公司 2017 年 1 月 1 日的公司总股本 10 000 万股，第一期股权激励计划（草案修订稿）经股东大会批准后实施，该期的权益数量不得超过 1 000 万股。这是因为《上市公司股权激励管理办法》规定：每期股权激励计划的标的权益数量不能超过当时公司总股本的 10%。

如果上市公司准备推出二期或更多期的股权激励计划，除了要说明本期的权益数量占当时公司总股本比例不超过 10%，还要说明累计的权益数量占当时公司总股本不超过 10%。

累计不超过 10%的模拟测算：

① 第一期计划的权益数量为 500 万股，则第一期计划的权益数量占当时公司总股本比例为 5%=500/10 000×100%，合规。

② 2017 年 6 月 30 日发生权益调整，向全体股东每 10 股派送 2 股股票红利，则调整后的当时公司总股本为 12 000 万股=10 000×（1+2/10），调整后的第一期的权益数量为 600 万股=500×（1+2/10）。

③ 2017 年 12 月 1 日，公司推出第二期股权激励计划，该期的权益数量不能超过 600 万股。依据如下。

a）根据政策规定，累计的权益数量占当时公司总股本比例不能超过 10%，因此累计的权益数量上限=12 000×10%=1 200 万股。

b）第二期的权益数量上限=累计的权益数量上限-调整后的第一期的权益数量=1 200-600=600 万股。

④ 假设第二期的权益数量确定为 200 万股，则本期权益数量占当时公司总股本比例为 1.67%=200/12 000，累计权益数量占当时公司总股本比例 6.67%=（600+200）/12 000，合规。

⑤ 按当时的公司总股本 12 000 万股，该公司还剩 400 万股可以做今后的股权激励计划，剩余权益数量占当时公司总股本比例为 3.33%=400/12 000×100%。

（2）强调“当时公司总股本”的原因之二，是激励对象的权益数量也与此有关。每个激励对象的权益数量（本期、累计）占当时的公司总股本比例均不能超过1%。

在单独一期股权激励计划时，可以一次性授予，也可以预留。预留的比例不超过本期计划的权益数量的20%。

注：《上市公司股权激励管理办法（试行）》规定不超过10%，《上市公司股权激励管理办法》修订为不超过20%。

当股权激励工具是单独一种（如限制性股票、股票期权、股票增值权）时，权益数量分别改写为：股票数量、股票期权数量、股票增值权数量。当股权激励工具涉及两种以上，用权益数量合计表述。

需要注意的是，员工持股计划也有权益数量（本期、累计）占当时的公司总股本比例不超过10%的政策规定。但员工持股计划与股权激励计划是分开的。

也就是说，某上市公司当时的公司总股本10 000万股，它可以推行累计不超过1 000万股的员工持股计划，还可以推行累计不超过1 000万股的股权激励计划。

一般来说，上市公司一次性用足10%比例比较少见，更多的情况是在10%比例内分批次实施。

9.2 【案例】隆平高科：股票期权，一次性用足10%，首次授予+预留

袁隆平农业高科技股份有限公司（隆平高科，000998），系深交所主板上市公司。

2008年4月10日，公司董事会审议通过《隆平高科股权激励计划（草案）》。未经股东大会批准。

2010年8月2日公司董事会审议通过《隆平高科关于终止股权激励计划的议案》，本期股票期权激励计划终止。

9.2.1 首次授予和预留

本期股权激励计划采用股票期权为激励工具，股票来源为公司向激励对象定向发行本公司股票。股票期权涉及的标的股票总数1 575万股，占当时公司总股本15 750万股的10%；其中，首次授予1 455万份（占公司总股本9.24%），预留120万份（占公司总股本0.76%）。行权价格18.42元/份。

预留占本期标的股票总数1 575万股的7.6%。预留部分须在24个月内确定激励对象，否则预留期权注销。计划有效期4年，等待期1年，等待期满后分批行权。

分析：按《上市公司股权激励管理办法（试行)》，股权激励计划的授予权益总量占当时公司股本总额比例不超过 10%。因此，隆平高科是一次性用足了这 10%。股权激励计划有效期不超过 10 年，隆平高科是 4 年有效期，符合政策规定。采用了首次授予+预留的方式。

9.2.2 首次授予的行权安排

首次授予的股票期权行权安排为等待期 1 年，此后 3 年分 3 次行权，每次行权期 12 个月，每次行权比例 30%、35%、35%。

隆平高科股票期权首次授予的行权安排如表 9.1 所示。

表 9.1　隆平高科股票期权首次授予的行权安排

行权期	行权时间	行权比例
第一个行权期	自首次授予日起 12 个月后的首个交易日至首次授予日起 24 个月内的最后一个交易日	不高于 30%
第二个行权期	自首次授予日起 24 个月后的首个交易日至首次授予日起 36 个月内的最后一个交易日	不高于 35%
第三个行权期	自首次授予日起 36 个月后的首个交易日至首次授予日起 48 个月内的最后一个交易日	不高于 35%

根据计算公式：各期行权数量=首次授予的标的股票期权总数×各期行权比例，得到第一～三期行权的股票期权数量分别为：

第一期行权数量=1 455×30%=436.5 万份；

第二期行权数量=1 455×35%=509.25 万份；

第三期行权数量=1 455×35%=509.25 万份。

各期行权的等待期、行权期为：

第一期行权：等待期 12 个月，行权期 12 个月；

第二期行权：等待期 24 个月，行权期 12 个月；

第三期行权：等待期 36 个月，行权期 12 个月。

隆平高科股票期权首次授予行权安排示意如表 9.2 所示。

表 9.2　隆平高科股票期权首次授予行权安排示意

行权安排	行权比例	第一年（2008—2009）	第二年（2009—2010）	第三年（2010—2011）	第四年（2011—2012）	合计权益（万份）
等待期	0%					0
行权期 1	30%					436.50
行权期 2	35%					509.25
行权期 3	35%					509.25
合计	100%					1 455.00

9.2.3 预留的两种行权安排

由于预留授予须在首次授予日的24个月内完成，因此根据预留授予日与首次授予日的时间间隔，分12个月内和24个月内两种情况。

1. 预留授予日在首次授予日的12个月内

预留分三期行权，预留行权比例30%、35%、35%。这种行权安排与首次授予是一样的，只是以预留授予日替换了首次授予日。

隆平高科股票期权预留授予的行权安排1如表9.3所示。

表9.3　隆平高科股票期权预留授予的行权安排1

行权期	行权时间	行权比例
第一个行权期	自预留期权授予日起12个月后的首个交易日至预留期权授予日起24个月内的最后一个交易日	不高于30%
第二个行权期	自预留期权授予日起24个月后的首个交易日至预留期权授予日起36个月内的最后一个交易日	不高于35%
第三个行权期	自预留期权授予日起36个月后的首个交易日至预留期权授予日起48个月内的最后一个交易日	不高于35%

根据计算公式：预留各期行权数量=预留授予的标的股票期权总数×预留各期行权比例，得到预留第一～三期行权的股票期权数量分别为：

预留第一期行权数量=120×30%=36万份；

预留第二期行权数量=120×35%=42万份；

预留第三期行权数量=120×35%=42万份。

预留各期行权的等待期、行权期：

第一期行权：等待期12个月，行权期12个月；

第二期行权：等待期24个月，行权期12个月；

第三期行权：等待期36个月，行权期12个月。

隆平高科股票期权预留授予行权安排示意1如表9.4所示。

表9.4　隆平高科股票期权预留授予行权安排示意1

行权安排	行权比例	第一年(2008—2009)	第二年(2009—2010)	第三年(2010—2011)	第四年(2011—2012)	合计权益
等待期	0%					0
行权期1	30%					36
行权期2	35%					42
行权期3	35%					42
合计	100%					120

2. 预留授予日在首次授予日的12～24个月内

预留授予日距离首次授予日超过12个月以上、在24个月以内，预留期权分2次行权，行权比例50%、50%。

隆平高科股票期权预留授予的行权安排 2 如表 9.5 所示。

表 9.5 隆平高科股票期权预留授予的行权安排 2

行权期	行权时间	行权比例
第一个行权期	自预留期权授予日起 12 个月后的首个交易日至预留期权授予日起 24 个月内的最后一个交易日	不高于 50%
第二个行权期	自预留期权授予日起 24 个月后的首个交易日至预留期权授予日起 48 个月内的最后一个交易日	不高于 50%

根据计算公式：预留各期行权数量=预留授予的标的股票期权总数×预留各期行权比例，得到预留第一～二期行权的股票期权数量分别为：

预留第一期行权数量=120×50%=60 万份；

预留第二期行权数量=120×50%=60 万份。

预留各期行权的等待期、行权期：

预留第一期行权：等待期 24 个月，行权期 12 个月；

预留第二期行权：等待期 36 个月，行权期 12 个月。

隆平高科股票期权预留授予行权安排示意 2 如表 9.6 所示。

表 9.6 隆平高科股票期权预留授予行权安排示意 2

行权安排	行权比例	第一年(2008—2009)	第二年(2009—2010)	第三年(2010—2011)	第四年(2011—2012)	合计权益（万份）
等待期	0%					0
行权期 1	50%					60
行权期 2	50%					60
合计	100%					120

9.3 【案例】青岛海尔：四期股权激励，未用足 10%，分批授予

青岛海尔股份有限公司（青岛海尔，600690），系上交所主板上市公司。

从 2009 年到 2017 年，青岛海尔共实施过 4 期股权激励计划、2 期员工持股计划。

股权激励计划采用的激励工具，第一～三期均为股票期权、第四期为股票期权及限制性股票的组合。

员工持股计划第一～三期均采用委托第三方管理、成立定向资管计划的形式。

青岛海尔各期股权激励计划。

（1）2009 年 9 月 30 日，公司股东大会审议通过《青岛海尔首期股票期

权激励计划（草案修订稿）》。

（2）2011 年 1 月 31 日，公司股东大会审议通过《青岛海尔第二期股票期权激励计划（草案修订稿）》。

（3）2012 年 6 月 27 日，公司股东大会审议通过《青岛海尔第三期股票期权激励计划（草案）》。

（4）2014 年 6 月 16 日，公司股东大会审议通过《青岛海尔第四期股权激励计划（草案）》。

青岛海尔员工持股计划。

（1）2016 年 6 月 31 日，公司股东大会审议通过《青岛海尔核心员工持股计划（草案）》。

草案规定，首期员工持股计划经股东大会审议通过后方可实施，以后各期员工持股计划经股东大会授权后由董事会通过后方可实施。

（2）2017 年 2 月 17 日，经股东大会授权公司董事会审议通过《青岛海尔核心员工持股计划之第二期持股计划（草案）》。

下面分析青岛海尔分 4 期实施的股权激励计划。

9.3.1 首期股票期权（行权安排的问题）

第一期股权激励计划采用的激励工具为股票期权，股票来源为公司向激励对象定向发行本公司股票。公司拟向 49 名激励对象一次性授予股票期权总数 1 771 万份，占当时公司总股本 133 851.88 万股的 1.323%。授权日为 2009 年 10 月 28 日，行权价格 10.88 元/份。

股票期权分配情况：董事和高级管理人员 7 名，获授股票期权 621 万份；公司及子公司核心技术（业务）人员 42 名，获授股票期权 1 150 万份。

计划有效期 5 年，等待期 1 年，等待期满后分 4 次行权，每次行权比例为 10%、20%、30%、40%。

青岛海尔首期股票期权的行权安排如表 9.7 所示。

表 9.7　青岛海尔首期股票期权的行权安排

行权期	行权时间	行权比例
第一个行权期	自授予日起 12 个月后的首个交易日起至授予日起 60 个月内的最后一个交易日当日止	10%
第二个行权期	自授予日起 24 个月后的首个交易日起至授予日起 60 个月内的最后一个交易日当日止	20%
第三个行权期	自授予日起 36 个月后的首个交易日起至授予日起 60 个月内的最后一个交易日当日止	30%
第四个行权期	自授予日起 48 个月后的首个交易日起至授予日起 60 个月内的最后一个交易日当日止	40%

根据计算公式：各期行权数量=授予的标的股票期权总数×各期行权比例，得到第一～四期行权的股票期权数量分别为：

行权期 1 的期权数量=1 771×10%=177.1 万份；

行权期 2 的期权数量=1 771×20%=354.2 万份；

行权期 3 的期权数量=1 771×30%=531.3 万份；

行权期 4 的期权数量=1 771×40%=709.4 万份。

各期行权的等待期、行权期安排：

行权期 1：等待期 12 个月，行权期 48 个月，行权比例 10%；

行权期 2：等待期 24 个月，行权期 36 个月，行权比例 20%；

行权期 3：等待期 36 个月，行权期 24 个月，行权比例 30%；

行权期 4 ：等待期 48 个月，行权期 12 个月，行权比例 40%。

青岛海尔首期股票期权行权安排示意如表 9.8 所示。

表 9.8 青岛海尔首期股票期权行权安排示意

行权安排	行权比例	第一年（2009—2010）	第二年（2010—2011）	第三年（2011—2012）	第四年（2012—2013）	第五年（2013—2014）	合计权益（万份）
等待期	0%						0
行权期 1	10%						177.1
行权期 2	20%						354.2
行权期 3	30%						531.3
行权期 4	40%						708.4
合计	100%						1 771

分析：隆平高科股票期权的每次行权期都是 12 个月，青岛海尔首期股票期权每次行权期不是 12 个月，第一～四期行权对应的行权期分别为 48 个月、36 个月、24 个月、12 个月。注意它各行权期都是截止到本期激励计划 5 年（60 个月）的最后一个交易日当日为止。

按照《上市公司股权激励管理办法》修订后的规定，股票期权行权安排时，第二期行权的起始日要在第一期行权期的届满日之后。因此，类似青岛海尔首期股票期权的这种行权安排已不符合规定，需要修订。

9.3.2 第二期股票期权

第二期股权激励计划采用的激励工具为股票期权，股票来源为公司向激励对象定向发行本公司股票。公司拟向 83 名激励对象一次性授予股票期权总数 1 080 万份，占当时公司总股本 133 851.88 万股的 0.807%。授权日 2011 年 2 月 9 日，行权价格 22.31 元/份。

注：当时公司总股本未变。

股票期权分配情况：董事和高级管理人员 2 名，获授股票期权 316 万份；公司及子公司核心技术（业务）人员 81 名，获授股票期权 764 万份。

计划有效期 4 年，等待期 1 年，等待期满后分 3 次行权，每次行权比例为 30%、30%、40%。

青岛海尔第二期股票期权的行权安排如表 9.9 所示。

表 9.9 青岛海尔第二期股票期权的行权安排

行 2 权期	行权时间	行权比例
第一个行权期	自授予日起 12 个月后的首个交易日起至授予日起 24 个月内的最后一个交易日当日止	30%
第二个行权期	自授予日起 24 个月后的首个交易日起至授予日起 36 个月内的最后一个交易日当日止	30%
第三个行权期	自授予日起 36 个月后的首个交易日起至授予日起 48 个月内的最后一个交易日当日止	40%

根据计算公式：各期行权数量=授予的标的股票期权总数×各期行权比例，得到第一～三期行权的股票期权数量分别为：

行权期 1 的期权数量=1 080×30%=324 万份；

行权期 2 的期权数量=1 080×30%=324 万份；

行权期 3 的期权数量=1 080×40%=432 万份。

各期行权的等待期、行权期：

行权期 1：等待期 12 个月，行权期 12 个月，行权比例 30%；

行权期 2：等待期 24 个月，行权期 12 个月，行权比例 30%；

行权期 3：等待期 36 个月，行权期 12 个月，行权比例 40%。

青岛海尔第二期股票期权行权安排示意如表 9.10 所示。

表 9.10 青岛海尔第二期股票期权行权安排示意

行权安排	行权比例	第一年（2011—2012）	第二年（2012—2013）	第三年（2013—2014）	第四年（2014—2015）	合计权益（万份）
等待期	0%					0
行权期 1	30%					324
行权期 2	30%					324
行权期 3	40%					432
合计	100%					1 080

分析：按 2011 年 1 月来看“当时公司总股本”未变，因此第一、二期股票期权激励计划累计标的股票总数=1 171+1 080=2 251 万份，占当时公司总股本 133 581.88 万股的 1.682%，即累计占总股本比例=2 251/13 581.88×100% =1.682%，未超过 10%的限制规定。

与第一期相比，第二期的行权期都改为了每期行权 12 个月。这种行权安排已符合《上市公司股权激励管理办法》修订后的规定。

9.3.3 第三期股票期权

第三期股权激励计划采用的激励工具为股票期权，股票来源为公司向激励对象定向发行本公司股票。公司拟向 222 名激励对象一次性授予股票期权总数 2 600 万份，占当时公司总股本 268 512.875 4 万股的 0.97%。授权日为 2012 年 6 月 27 日，行权价格 11.36 元/份。

注：当时公司总股本有变。

股票期权分配情况：本期授予的激励对象不含董事和高级管理人员；公司及子公司核心技术（业务）人员 222 名，获授股票期权 2 600 万份。

计划有效期 3 年，等待期 1 年，等待期满后分 2 次行权，每次行权比例为 50%、50%。

青岛海尔第三期股票期权的行权安排如表 9.11 所示。

表 9.11　青岛海尔第三期股票期权的行权安排

行权期	行权时间	行权比例
第一个行权期	自授予日起 12 个月后的首个交易日起至授予日起 24 个月内的最后一个交易日当日止	50%
第二个行权期	自授予日起 24 个月后的首个交易日起至授予日起 36 个月内的最后一个交易日当日止	50%

根据计算公式：各期行权数量=授予的标的股票期权总数×各期行权比例，得到第一～二期行权的股票期权数量分别为：

行权期 1 的期权数量=2 600×50%=1 300 万份；

行权期 2 的期权数量=2 600×50%=1 300 万份。

各期的等待期、行权期：

行权期 1：等待期 12 个月，行权期 12 个月，行权比例 50%；

行权期 2：等待期 12 个月，行权期 12 个月，行权比例 50%。

青岛海尔第三期股票期权行权安排示意如表 9.12 所示。

表 9.12　青岛海尔第三期股票期权行权安排示意

行权安排	行权比例	第一年（2012—2013）	第二年（2013—2014）	第三年（2014—2015）	合计权益（万份）
等待期	0%				0
行权期 1	50%				1 300
行权期 2	50%				1 300
合计	100%				2 600

分析：按2012年6月来看，当时公司总股本调整为268 512.875 4万股，因此第一、二、三期股票期权激励计划，其累计标的股票总数=（第一期权益数量+第二期权益数量）×调整系数+第3期权益数量=（1 171+1 080）×（268 512.875 4/133 851.88）+2 600=2 251×2.006+2 600 =8 319.23万份，占当时公司总股本的3.098%，即累计占总股本比例=8 319.23 /268 512.875 4×100%=3.098%，未超过10%的限制规定。

第三期的行权期也改为每期行权12个月，符合《上市公司股权激励管理办法》。

9.3.4 第四期股权激励（股票期权及限制性股票，首次授予+预留）

第四期股权激励计划采用的激励工具为股票期权及限制性股票，股票来源为公司向激励对象定向发行本公司股票。

本期激励计划涉及的标的股票总数为5 456万份，占当时公司总股本272 083.594万股的2.01%。其中，首次授予4 911万份，预留545万份，各占当时公司总股本的1.81%、0.20%。预留占本期授予标的权益总数5 456万份的9.99%。

5 456万份标的权益总数，其中股票期权总数4 764万份，限制性股票692万股。

1．股票期权4 764万份的分配情况

首次授予股票期权4 287.90万份，预留467.1万份，各占当时公司总股本的1.58%、0.18%。预留股票期权占本期标的股票期权总数4 764万份的9.99%。

首次授予股票期权的激励对象455名，其中董事、高级管理人员5人，获授股票期权417.7万份，公司及子公司核心技术（业务）人员450名，获授3 870.2万份。

授权日为2014年6月20日，行权价格17.09元/股（后调整为16.63元/股）。

2．限制性股票692万股的分配情况

首次授予限制性股票623.1万股，预留68.9万股，各占当时公司总股本的0.23%、0.03%。预留限制性股票占本期限制性股票总数692万股的9.96%。

首次授予限制性股票的激励对象28名，其中董事、高级管理人员5名，获授397.3万股，公司及子公司核心技术（业务）人员23名，获授225.8万股。

授予日为 2014 年 6 月 20 日，授予价格 8.19 元/股（后调整为 7.73 元/股）。

股票期权行权安排：有效期 4 年，等待期 1 年，等待期满后分次行权。首次授予分 2 次行权，每次行权比例为 40%、60%。

青岛海尔第四期股权激励的股票期权首次授予行权安排如表 9.13 所示。

表 9.13 青岛海尔第四期股权激励的股票期权首次授予行权安排

行权期	行权时间	行权比例
第一个行权期	自授予日起 12 个月后的首个交易日起至授予日起 24 个月内的最后一个交易日当日止	40%
第二个行权期	自授予日起 24 个月后的首个交易日起至授予日起 36 个月内的最后一个交易日当日止	60%

青岛海尔第四期股权激励的股票期权预留授予行权安排如表 9.14 所示。

表 9.14 青岛海尔第四期股权激励的股票期权预留授予行权安排

行权期	行权时间	行权比例
第一个行权期	自预留期权的授予日起 12 个月后的首个交易日起至预留期权的授予日起 24 个月内的最后一个交易日当日止	40%
第二个行权期	自预留期权的授予日起 24 个月后的首个交易日起至预留期权的授予日起 36 个月内的最后一个交易日当日止	60%

青岛海尔第四期股权激励的股票期权行权安排示意如表 9.15 所示。

表 9.15 青岛海尔第四期股权激励的股票期权行权安排示意

分次授予	行权安排	行权比例	第一年（2014—2015）	第二年（2015—2016）	第三年（2016—2017）	第四年（2017—2018）	合计权益（万份）
	等待期	0%					0
首次授予	行权期 1	40%					1 715.16
	行权期 2	60%					2 572.74
	小计 1	100%					4 287.9
预留	行权期 1	40%					190.44
	行权期 2	60%					285.66
	小计 2	100%					476.1
合计							4764

限制性股票解锁安排：有效期 4 年，锁定期 1 年，分次解锁。首次授予，分两次解锁，每次解锁比例 40%、60%。预留授予，分两次解锁，每次解锁比例 40%、60%。

青岛海尔第四期股权激励的限制性股票首次授予解锁安排如表 9.16 所示。

表 9.16 青岛海尔第四期股权激励的限制性股票首次授予解锁安排

解锁期	解锁时间	解锁比例
第一个解锁期	自授予日起 12 个月后的首个交易日起至授予日起 24 个月内的最后一个交易日当日止	40%
第二个解锁期	自授予日起 24 个月后的首个交易日起至授予日起 36 个月内的最后一个交易日当日止	60%

青岛海尔第四期股权激励的限制性股票预留授予解锁安排如表 9.17 所示。

表 9.17 青岛海尔第四期股权激励的限制性股票预留授予解锁安排

解锁期	解锁时间	解锁比例
第一个解锁期	自预留部分权益的授予日起 12 个月后的首个交易日起至预留部分权益的授予日起 24 个月内的最后一个交易日当日止	40%
第二个解锁期	自预留部分权益的授予日起 24 个月后的首个交易日起至预留部分权益的授予日起 36 个月内的最后一个交易日当日止	60%

青岛海尔第四期股权激励的限制性股票行权安排示意如表 9.18 所示。

表 9.18 青岛海尔第四期股权激励的限制性股票行权安排示意

分次授予	行权安排	行权比例	第一年（2014—2015）	第二年（2015—2016）	第三年（2016—2017）	第四年（2017—2018）	合计权益（万股）
	锁定期	0%					0
首次授予	解锁期 1	40%					249.24
	解锁期 2	60%					373.86
	小计 1	100%					623.1
预留	解锁期 1	40%					27.56
	解锁期 2	60%					41.34
	小计 2	100%					68.9
合计							692

9.3.5 总四期累计占比 10%控制分析

青岛海尔标的权益总量占当时公司总股本比例（总四期累计）如表 9.19 所示。

表 9.19 青岛海尔标的权益总量占当时公司总股本比例（总四期累计）

当时公司总股本（万份）	调整系数	标的权益总量（万份）	标的权益总量占当时公司总股本比例	累计占比	累计（万份）	首期股票期权（万份）	第二期股票期权（万份）	第三期股票期权（万份）	第四期股权激励（万份）
133 851.88	1	1 771	1.323%	1.323%	1 771	1 771			
133 851.88	1	1 080	0.807%	2.130%	2 851	1 771	1 080		
268 512.875 4	2.006	2 600	0.968%	3.098%	8 319.234	3 552.705	2 166.528	2 600	
272 083.594	1.013	5 456	2.005%	5.104%	13 885.86	3 599.95	2 195.339	2 634.575	5 456

综合青岛海尔总四期股权激励计划来看，其累计的标的权益总量占当时公司总股本比例=5.104%，尚未超过 10%的限制规定。

第10章

股权激励计划调整方法和程序

2016 年 6 月 6 日，美的集团公司股东大会审议通过《美的集团第三期股票期权激励计划（草案)》。草案的第七章是股票期权数量及行权价格的调整方法和程序。调整方法包括以下两个方面。

（1）股票期权数量的调整方法。

自股票期权授予日起，若在行权前公司有资本公积金转增股本、派送股票红利、股票拆细、配股或缩股等事项，应对股票期权数量进行相应的调整。

（2）行权价格的调整方法。

自股票期权授予日起，若在行权前有派息、资本公积金转增股本、派送股票红利、股票拆细、配股或缩股等事项，应对行权价格进行相应的调整。

2017 年 9 月 18 日，圆通速递公司股东大会审议通过《圆通速递第一期限制性股票激励计划（草案修订稿)》。修订稿的第五章是激励计划具体内容，其中第五节是限制性股票激励计划的调整方法和程序。调整方法包括以下两个方面。

（1）限制性股票数量的调整方法。

若在本计划公告当日至激励对象完成限制性股票股份登记期间，公司出现资本公积金转增股份、派送股票红利、股票拆细、缩股、配股等情况下，应对激励对象获授限制性股票数量进行相应的调整。

（2）授予价格的调整方法。

若在本计划公告当日至激励对象完成限制性股票股份登记期间，公司有派息、资本公积金转增股本、派送股票红利、股票拆细、配股或缩股等事项，应对限制性股票的授予价格进行相应的调整。

从中可以看到：

① 不管是限制性股票还是股票期权，股权激励计划的调整包括权益数量调整和价格调整两方面。

② 引起权益数量和价格调整的事项有 5 个：资本公积金转增股本、派送股票红利、股票拆细、缩股、配股，引起价格调整的事项有 1 个：派息，不会引起权益数量和价格调整的事项有 2 个：增发、回购。

③ 股权激励计划的权益调整方法要涉及 8 个事项。

除权益调整外，股权激励计划的调整还可能由激励对象调整引起。比如激励对象离职、职务调整、退休等情形，都有可能导致该部分人员的权益数量增减，由此造成标的股票总量调整，但剩余人员的权益数量不做调整；激励对象人数调整，标的股票的授予/行权价格不做调整。

股权激励计划的调整，除调整方法外，还要规定调整程序。调整程序主要是在股票登记日的次日（交易日）进行除权除息，并进行公告。

本章详细介绍股权激励计划的各类调整事项实例，对应的权益数量调整、价格调整的计算公式和多家上市公司的调整案例。

10.1 股权激励计划调整方法

下面以两家上市公司圆通速递、美的集团为例，具体说明股权激励计划（限制性股票、股票期权）的调整方法规定，其中包含了具体计算公式。

其他上市公司股权激励计划的调整方法，基本上与这两家公司的表述一致。

新三板挂牌公司在制订股权激励计划时，其中的调整方法也可以参照上市公司这方面的规定。

非上市公司（有限责任公司、未上市股份有限公司），在制订股权激励计划时，其中的调整方法则不必如此详尽，参照上市公司这方面的规定，结合实际需要简化表述。

【案例】圆通速递：限制性股票的调整方法和公式

圆通速递股份有限公司（圆通速递，600233），系上交所主板上市公司。

根据《圆通速递第一期限制性股票激励计划（草案修订稿）》，其中第五章“激励计划具体内容”、第五节“限制性股票激励计划的调整方法和程序”的规定，限制性股票的调整方法如下。

1. 限制性股票数量的调整方法

（1）资本公积金转增股份、派送股票红利、股票拆细。

计算公式：

$$Q=Q_0\times(1+n)$$

式中：Q 为调整后的限制性股票数量；Q_0 为调整前的限制性股票数量；n 为每股的资本公积金转增股份、派送股票红利、股票拆细的比率（即每股股票经转增、送股或拆细后增加的股票数量）。

（2）缩股。

计算公式：

$$Q=Q_0\times n$$

式中：Q 为调整后的限制性股票数量；Q_0 为调整前的限制性股票数量；n 为缩股比例（即每股股票缩为 n 股股票）。

（3）配股。

计算公式：

$$Q=Q_0\times P_1\times(1+n)/(P_1+P_2\times n)$$

式中：Q 为调整后的限制性股票数量；Q_0 为调整前的限制性股票数量；P_1 为股权登记日当日收盘价；P_2 为配股价格；n 为配股的比例（即配股的股数与配股前公司总股本的比例）。

（4）增发。

公司在发生增发新股的情况下，限制性股票的数量不做调整。

2. 授予价格的调整方法

（1）资本公积金转增股本、派送股票红利、股票拆细。

计算公式：

$$P=P_0\div(1+n)$$

式中：P 为调整后的授予价格；P_0 为调整前的授予价格；n 为资本公积金转增股本、派送股票红利、股票拆细的比率。

（2）缩股。

计算公式：

$$P=P_0\div n$$

式中：P 为调整后的授予价格；P_0 为调整前的授予价格；n 为缩股比例。

（3）配股。

计算公式：

$$P=P_0\times(P_1+P_2\times n)/[P_1\times(1+n)]$$

式中：P 为调整后的授予价格；P_0 为调整前的授予价格；P_1 为股权登记日当日收盘价；P_2 为配股价格；n 为配股的比例（即配股的股数与配股前股份公司总股本的比例）。

（4）派息。

计算公式：

$$P=P_0-V$$

式中：P 为调整后的授予价格；P_0 为调整前的授予价格；V 为每股的派息额。经派息调整后，P 仍须大于 1。

（5）增发。

公司在发生增发新股的情况下，限制性股票的授予价格不做调整。

【案例】美的集团：股票期权的调整方法和公式

美的集团股份有限公司（美的集团，000333），系深交所主板上市公司。

根据《美的集团第三期股票期权激励计划（草案）》，其中第七章“股票期权数量及行权价格的调整方法和程序”的规定，股票期权的调整方法如下。

1. 股票期权数量的调整方法

（1）资本公积金转增股本、派送股票红利、股票拆细。

计算公式：

$$Q=Q_0\times(1+n)$$

式中：Q 为调整后的股票期权数量；Q_0 为调整前的股票期权数量；n 为每股的资本公积金转增股份、派送股票红利、股票拆细的比率（即每股股票经转增、送股或拆细后增加的股票数量）。

（2）配股。

计算公式：

$$Q=Q_0\times P_1\times(1+n)/(P_1+P_2\times n)$$

式中：Q 为调整后的股票期权数量；Q_0 为调整前的股票期权数量；P_1 为股权登记日当日收盘价；P_2 为配股价格；n 为配股的比例（即配股的股数与配股前公司总股本的比例）。

（3）缩股。

计算公式：

$$Q=Q_0 \times n$$

式中：Q 为调整后的股票期权数量；Q_0 为调整前的股票期权数量；n 为缩股比例（即每股股票缩为 n 股股票）。

2. 行权价格的调整方法

（1）资本公积金转增股本、派送股票红利、股票拆细。

计算公式：

$$P=P_0 \div (1+n)$$

式中：P 为调整后的行权价格；P_0 为调整前的行权价格；n 为资本公积金转增股本、派送股票红利、股票拆细的比率。

（2）配股。

计算公式：

$$P=P_0 \times (P_1+P_2 \times n)/[P_1 \times (1+n)]$$

式中：P 为调整后的行权价格；P_0 为调整前的行权价格；P_1 为股权登记日当日收盘价；P_2 为配股价格；n 为配股的比例（即配股的股数与配股前股份公司总股本的比例）。

（3）缩股。

计算公式：

$$P=P_0 \div n$$

式中：P 为调整后的行权价格；P_0 为调整前的行权价格；n 为缩股比例。

（4）派息。

计算公式：

$$P=P_0-V$$

式中：P 为调整后的行权价格；P_0 为调整前的行权价格；V 为每股的派息额。经派息调整后，P 仍须大于 1。

分析建议：美的集团本期股权激励计划的调整方法，对增发未做说明。最好参照圆通速递的写法，说明公司增发新股时，股权激励的权益数量、授予（行权）价格不做调整。

10.2 权益调整事项

在权益调整事项中，股票拆细、缩股最为少见，配股其次，相对常见的是增发、回购，最常见的是派现、转送股。

1. 转送股

转送股包含了转股、送股：①转股即资本公积金转增股本，也叫转增股；②送股即派送股票红利，也叫送红股。转增股和送红股的区别是转增股来源为资本公积金，送红股来源为未分配利润。

2. 派现

派发现金红利，叫派现。

公司派现时：①公司总股本不变；②股权激励计划的标的股票数量不变，但股票价格会调整；③激励对象的标的股票数量不变，但股票价格会调整。

当 A 上市公司推“10 转 5 送 2”的方案，是什么意思呢？

这表示 A 公司推出的年度权益分派实施方案是：以当时公司总股本为基数，向全体股东每 10 股转增股 5 股，每 10 股送红股 2 股。

当 B 上市公司推“10 派 1.5 转 4 送 3”的方案，又是什么意思呢？

这表示 B 公司推出的年度权益分派实施方案是：以当时公司总股本为基数，向全体股东每 10 股派现 1.5 元，每 10 股转增股 4 股，每 10 股送红股 3 股。

3. 增发新股

公司增发新股时：①公司总股本会增加；②股权激励计划的标的股票数量、价格均不会调整，标的股票数量占公司总股本比例减少；③激励对象的标的股票数量、股票价格均不会调整，激励对象持股数占公司总股本比例减少。

4. 回购

公司实施回购本公司股票时：①公司总股本会减少；②股权激励计划的标的股票数量会减少，股票价格不变，标的股票数量占公司总股本比例增加；③与回购有关的特定激励对象的标的股票数量会减少，但股票价格均不变，其他激励对象持股数占公司总股本比例增加。

股权激励计划采取不同的激励工具时，其回购程序有所区别：限制性股票叫回购注销，股票期权叫回购（无需注销）、股票增值权叫取消（公司内部取消）。

10.3 股权激励计划调整方法计算实例

下面选取上市公司、新三板挂牌公司为例，具体说明股权激励计划的各类事项引起的权益调整方法及其计算。

10.3.1 【案例】万科 A：派息

万科股份有限公司（万科 A，000002；万科企业，02202），系深交所主板 A 股、港交所 H 股上市公司。

2011 年 4 月 8 日，公司股东大会审议通过《万科 A 股股票期权激励计划（草案修订稿）》。授权日为 2011 年 4 月 25 日，股票期权登记日为 2011 年 5 月 9 日，行权价格 8.89 元。

此后，股票期权的行权价格多次调整（元）：8.79、8.66、8.48、8.07。

2015 年 7 月 14 日，公司发布《万科 A 2014 年度 A 股股份分红派息实施公告》：

公司经 2015 年 5 月 22 日召开的 2014 年度股东大会审议通过，以分红派息股权登记日股份数为基数，向全体 A 股股东每 10 股派发现金人民币 5.0 元（含税）。股权登记日为 2015 年 7 月 20 日（T 日），除息日为 2015 年 7 月 21 日（T+1 日）。

派息对股票期权的调整：

（1）股票期权的股票数量不变。

（2）行权价格调整。计算公式为：调整后行权价格 P=调整前行权价格 P_0-每股派息 V,

即 $P=P_0-V$=8.07-5/10=8.07-0.5=7.57 元/股。

10.3.2 【案例】海王生物：转增股

深圳市海王生物工程股份有限公司（海王生物，000078），系深交所主板上市公司。

2015 年 5 月 25 日，公司股东大会审议通过《海王生物限制性股票激励计划（草案）》。本激励计划规定：公司拟向激励对象授予 2 195 万股限制性股票，占当时公司总股本 73 173.385 5 万股的 3.00%；首次授予 2 085 万股，预留 110 万股，预留占本次授予总量的 5.01%。

首次授予日为 2015 年 5 月 28 日，股权登记日为 2015 年 6 月 23 日，首次授予价格 8.11 元。预留授予日 2016 年 6 月 13 日，股权登记日为 2016 年 7 月 15 日，预留授予价格 3.82 元。

2016 年 5 月 21 日，公司发布《海王生物 2015 年度权益分派实施公告》：

公司经 2016 年 5 月 19 日召开的 2015 年度股东大会审议通过，以公司现有总股本 75 251.385 5 万股为基数，以资本公积金向全体股东每 10 股转增股本 15 股。股权登记日为 2016 年 5 月 26 日（T 日），除权除息日为 2016 年 5 月 27 日（T+1 日）。

转增股对限制性股票的调整：

（1）限制性股票的数量调整。计算公式：调整后股票数量 Q=调整前股票数量 Q_0×（1+每股转增的比率 n），首次授予 2 085 万股，后经两次激励对象的调整共减少 5 万股，至 2015 年 6 月 17 日公告时，首次授予调整为 2 080 万股。

本次转增股后，首次授予 2 080 万股调整为：

$Q=Q_0\times(1+n)=2\,080\times(1+15/10)=2\,080\times2.5=5\,200$ 万股。

本次转增股后，预留授予 110 万股调整为：

$Q=Q_0\times(1+n)=110\times(1+15/10)=110\times2.5=275$ 万股。

（2）行权价格调整。计算公式为：调整后行权价格 P=调整前行权价格 P_0/(1+每股转增的比率 n),

本次转增后，首次授予价格调整为：

$P=P_0/(1+n)=8.11/(1+15/10)=8.11/2.5=3.24$ 元/股。

本次转增股在 2016 年 5 月 26 日，预留授予价格尚未确定，无须考虑预留授予价格调整。

10.3.3 【案例】博岳股份：送红股

河北博岳通信技术股份有限公司（博岳股份，836461），系新三板挂牌公司。

2016 年 8 月 15 日，公司股东大会审议通过《博岳股份股权激励计划管理办法》《博岳股份虚拟股权激励计划管理办法》。

本股权激励计划规定：股权激励计划涉及的激励股份总量 60 万股，占当时公司总股本 1 500 万股的 4.0%；首次授予 50 万股，预留 10 万股，预留占本次授予总量的 16.7%。授予价格 1.59 元，首次授予、预留授予均按此价格购买。激励股份指激励对象向吴源（公司实际控制人）出资购买，通过持股平台间接持有的公司股份。

2016 年 11 月 29 日，公司发布《博岳股份权益分派实施公告》，确定 2016 年半年度权益分派方案如下。

公司经 2016 年 10 月 25 日召开的股东大会审议通过，以公司现有总股本 1 500 万股为基数，向全体股东每 10 股送红股 10 股。权益登记日为 2016 年 12 月 8 日，除权除息日为 2016 年 12 月 9 日。

送红股对激励股份调整的影响如下。

（1）激励股份的数量调整。计算公式：调整后股份数量 Q=调整前股份数量 $Q_0\times$（1+每股送股的比率 n），

本次送红股后，首次授予 50 万股调整为：

$Q=Q_0\times(1+n)=50\times(1+10/10)=50\times2=100$ 万股。

本次送红股后，预留授予 10 万股调整为：

$Q=Q_0\times$（$1+n$）=10×（1+10/10）=10×2=20 万股。

（2）授予价格调整。计算公式为：调整后授予价格 P=调整前授予价格 P_0/(1+每股送股的比率 n),

本次送红股后，授予价格调整为：

$P=P_0/(1+n)$=1.59/（1+10/10）=1.59/2=0.80 元。

送红股不会减少公司现金。新三板挂牌公司现金流不充足，因此经常采用单独送红股的方式。

10.3.4 【案例】腾讯控股：股票拆细

腾讯控股有限公司（腾讯控股，00700.HK），系港交所 H 股上市公司。

注：腾讯控股的公司类型为有限责任公司，而不是股份有限公司，这在上市公司中是很少见的情况。

2014 年 5 月 15 日，公司公告《翌日披露报表》：以当时公司总股本 186 567.345 6 万股为基数，实施股票拆细，每股拆细为 5 股，每股面值由 0.000 1 港元调整为 0.000 02 港元，调整后公司总股本 932 836.728 0 万股。

1．2014 年 5 月 22 日，公司公告《授出购股权》

根据《腾讯控股 2007 年购股权计划》，公司向激励对象（承授人）授予总量为 6.25 万份的购股权，授出日为 2014 年 5 月 22 日，当日股份收市价 112.3 港元/股。每份购股权拥有以 112.3 港元的行权价格购买 1 股腾讯控股 H 股股票的权利。有效期 7 年，自授出日起算。股份指本公司股本中每股面值 0.000 02 港元的普通股。

而在本次股票拆细前，公司也实施过购股权计划。

2．2014 年 3 月 25 日，公司公告《授出购股权》

根据《腾讯控股 2007 年购股权计划》，公司向激励对象（承授人）授予总量为 230.75 万份的购股权，授出日为 2014 年 3 月 25 日，当日股份收市价 558.5 港元/股。每份购股权拥有以 572.6 港元的行权价格购买 1 股腾讯控股 H 股股票的权利。有效期 7 年，自授出日起算。股份指本公司股本中每股面值 0.000 1 港元的普通股。

其中的承授人刘炽平（执行董事、总裁），获授 100 万份购股权。

股票拆细对购股权的调整如下。

（1）购股权数量调整。计算公式：调整后购股权数量 Q=调整前购股权数量 Q_0×（1+每股拆细的比率 n），

本次授予总量，$Q=Q_0\times$（$1+n$）=230.75×（1+400%）=1 153.75 万份；

刘炽平，$Q=Q_0\times$（$1+n$）=100×（1+400%）=500 万份。

（2）行权价格调整。计算公式：调整后行权价格 P=调整前行权价格 P_0/（1+每股拆细的比率 n），即 $P=P_0$/（1+n）=572.6/（1+400%）=114.52 港元/股。

补充分析：

香港联合交易所上市公司（H 股）实施的股权激励计划常见激励形式有受限制股份奖励计划、购股权计划、限制性股份单位计划。从我国境内上市公司实施的股权激励计划激励形式来看，受限制股份奖励类似业绩股票，购股权类似股票期权，限制性股份单位类似期股。

我国境内上市公司股票拆细主要是在 20 世纪 90 年代。以神奇制药（600613）股票拆细为例。

上海神奇制药投资管理股份有限公司（神奇制药，600613；神奇 B 股，900904），系上交所主板 A 股、B 股上市公司。

公司前身系上海永生金笔厂。1992 年进行股份制改组，以原公司净资产折为面值 10 元的国家股 440.4 万股；同年 6 月首次发行公众股和外资股，公司于 1992 年 8 月 20 日 A 股上市，当时总股份为 810.4 万股。

1992 年 12 月 10 日拆细为 8 104 万股，每股面值 1 元。

调整后公司总股本 Q=调整前公司总股本 Q_0×（1+每股拆细的比率 n）=810.4×(1+900%)=8 104 万股。

假如在股票拆细前，公司实施了股权激励计划：公司拟向激励对象授予限制性股票 50 万股，占当时总股本 810.4 万股的 6.17%，授予价格 15.0 元。

此次股票拆细的模拟调整：

调整后股票数量 $Q=Q_0\times(1+n)$=50×（1+9）=500 万股。

调整后的授予价格 $P=P_0/(1+n)$=15/(1+9)=1.5 元/股。

10.3.5 【案例】ST 贤成：缩股

青海贤成矿业股份有限公司（ST 贤成，600381），系上交所主板上市公司。

1．股权激励计划简述

2012 年 6 月 15 日，公司股东大会审议通过《贤成矿业首期股票期权激励计划（草案）二次修订稿》。

本激励计划规定：公司拟向激励对象授予总量为 10 200 万份的股票期权，占当时公司股本总额 160 184.539 万股的 6.37%。首次授予 9 350 万份，预留 850 万份。行权价格 4.31 元。授权日为 2012 年 8 月 6 日。激励对象阿芳（财务经理）获授 85 万份股票期权。

2012 年 6 月 26 日，公司收到证监会青海证监局的《调查通知书》，称公司可能存在违反证券法律法规现象。如公司被证监会认定在最近一年内存在重大违法违规行为，公司将撤销本股票期权激励计划。

2014 年 2 月 24 日，中国证监会发出对贤成矿业的《处罚决定书》（证监会[2014]27 号）。据此，《贤成矿业首期股票期权激励计划（草案）二次修订稿》撤销，激励计划终止。

2．缩股方案简述

2014 年 6 月 25 日，公司《重整计划》制订权益调整方案（缩股）。

（1）缩股方案规定：按公司股东各自持有的公司股份为基数，公司股东分三类执行缩股。

第一类股东（西宁国新、张邻）按 98%比例缩股，每 100 股缩减为 2 股；第二类股东（陈高琪）按 90%缩股，每 100 股缩减为 10 股；第三类股东（其他股东）按 84%缩股，每 100 股缩减为 16 股。

ST 贤成缩股方案测算如表 10.1 所示。

表 10.1　ST 贤成缩股方案测算

股东	股东缩股分类	调整前股本（万股）	缩减比例	缩股比例	调整后股本（万股）
西宁国新	按 98%缩减	37 587.594 8	98%	2%	751.751 9
张邻		1 541.083 2	98%	2%	30.821 7
陈高琪	按 90%缩减	4 314.600	90%	10%	431.460 0
其他股东	按 84%缩减	116 741.261	84%	16%	18 678.601 8
合计		160 184.54		12.4%	19 892.64

各类股东的股票数量调整计算公式：

调整后股票数量=调整前股票数量×缩股比例，$Q=Q_0\times n$，具体计算如下：

西宁国新，调整前股本 37 587.594 8 万股，调整后股本=37 587.594 8×2%=751.751 9 万股；张邻，调整前股本 1 541.083 2 万股，调整后股本=1 541.083 2×2%=30.821 7 万股；陈高琪，调整前股本 4 314.6 万股，调整后股本=4 314.6×10%=431.46 万股；其他股东，调整前股东 116 741.261 万股，调整后股本=116 741.26×16%= 18 678.601 8 万股。

调整前公司总股本 160 184.539 万股，调整后公司总股本=Σ各类股东调整后股本=751.751 9+30.821 7+431.46+18 678.601 8=19 892.64 万股，总缩股比例=调整后公司总股本/调整前公司总股本×100%=19 892.64/160 814.54×100%= 12.4%。

（2）缩股后，再执行股东权益让渡方案。

调整后公司总股本 19 892.64 万股中的 12%（2 387.12 万股），由全体股东让渡出去由管理人处置（抵债），原全体股东享有调整后公司总股本的 88%（17 505.52 万股）。

综合缩股和权益让渡，本次总体缩股比例=缩股比例×（1-让渡比例）=12.42%×（1-12%）=10.9%，即原股东每 100 股调整后为平均 10.93 股。

3．缩股的股权激励计划调整模拟

2014 年 2 月，本股权激励计划即撤销。缩股在 2014 年 6 月实施，因此不再需要对该股权激励计划进行调整。下面是假设该股权激励计划仍有效的调整模拟。

（1）股票期权的数量调整。计算公式：调整后股票期权 Q=调整前股票期权 Q_0×缩股比例 n，首次授予，$Q=Q_0\times n$=9 350×10.9%=1 021.15 万股；预留授予，$Q=Q_0\times n$=850×10.9%=92.65 万股；激励对象阿芳，$Q=Q_0\times n$=85×10.9%=9.265 万股。

（2）行权价格调整。计算公式：调整后行权价格 P=调整前行权价格 P_0/缩股比例 n，行权价格 $P=P_0/n$=4.31/0.124=34.76 元。

10.3.6 【案例】华远地产：配股

华远地产股份有限公司（华远地产，600743），系上交所主板上市公司（国有控股）。

1．股权激励计划简述

2015 年 12 月 28 日，公司股东大会审议通过《华远地产股票期权激励计划（草案）》。

本激励计划规定：公司拟向激励对象定向发行本公司股票，授予股票期权总计 1 569 万份，占当时公司总股本 181 766.100 6 万股的 0.863%，行权价格 7.43 元，激励对象 44 人。授予日为 2016 年 5 月 11 日。计划有效期 7 年，自授权日起算；等待期 2 年，后 5 年分 4 次行权，每次行权期 24 个月，每次行权比例 1/4。

激励对象焦瑞云（财务总监）获授 89 万份，占当时股本总额的 0.05%。

注：国有控股上市公司，首次授予权益总量不得超过当时公司总股本的 1%。华远地产本次授予股票期权数量占总股本比例 0.863%，符合政策规定。

2．配股实施

2016 年 7 月 26 日，公司发布《华远地产 2016 年度配股股份变动及获配股票上市公告书》，规定如下。

以本次配股发行前总股本 181 766.100 6 万股为基数，按照每 10 股配 3 股的比例配售，本次配售增加的股份（均为无限售条件股份）52 843.986 8 万股，本次配股完成后总股本 234 610.087 4 万股。配股发行价格 3.36 元/股。股权登记日为 2016 年 7 月 12 日，配股除权日为 2016 年 7 月 21 日，本次配股新增股份上市流通日为2016年7月29日。

3. 配股的股权激励计划调整

（1）股票期权的数量调整。

计算公式：

$$Q=Q_0\times P_1\times(1+n)/(P_1+P_2\times n)$$

式中：Q为调整后的股票期权数量；Q_0为调整前的股票期权数量；P_1为股权登记日当日收盘价；P_2为配股价格；n为配股的比例（即配股的股数与配股前公司总股本的比例）。

P_0=7.43元，P_1=4.70元，P_2=3.36元，n=3/10=0.3。

先计算配股调整系数R=分子/分母，分子=$P_1\times(1+n)$=4.70×(1+3/10)=4.70×1.3=6.11元；分母=$(P_1+P_2\times n)$=4.70+3.36×0.3=5.708元/股，因此R=6.11/5.708=1.070 4；

配股调整后：

标的股票期权，Q=1 569×4.70×（1+0.3）/（4.70+3.36×0.3）=1 569×1.070 4≈1 679.457 6万股。

激励对象焦瑞云，Q=89×4.70×（1+0.3）/（4.70+3.36×0.3）=89×1.070 4≈95.265 6万股。

（2）行权价格调整。

计算公式：

$$P=P_0\times(P_1+P_2\times n)/[P_1\times(1+n)]$$

式中：P为调整后的行权价格；P_0为调整前的行权价格；P_1为股权登记日当日收盘价；P_2为配股价格；n为配股的比例（即配股的股数与配股前股份公司总股本的比例）。

P_0=7.43元，P_1=4.70元，P_2=3.36元，n=3/10=0.3；

分子=$P_1+P_2\times n$=4.7+3.36×0.3=5.708元，分母=$P_1\times(1+n)$=4.70×1.3=6.11元，调整系数R=5.708/6.11=0.934 2，调整后行权价格$P=P_0\times R$=7.43×0.934 2=6.94元/股。

10.3.7 【案例】聚光科技：增发

聚光科技（杭州）股份有限公司（聚光科技，300203），系深交所创业板上市公司。

1. 股权激励计划简述

2014年8月21日，公司股东大会审议通过《聚光科技限制性股票激励计划（草案）》。

本激励计划规定：公司拟向激励对象授予总量为 916 万股的限制性股票，占当时公司股本总额 45 318.14 万股的 0.20%，首次授予 826 万股，预留 90 万股，预留占本次授予总量的 9.83%。

首次授予日 2014 年 9 月 12 日。授予价格 6.95 元。计划有效期 48 个月，自首次授予日起算，前 12 个月为禁售期，后 36 个月为解锁期，可分 3 次解锁，各次解锁比例 20%、30%、50%。

激励对象虞辉（财务总监）首次授予 10 万股。

2015 年 9 月 15 日（禁售期后的首个交易日）为第一个解锁日，解锁比例 20%，解锁股票数量 2 万股，剩余未解锁股票 8 万股。

2．增发新股

2016 年 8 月 30 日，公司公告《聚光科技非公开发行 A 股股票预案》，规定如下。

本次发行对象为李凯、姚尧土 2 人，拟发行不超过 3 000 万股的 A 股股票，发行价格 24.45 元/股（不低于定价基准前 20 个交易日公司股票交易均价的 90%），拟募集资金总额不超过 73 350 万元。当时公司股本总额 45 318.14 万股。

按非公开发行 3 000 万股计，发行后公司股本总额=当时公司总股本+增发股份=45 318.14+3 000=48 318.14 万股，增发占增发后公司股本总额的比例=3 000/48 318.14×100%=6.2%，原股东按 93.8%比例稀释。

3．增发不做权益调整

但是增发股份，对股权激励计划不做调整。

2016 年 10 月 25 日，公司公告了限制性股票首次授予的第二次解锁情况，其中，虞辉持有的限制性股票 8 万股，本次可解锁 3 万股，剩余未解锁 5 万股。

本次增发前，虞辉持股 8 万股；本次增发后，虞辉持股仍为 8 万股。

首次授予价格 6.95 元。本次增发前，2016 年 5 月 18 日公司实施了 2015 年度权益分派，向全体股东每 10 股派发现金红利 1 元（含税），调整后的授予价格 P=（6.95−1）/10=6.85 元。

本次增发后，本限制性股票激励计划的首次授予价格仍为 6.85 元。

10.3.8 【案例】美的集团：回购

仍以上市公司美的集团（000333）为例。

1．股权激励计划简述

2015 年 5 月 25 日，公司股东大会审议通过《美的集团第二期股票期权激励计划（草案）修订稿》。

本激励计划规定：公司拟向 738 名激励对象授予总量为 8 430 万份的股票期权，占当时公司股本总额的 2%。计划有效期 5 年，自授予日起算。等待期 1 年，此后 4 年为行权期，分三期行权，各次行权比例均为 1/3。行权价格 31.54 元。

经 2015 年 5 月 27 日公司董事会确定调整，激励对象调整为 733 名，本次授予的股票期权调整为 8 379 万份，行权价格调整为 30.54 元。行权价格调整是由于 2015 年 4 月 29 日公司实施了 2014 年度权益分派：以 2014 年末总股本 421 580.847 2 万股为基数，每 10 股派发现金 10 元（含税）。

激励对象江鹏（董事会秘书）获授 18 万份股票期权。

2. 股份回购实施

2015 年 7 月 13 日，公司股东大会审议通过《关于首期回购部分社会公众股份的预案》。规定：在 12 个月内，回购价格不超过每股 48.54 元，回购资金总额不超过 10 亿元。

截止 2015 年 7 月 31 日，公司实际回购股份数量合计 2 959.164 4 万股，占公司总股本比例 0.69%，回购资金总额 99 999.767 1 万元，回购均价 33.79 元。

本次回购股份实施完毕并注销完成后，公司总股本将由 429 530.614 8 万股减少为 426 571.450 4 万股。

3. 回购不做权益调整

但回购股份，对股权激励计划不做调整。

江鹏的股票期权数量，从 18 万份变为 27 万份，调整原因是公司实施了“每 10 股派 12 元、转 5 股”的 2015 年度权益分派方案，股权登记日为 2016 年 5 月 6 日。调整计算如下。

调整后标的股票期权数量 $Q=Q_0\times(1+n)=8379\times(1+0.5)=12\ 568.50$ 万份。

激励对象江鹏，调整后的股票期权数量 $Q=Q_0\times(1+n)=18\times(1+0.5)=27$ 万份。

调整后行权价格 $P=(P_0-V)/(1+n)=(30.54-1.2)/(1+0.5)=19.56$ 元。

2016 年 6 月 2 日，公司董事会发布《关于调整公司第二期股票期权激励计划激励对象及行权数量的公告》，其中激励对象江鹏的股票期权数量仍为 27 万份。

即 2015 年 7 月公司实施回购股份，公司本期股权激励计划的股票期权数量、激励对象江鹏的股票期权数量均无调整。

10.3.9 【案例】东方财富：派息+转股+送股

东方财富信息股份有限公司（东方财富，300059），系深交所创业板上市公司。

1. 股权激励计划简述

2014 年 11 月 12 日，公司股东大会审议通过《东方财富 2014 年股票期权激励计划（草案）》。

本激励计划规定：公司拟向激励对象授予 3 000 万份股票期权，占当时公司股本总额 120 960 万股的 2.48%，首次授予 2 700 万份，预留 300 万份，预留占本次授予总量的 10%。

注：按《上市公司股权激励管理办法（试行）》规定，预留授予占本期股权激励计划权益总量不超过 10%。2016 年 8 月 13 日后，按《上市公司股权激励管理办法》新规定，预留授予占本期股权激励计划权益总量不超过 20%。

计划有效期 6 年，自首次授予日起算。等待期 1 年，此后为行权期，分 4 次行权，每次行权比例 25%，每次行权期 1 年。行权价格 13.03 元。

激励对象程磊（董事、副总经理）首次获授 100 万份股票期权。

2. 权益分派实施

2015 年 3 月 14 日，公司发布《东方财富 2014 年度权益分派实施公告》：

公司经 2015 年 3 月 6 日召开的 2014 年年度股东大会审议通过，以公司现有总股本 120 960 万股为基数：①用资本公积金向全体股东每 10 股转增 2 股，共转增 24 192 万股；②向全体股东每 10 股送红股 2 股（含税），共送红股 24 192 万股；③向全体股东每 10 股派发现金红利人民币 0.6 元（含税），合计派发现金 7 257.6 万元。股权登记日 2015 年 3 月 19 日，除权除息日 2015 年 3 月 20 日。

3. 派息+转股+送股的权益调整：

（1）股票期权的数量调整。计算公式：调整后权益数量 Q=调整前权益数量 Q_0×（1+每股转增比率 n_1+每股送股比率 n_2）

公司总股本，Q=120 960×（1+2/10+2/10）=120 960×1.4=169 344 万股。

标的股票期权数量，Q=3 000×（1+2/10+2/10）=3 000×1.4=4 200 万股。

激励对象程磊，Q=100×（1+2/10+2/10）=100×1.4=140 万股。

（2）行权价格调整。计算公式：调整后价格 P=（调整前价格 P_0−派现 V）/（1+转增股比率 n_1+送红股比率 n_2）

调整后行权价格 P=（13.03−0.6/10）/（1+2/10+2/10）=（13.03−0.06）/（1+0.2+0.2）=12.97/1.4=9.26 元。

10.4 股权激励计划调整程序

仍以上市公司美的集团（000333）为例。

根据《美的集团第三期股票期权激励计划（草案）》规定，股票期权数量和行权价格调整程序如下所述。

（1）公司股东大会授权公司董事会依据本计划所列明的原因调整股票期权数量和行权价格。

（2）董事会调整股票期权数量和行权价格后，应及时公告并通知激励对象。

（3）公司应聘请律师就上述调整是否符合《上市公司股权激励管理办法》、《美的集团公司章程》和本激励计划的规定向公司董事会出具专业意见。

【案例】美的集团：股票期权调整程序实施

2017 年 5 月 9 日，公司实施了 2016 年度利润分配实施方案：以当时公司总股本 646 567.736 8 万股为基数，向全体股东每 10 股派发现金 10 元（含税）。

发生派息事项时，应对股票期权的行权价格作调整，股票期权数量不作调整。调整后行权价格 $P=P_0-V$=21.35−10/10=21.35−1=20.35 元。

2017 年 5 月 12 日，公司董事会审议通过关于调整股票期权激励计划行权价格的相关议案，并于次日发布《关于调整股票期权激励计划行权价格的公告》（含第一、二、三期股票期权激励计划）。

监事会、独立董事发表了对股权激励计划调整事项的核实意见，均表示此次调整合法、有效。

北京市嘉源律师事务所出具了《关于美的集团第一期、第二期以及第三期股票期权激励计划行权价格调整的法律意见书》，表示此次调整合法、有效。

10.5 激励对象调整

【案例】中兴通讯：激励对象减少

中兴通讯股份有限公司（中兴通讯，000063/00763），系深交所主板 A 股、港交所 H 股上市公司。

1. 股权激励计划简述

2013 年 10 月 15 日，公司股东大会、A 股类别股东大会、H 股类别股东大会审议通过《中兴通讯股票期权激励计划（草案修订稿）》。

本激励计划规定：公司拟向激励对象授予总量不超过 10 320 万份的股票期权，占当时公司股本总额 343 754 万股的 3%。计划有效期 5 年，自股票期权授权日起算。等待期 2 年，后 3 年为行权期，分三次行权，各次行权比例 30%、30%、40%，授予日为 2013 年 10 月 31 日，行权价格 13.69 元。实际获授的股票期权总量为 10 298.9 万份，激励对象 1 528 人。

2013 年公司利润分配方案为每 10 股派发 0.3 元（含税），2014 年公司利润分配及资本公积金转增股本方案为每 10 股派发 2.0 元（含税）、以资本公积金每 10 股转增 2 股。

2013 年利润分配方案实施后，调整后股票期权数量 10 320 万份（不变）；股票期权调整后行权价格=13.69-0.3/10=13.69−0.03=13.66 元。

2014 年利润分配及转增股方案实施后，调整后股票期权数量=10 298.9×（1+2/10）=12 358.68 万份，股票期权调整后行权价格=（13.66−2/10）/（1+2/10）=13.46/1.2=11.22 元。

2. 激励对象调整

激励对象调整引发股票期权的注销。

2015 年 10 月 28 日，公司董事会公告：由于原激励对象 96 人已离职，1 人已离世，2 人因重大违规而被公司免职，已不再满足成为本期股票期权激励计划的激励对象的条件，公司取消上述 99 人参与本次股票期权激励计划的资格，并对其已获授的股票期权共计 683.16 万份予以注销。

调整后，本计划的激励对象由 1 528 名调整为 1429 名，获授的股票期权数量由 12 358.68 万份调整为 11 661.3 万份，占公司当前总股本 412 504.953 3 万股的 2.83%；第一个行权期可行权激励对象由 1 528 名调整为 1 429 名，可行权股票期权数量由 3 707.604 0 万份调整为 3 488.436 万份。

行权价格仍为 11.22 元（不变）。

除上述 99 人外，剩余激励对象的权益数量、行权价格没有影响。

第11章 股权激励计划实施考核管理办法

就监管政策来看，上市公司的中长期激励形式中，员工持股计划没有硬性规定实施绩效考核，但股权激励计划、激励基金计划则须实施绩效考核。非上市公司的中长期激励形式中，员工持股计划、股权激励计划、激励基金计划没有硬性规定实施绩效考核。

就公司实际情况来看，有些上市公司的员工持股计划也实施绩效考核，有些非上市公司参照上市公司对股权激励计划、激励基金计划也实施绩效考核。

就文件制订来看，有些公司股权激励计划包含了绩效考核，有些公司则单独发文“股权激励计划实施考核管理办法”（以下简称：考核管理办法）。

就考核管理办法的内容来看，主要明确以下问题。

1．授予条件、解锁或行权条件的设置

限制性股票，授予条件、解锁条件的设置；股票期权、股票增值权，授予条件、行权条件的设置。

2．公司层面和个人层面的业绩考核条件

一般上市公司，授予条件只要求未出现负面清单（公司 5 类情形、激励对象 6 类情形），但国有控股上市公司，授予条件除要求未出现负面清单外，还须满足公司业绩条件。

限制性股票的解锁条件除要求未出现负面清单外，还须满足公司业绩条件、个人业绩条件；股票期权和股票增值权的行权条件除要求未出现负面清单外，还须满足公司业绩条件、个人业绩条件。

3．公司、个人的各期权益的行权结果

根据激励对象的标的权益数量、当期行使权益比例、公司考核系数、个人考核系数等，计算各期权益的行权结果。

11.1 业绩指标及对照依据选取

11.1.1 一般上市公司

上市公司在制订股权激励计划或制订配套的考核管理办法时，需设计解锁（行权）的公司业绩条件，应如何选取合适的公司业绩指标呢？

可先参考《上市公司股权激励管理办法》第 2 章“一般规定”的规定，摘录如下。

第十条：

上市公司应当设立激励对象获授权益、行使权益的条件。拟分次授出权益的，应当就每次激励对象获授权益分别设立条件；分期行权的，应当就每次激励对象行使权益分别设立条件。

激励对象为董事、高级管理人员的，上市公司应当设立绩效考核指标作为激励对象行使权益的条件。

第十一条：

绩效考核指标应当包括公司业绩指标和激励对象个人绩效指标。相关指标应当客观公开、清晰透明，符合公司的实际情况，有利于促进公司竞争力的提升。

上市公司可以公司历史业绩或同行业可比公司相关指标作为公司业绩指标对照依据，公司选取的业绩指标可以包括净资产收益率、每股收益、每股分红等能够反映股东回报和公司价值创造的综合性指标，以及净利润增长率、主营业务收入增长率等能够反映公司盈利能力和市场价值的成长性指标。以同行业可比公司相关指标作为对照依据的，选取的对照公司不少于 3 家。

激励对象个人绩效指标由上市公司自行确定。

上市公司应当在公告股权激励计划草案的同时披露所设定指标的科学性和合理性。

根据上述规定，上市公司股权激励的公司业绩指标和对照依据选取如表 11.1 所示。

表 11.1　上市公司股权激励的公司业绩指标和对照依据选取

指标类型	公司业绩指标	对照依据		
		公司历史业绩	同行业可比公司相关指标	
反映股东回报和公司价值创造的综合性指标	净资产收益率			对照公司不少于 3 家
	每股收益			
	每股分红			
	其他指标等			
反映公司盈利能力和市场价值的成长性指标	净利润增长率			
	主营业务收入增长率			
	其他指标等			

11.1.2　国有控股上市公司

国有控股上市公司在制订股权激励计划或制订配套的考核管理办法时，设计授予的公司业绩条件、解锁（行权）的公司业绩条件，又应如何选取合适的公司业绩指标呢？

境内的国有控股上市公司，应以下列政策法规为制订依据：《国有控股上市公司（境内）实施股权激励试行办法（国资发分配[2006]175 号）》《关于规范国有控股上市公司实施股权激励制度有关问题的通知（国资发分配[2008]171 号）》。

其中 171 号文对国有控股上市公司考核管理办法的规定，摘录整理如下。

（1）国有控股上市公司实施股权激励，应建立完善的业绩考核体系和考核办法。业绩考核指标应包含三类指标。

① 反映股东回报和公司价值创造等综合性指标，如净资产收益率（ROE）、经济增加值（EVA）、每股收益等。

② 反映公司盈利能力及市场价值等成长性指标，如净利润增长率、主营业务收入增长率、公司总市值增长率等。

③ 反映企业收益质量的指标，如主营业务利润占利润总额比重、现金运营指数等。

上述三类业绩考核指标原则上至少各选一个。相关业绩考核指标的计算应符合现行会计准则等相关要求。

（2）国有控股上市公司实施股权激励，其授予和行使环节均应设置应达到的业绩目标，业绩目标的设定应具有前瞻性和挑战性，并切实以业绩考核指标完成情况作为股权激励实施的条件。行使指股票期权和股票增值权的行权或限制性股票的解锁。

① 上市公司授予激励对象股权时的业绩目标水平。

应不低于公司近 3 年平均业绩水平及同行业平均业绩水平（或对标企业 50 分位值）。选取的同行业境内、外对标企业，行业参照证券监管部门的行业分类标准确定。

② 上市公司激励对象行使权利时的业绩目标水平。

应结合上市公司所处行业特点和自身战略发展定位，在授予时业绩水平的基础上有所提高，并不得低于公司同行业平均业绩（或对标企业 75 分位值）水平。凡低于同行业平均业绩（或对标企业 75 分位值）水平以下的不得行使。

③ 考核挂钩。

完善上市公司股权激励对象业绩考核体系，切实将股权的授予、行使与激励对象业绩考核结果紧密挂钩，并根据业绩考核结果分档确定不同的股权行使比例。

④ 国有控股科技类上市公司。

对科技类上市公司实施股权激励的业绩指标，可以根据企业所处行业的特点及成长规律等实际情况，确定授予和行使的业绩指标及其目标水平。

⑤ 重要国企设定经营难度系数。

对国有经济占控制地位的、关系国民经济命脉和国家安全的行业以及依法实行专营专卖的行业，相关企业的业绩指标，应通过设定经营难度系数等方式，剔除价格调整、宏观调控等政策因素对业绩的影响。

根据上述规定，国有控股上市公司股权激励的公司业绩指标和对照依据选取如表 11.2 所示。

表 11.2　国有控股上市公司股权激励的公司业绩指标和对照依据选取

指标类型	公司业绩指标	指标选取要求	对照依据：公司历史业绩	对照依据：同行业可比公司相关指标	
反映股东回报和公司价值创造等综合性指标	净资产收益率（ROE）	三类业绩考核指标原则上至少各选一个			对照公司不少于3家
	经济增加值（EVA）				
	每股收益				
	其他指标				
反映公司盈利能力和市场价值等成长性指标	净利润增长率				
	主营业务收入增长率				
	公司总市值增长率				
	其他指标				
反映企业收益质量的指标	主营业务利润占利润总额比重				
	现金运营指数				
	其他指标等				

因此，国有控股上市公司与一般的上市公司相比，在制订股权激励计划的绩效考核条款或单独制订股权激励计划实施考核管理办法时，它们的公司业绩条件设置差别很大。

在前述上市公司、国有控股上市公司股权激励计划的公司业绩条件设置时，都提到了业绩指标“净资产收益率（ROE）”。下面重点分析下加权平均净资产的指标定义和计算口径。

11.2　加权平均净资产的理解及运用

宝钢股份 2015 年年度报告显示，其当年实现的主要财务指标为基本每股收益 0.06 元/股、稀释每股收益 0.06 元/股、扣非后基本每股收益 0.07 元/股、加权平均净资产收益率 0.9%、扣非后加权平均净资产收益率 0.96%。

宝钢股份 2015 年年报的主要财务指标如表 11.3 所示。

表 11.3　宝钢股份 2015 年年报的主要财务指标

主要财务指标	2015 年	2014 年	本期比上年同期增减（%）	2013 年
基本每股收益（元/股）	0.06	0.35	-82.86	0.35
稀释每股收益（元/股）	0.06	0.35	-82.86	0.35
扣除非经常性损益后的基本每股收益（元/股）	0.07	0.35	-80.00	0.38
加权平均净资产收益率（%）	0.9	5.16	减少 4.26 个百分点	5.29
扣除非经常性损益后的加权平均净资产收益率（%）	0.96	5.17	减少 4.21 个百分点	5.75

上述加权平均净资产收益率 0.9%、扣除非经常性损益后的加权平均净资产收益率 0.96%，如何理解呢？

11.2.1 如何理解加权平均净资产收益率

1. 错误理解的加权平均

有一种理解是这样的：按不同年份给予一定的权重系数就是加权平均。比如，第 1、2、3 年的净资产收益率为 5%、6%、5.5%，则：第 1 年的加权平均=5%；第 2 年的加权平均=5%×1/2+6%×1/2；第 3 年的加权平均=5%×1/3+6%×1/3+5.5%×1/3。

这是错误的。

2. 正确理解的加权平均

正确的理解需要把它拆开来考虑：加权平均、净资产收益率，再把净资产收益率的公式写出来，就会发现所谓的加权平均是针对分母的净资产而言。即应拆解为加权平均净资产的收益率。

计算公式：

（1）年度净资产收益率（ROE）=年度净利润/年度净资产×100%。其中，年度净资产按年度平均净资产计，年度平均净资产=（年初净资产+年末净资产）/2。

（2）年度加权平均净资产收益率（ROE）=年度净利润/年度加权平均净资产×100%。其中，年度加权平均净资产=年初净资产+净利润/2+新增净资产折算-减少净资产折算+其他净资产变动折算。

各项目具体折算依据如下。

① 新增净资产折算=新增净资产×折算系数。

② 减少净资产折算=减少净资产×折算系数。

③ 其他净资产折算=其他净资产×折算系数。

假定各会计年度都是 12 个月，则折算系数=变动净资产发生次月到年末的累计月数/12。

再回头看分子的年度净利润，也有两个口径：扣除非经常性损益前（扣非前）、扣除非经常性损益后（扣非后）。

因此，净资产收益率的不同计算口径有扣非前的净资产收益率、扣非后的净资产收益率、扣非前的加权平均净资产收益率、扣非后的加权平均净资产收益率。

当然，净利润还有其他口径，如合并报表的净利润，归属母公司所有者的净利润，因此净资产收益率对应为净资产收益率、归母的净资产收益率等。

这么解释可能还是有点费劲，举例来说可能容易理解。

11.2.2 年度加权平均净资产收益率模拟计算

A 上市公司 2013 年年初净资产 1 亿元，2013 年归属于上市公司股东的净利润 3 000 万元，扣除非经常性损益后归属于上市公司股东的净利润 2 500 万元；2013 年 3 月 16 日公司增发股份新增资产 1 000 万元，6 月 20 日回购股份减少资产 2 000 万元，当年无其他净资产变动。

现有问题是：A 公司 2013 年度加权平均净资产收益率是多少？

模拟计算：

（1）年初净资产=10 000 万元。

（2）净利润/2=3 000/2=1 500 万元。

（3）新增净资产折算=750 万元。计算依据为增发股份属于新增净资产，从 4 月～12 月累计 9 个月，新增净资产折算=1 000×9/12=750 万元。

（4）减少净资产折算=1 000 万元。计算依据为回购股份属于减少净资产，从 7 月～12 月累计 6 个月，减少净资产折算=2 000×6/12=1 000 万元。

（5）其他净资产折算=0 万元。

按年度平均净资产的计算口径，2013 年平均净资产=10 000+1 500=11 500 万元。

按年度加权平均净资产的计算口径，2013 年加权平均净资产=10 000+1 500+750−1 000+0=11 250 万元。

由于分子“年度净利润”有两个口径，因此年度加权平均净资产收益率也有以下两个数据。

① 按扣非前净利润口径：扣除非经常性损益前的 2013 年加权平均净资产收益率=3 000/11 250×100%=26.67%。

② 按扣非后净利润口径：扣除非经常性损益后的 2013 年加权平均净资产收益率=2 500/11 250×100%=22.22%。

11.2.3 加权平均净资产收益率的目标值设置

考核管理办法设计通常以“两个统计口径的较低者不低于 X%”来设置目标值。两个统计口径指：扣除非经常性损益前的加权平均净资产收益率（记为 R_1），扣除非经常性损益后的加权平均净资产收益率（记为 R_2）。两者较低值不低于 5%，表示 R_1、R_2 均要大于等于 5%。

中兴通讯曾采用过上述指标口径。

《中兴通讯第一期股权激励计划（2007 年 2 月 5 日修订稿）》规定：本期限制性股票授予无须满足业绩条件，限制性股票各期解锁的业绩条件为 2007、

2008、2009 年的加权平均净资产收益率达标，该等加权平均净资产收益率不低于 10%（以扣除非经常性损益前和扣除非经常性损益后计算的低值为准）。

但宝钢股份首期授予方案采用另外的指标和口径。

《宝钢股份 A 股限制性股票计划首期授予方案（草案修订稿）》规定：

本期限制性股票授予的业绩条件为 2013 年公司三个指标达标：①利润总额；②营业总收入增长率；③EOS（EBITDA/ 营业总收入）。

限制性股票解锁的业绩条件为 2013、2014、2015 年三个指标达标：①利润总额；②营业总收入增长率；③EOS（EBITDA/营业总收入）。

现在假设：宝钢股份首期授予方案也考虑采用加权平均净资产达标作为各期解锁的业绩条件。即 A 股限制性股票首次授予解锁的业绩条件为 2013、2014、2015 年的加权平均净资产收益率不低于 5%（以扣除非经常性损益前、扣除非经常性损益后的孰低者为准）。

现在模拟下 2013—2015 年各期标的股票解锁情况。

宝钢股份 2013—2015 年加权平均净资产收益率计算如表 11.4 所示。

表 11.4 宝钢股份 2013—2015 年加权平均净资产收益率计算

业绩指标	统计口径	年度		
		2013 年	2014 年	2015 年
年度加权平均净资产收益率	扣除非经常性损益前（%）	5.29	5.16	0.9
	扣除非经常性损益后（%）	5.75	5.17	0.96

年度加权平均净资产收益率简称“ROE”，扣除非经常性损益前简称“扣非前”，扣除非经常性损益后简称“扣非后”。

1．第一期解锁满足业绩条件

2013 年度 ROE（扣非前）为 5.29%，2013 年度 ROE（扣非后）为 5.75%，孰低者取 5.29%。5.29%大于 5%，满足当年标的股票解锁的业绩条件。

2．第二期解锁满足业绩条件

2014 年度 ROE（扣非前）为 5.16%，2013 年度 ROE（扣非后）为 5.17%，孰低者取 5.16%。5.16%大于 5%，满足当年标的股票解锁的业绩条件。

3．第三期解锁满足业绩条件

2015 年度 ROE（扣非前）为 0.9%，2015 年度 ROE（扣非后）为 0.96%，孰低者取 0.9%。0.9%低于 5%，未满足当年标的股票解锁的业绩条件。

【案例】海康威视：加权平均净资产收益率具体计算

上市公司、国有控股上市公司，按政策规定各自可选的公司业绩指标中都有净资产收益率（ROE）。净资产收益率本身是个复合指标，有 4 个统计口径，即扣非前平均净资产收益率、扣非后平均净资产收益率、扣非前加权平均净资产收益率、扣非后加权平均净资产收益率。

1. 加权平均净资产计算依据

依据《公开发行证券的公司信息披露编报规则第 9 号——净资产收益率和每股收益的计算及披露》（证监会公告[2010]2 号）规定：

加权平均净资产收益率（ROE）的计算公式如下：

$$ROE=P/(E_0+NP\div 2+E_i\times M_i\div M_0-E_j\times M_j\div M_0)$$

式中：P 为对应归属于公司普通股股东的净利润、扣除非经常性损益后归属于公司普通股股东的净利润；NP 为归属于公司普通股股东的净利润；E_0 为归属于公司普通股股东的期初净资产；E_i 为报告期发行新股或债转股等新增的、归属于公司普通股股东的净资产；E_j 为报告期回购或现金分红等减少的、归属于公司普通股股东的净资产；M_0 为报告期月份数；M_i 为新增净资产次月起至报告期末的累计月数；M_j 为减少净资产次月起至报告期末的累计月数。

2. 海康威视 2015 年度加权平均净资产计算

根据海康威视 2015 年年度报告，2015 年度加权平均净资产收益率 35.32%，扣除非经常性损益后的 2015 年度加权平均净资产收益率 33.73%。

海康威视 2015 年度加权平均净资产收益率计算如表 11.5 所示。

表 11.5　海康威视 2015 年度加权平均净资产收益率计算

项　　目		序　　号	本期数(万元）
归属于公司普通股股东的净利润		A	586 905
非经常性损益		B	26 416
扣除非经常性损益后的归属于公司普通股股东的净利润		$C=A-B$	560 489
归属于公司普通股股东的期初净资产		D	1 482 224
发行新股或债转股等新增的、归属于公司普通股股东的净资产		E	2 788
新增净资产次月起至报告期末的累计月数		F	3
回购减少的、归属于公司普通股股东的净资产		G	
减少净资产次月起至报告期期末的累计月数		H	
现金分红等减少的、归属于公司普通股股东的净资产		I	162 765
减少净资产次月起至报告期期末的累计月数		J	9
其他	股权激励	K_1	15 877
	增加净资产次月起至报告期末的累计月数	L_1	6
	收购子公司少数股权	K_2	233

续上表

项　目		序　号	本期数(万元)
其他	增加净资产次月起至报告期末的累计月数	L_2	12
	外币报表折算差额	K_3	-1 882
	增加净资产次月起至报告期末的累计月数	L_3	6
报告期月份数		M	12
加权平均净资产		$N=D+A/2+E\times F/M-G\times H/M-I\times J/M+K\times L/M$	1 661 530
加权平均净资产收益率		$O=A/N$	35.32%
扣除非经常性损益加权平均净资产收益率		$P=C/N$	33.73%

具体计算过程如下。

第一步，扣除非经常性损益后的归属于公司普通股股东的净利润 $C=A-B$ =586 905-26 416=560 489 万元（约 56.05 亿元）。

第二步，加权平均净资产 N=归属于公司普通股股东的期初净资产 D+归属于公司普通股股东的净利润 $A/2$+发行新股或债转股等新增的、归属于公司普通股股东的净资产 $E\times$新增净资产次月起至报告期末的累计月数 F/报告期月份数 M-回购减少的、归属于公司普通股股东的净资产 $G\times$减少净资产次月起至报告期末的累计月数 H/报告期月份数 M-分红减少的、归属于公司普通股股东的净资产 $I\times$减少净资产次月起至报告期末的累计月数 J/报告期月份数 M+股权激励 $K_1\times$新增净资产次月起至报告期末的累计月数 L_1/报告期月份数 M+收购子公司股权 $K_2\times$新增净资产次月起至报告期末的累计月数 L_2/报告期月份数 M+外币报表折算差额 $K_3\times$新增净资产次月起至报告期末的累计月数 L_3/报告期月份数 M

$=D+A/2+E\times F/M-G\times H/M-I\times J/M+(K_1\times L_1/M+K_2\times L_2/M+K_3\times L_3/M)$

=1 482 224+586 905 × 0.5+2 788 × 3/12-0-162 765 × 9/12+(15 877 × 6/12 +233×12/12-1 882×6/12)

=1 661 530 万元（约 166.15 亿元）。

第三步，加权平均净资产收益率 O=归属于公司普通股股东的净利润 A/加权平均净资产 N=560 489/1 661 530×100%=35.32%。

第四步，扣除非经常性损益后的加权平均净资产收益率 P=扣除非经常性损益后的归属于公司普通股股东的净利润 C/加权平均净资产 N=560 489/1 661 530×100%=33.73%。

11.3 上市公司股权激励业绩考核条件案例

【案例】圆通速递：上市公司股权激励业绩考核条件

圆通速递属于一般的上市公司，按表 11.1，圆通速递本次选取的公司业绩指标为净利润，属于反映公司盈利能力和市场价值的成长性指标“其他指标等”；选取的对照依据为公司历史业绩，即圆通速递上一年度净利润达标。

2017 年 9 月 18 日，圆通速递公司股东大会审议通过《圆通速递第一期限制性股票激励计划（草案修订稿）》《圆通速递第一期限制性股票激励计划实施考核管理办法（修订稿）》等。

经对比，激励计划草案修订稿的部分内容，与考核办法修订稿的部分内容一致。具体对应内容为：激励计划草案修订稿的第五章“激励计划具体内容”第四条“限制性股票的授予与解除限售条件”，对应考核办法修订稿的“五、绩效考核指标”。

具体包括限制性股票的授予条件、解除限售条件。

1. 授予条件

圆通速递限制性股票的授予条件须满足：①公司未发生负面清单（公司 5 类情形）；②激励对象未发生负面清单（个人 6 类情形）。授予条件无业绩条件。

2. 解除限售条件

圆通速递限制性股票的解除限售条件须满足：①公司未发生负面清单（公司 5 类情形）；②激励对象未发生负面清单（个人 6 类情形）；③此外还要满足业绩条件，即公司和个人层面考核指标达标。

（1）公司业绩考核条件。

公司层面的业绩指标为净利润。净利润指经审计的扣除非经常性损益后的归属于母公司所有者的净利润（合并报表口径），并已包含限制性股票的会计处理在经常性损益中列支对公司损益的影响。

圆通速递第一期限制性股票解除限售公司业绩条件如表 11.6 所示。

表 11.6 圆通速递第一期限制性股票解除限售公司业绩条件

解锁阶段	绩效考核目标
2018 年度解锁 50%	2017 年度经审计的扣除非经常性损益后的归属于母公司所有者的净利润（合并报表口径）不低于 15 亿元
2019 年度解锁 50%	2018 年度经审计的扣除非经常性损益后的归属于母公司所有者的净利润（合并报表口径）不低于 17 亿元

若公司未满足上述业绩考核目标，所有激励对象考核当期可解锁的限制性股票不得解锁，由公司回购注销。

（2）个人业绩考核条件。

个人绩效考核结果分为六档：A、B1、B2、C1、C2、D。激励对象前一年个人年度绩效考核结果与当期解锁比例的关系为：①A、B1、B2、C1，解锁比例 100%；②C2，解锁比例 50%，另外 50%由公司回购注销；③D，不得解锁，全部由公司回购注销。

圆通速递第一期限制性股票解除限售个人业绩条件如表 11.7 所示。

表 11.7 圆通速递第一期限制性股票解除限售个人业绩条件

绩效等级	A	B1	B2	C1	C2	D
解锁比例	100%	100%	100%	100%	50%	0%

【案例】海康威视：国有控股上市公司股权激励业绩考核条件

杭州海康威视数字技术股份有限公司（海康威视，002415），系深交所中小板上市公司（国有控股）。

2012—2016 年，海康威视共实施了三期股权激励计划（限制性股票）。

① 2012 年 8 月 13 日，公司股东大会审议通过《海康威视限制性股票计划（草案修订稿）》。

② 2014 年 10 月 21 日，公司股东大会审议通过《海康威视 2014 年限制性股票计划（草案修订稿）》。

③ 2016 年 12 月 22 日，公司股东大会审议通过《海康威视 2016 年限制性股票计划（草案修订稿》。

现以 2016 年限制性股票计划为例分析。

1. 本期股权激励计划简述

本期股权激励计划采用限制性股票为激励工具，股票来源为公司向激励对象定向发行新股。拟授予 2 990 名激励对象 5 357.362 8 万股限制性股票，占当时公司总股本的 0.88%。确定的授予日为 2016 年 12 月 23 日，授予价格 12.63 元/股。

计划有效期 5 年，锁定期 2 年，此后 3 年分三期解锁，各期解锁比例 40%、30%、30%，每次解锁有效期 12 个月。

限制性股票分配情况：拟授予的激励对象 2 990 人中，高级管理人员 18 人，拟授予 160.9 万股，其他激励对象（中层管理人员、基层管理人员、核心业务骨干）2 972 人，拟授予 5 196.462 8 万股。激励对象徐礼荣（副总经理）获授 7.3 万股。

下面重点分析上述激励计划的第 8 章“限制性股票的授予条件与解锁条件”。

2. 授予条件和解锁条件

海康威视属于国有控股上市公司，其本次选取的公司业绩指标为净资产收益率、营业收入增长率和经济增加值（EVA），按表 11.2 来看，属于反映股东回报和公司价值创造等综合性指标“净资产收益率、经济增加值”，和属于反映公司盈利能力和市场价值等成长性指标“主营业务收入增长率”。

国有控股上市公司，授予激励对象股权时的业绩目标水平，应不低于公司近 3 年平均业绩水平及同行业平均业绩水平（或对标企业 50 分位值）。激励对象行使权益时的业绩目标水平在授予时业绩水平的基础上有所提高，并不得低于公司同行业平均业绩（或对标企业 75 分位值）水平。

海康威视本次选取 30 家行业属性及业务发展阶段相似，且具有可比性的 A 股上市公司，作为业绩对标公司。按表 11.2 来看，选取的对照依据属于同行业可比公司相关指标，对照公司须不少于 3 家。

（1）授予条件。

海康威视的限制性股票的授予条件须满足：①授予前一个财务年度，公司业绩达标；②公司未发生负面清单（公司 5 类情形）；③激励对象未发生负面清单（个人 6 类情形），且授予前一个财务年度，激励对象个人绩效考核达到合格及以上。

其中，公司业绩达标具体指：净资产收益率达标，授予前一财务年度公司营业收入较上年度增长率以及较三年前的复合增长率达标。

海康威视 2016 年限制性股票计划的授予条件如表 11.8 所示。

表 11.8 海康威视 2016 年限制性股票计划授予条件

层面	业绩指标	指标定义	目标值
公司层面	净资产收益率（ROE）	授予前一年度的加权平均净资产收益率（ROE），以扣除非经常性损益、扣除股权激励成本后为准；若公司发生再融资行为，净资产为再融资当年扣除融资数额后的净资产值，净利润为剔除再融资因素影响后的净利润	≥三者的较高值：①20%；②同行业标杆公司前一年度的 P50；③同行业标杆公司前三年度的 P50
	营业收入增长率	授予前一财务年度比上年的增长率	≥三者的较高值：①20%；②同行业标杆公司前一年度的 P50；③同行业标杆公司前三年度的 P50
		授予前一财务年度比三年前的复合增长率	≥三者的较高值：①20%；②同行业标杆公司前一年度的 P50；③同行业标杆公司前三年度的 P50
		前授予前一财务年度	≥0%
	应当终止计划的情形	负面清单（公司 5 种情形）	未发生

续上表

层面	业绩指标	指标定义	目标值
个人层面	个人上年度考核结果	授予时前一个财务年度	合格及以上
	不得参与计划的情形	负面清单（个人 6 种情形）	未发生

授予条件未达标的处理：若公司未达到授予条件，公司当年不得根据本激励计划授予任何限制性股票，直至公司达到授予条件为止。

若激励对象未达到授予条件，公司当年不得依据本激励计划向该激励对象授予任何限制性股票。

（2）解锁条件。

海康威视限制性股票解锁的公司业绩条件须满足：①净资产收益率达标；②解锁时前一年度营业收入较授予前一年度复合增长率达标；③解锁时前一年度经济增加值较上一年度有所增长，且高于授予前一年的经济增加值。④公司未发生负面清单（公司 5 类情形）；⑤解锁时股票市场价格应不低于授予时股票公平市场价格。

解锁的激励对象业绩条件须满足：①解锁前一年度，激励对象个人绩效考核合格及以上；②激励对象未发生负面清单（个人 6 类情形）。

海康威视 2016 年限制性股票计划的解锁条件如表 11.9 所示。

表 11.9 海康威视 2016 年限制性股票计划的解锁条件

层面	业绩指标	指标定义	目标值		
			第一次解锁	第二次解锁	第三次解锁
公司层面	净资产收益率（ROE）	各批次解锁时前一年度的 ROE	≥20%，且≥标杆公司的 P75		
	营业收入复合增长率	解锁时前一年度比授予前一年度	≥25%，且≥标杆公司的 P75	≥23%，且≥标杆公司的 P75	≥21%，且≥标杆公司的 P75
	经济增加值 EVA	解锁时前一年度比上一年度，且比授予前一年度	>0，且>0		
	应当终止计划的情形	负面清单（公司 5 类情形）	未发生		
	解锁时股票市场价格	前 5 个交易日公司标的股票交易均价（复权）	≥授予时股票公平市场价格 25.26 元		
			如未达到，将延长解锁期，直至符合上述条件		
个人层面	个人上年度考核结果	解锁时前一个财务年度	合格及以上		
	不得参与计划的情形	负面清单（个人 6 类情形）	未发生		

解锁条件未达标的处理：当解锁期的任一年度有 1 个及以上解锁条件未达成，该部分的标的股票作废，不得递延至下期；激励对象也不得在以后的年度内再次申请该等标的股票解锁。

作废的限制性股票由公司进行回购，回购价格原则按照以下三者价格的孰低质确定：①标的股票授予价格；②回购实施前 30 个交易日公司标的股票平均收盘价；③回购实施前 1 个交易日公司标的股票收盘价。

（3）30 家标杆企业及筛选标准。

下面再补充下海康威视选取 30 家标杆企业的具体操作。

对标企业的筛选标准为：①行业属性相同：证监会行业分类中的计算机、通信和其他电子设备、电器器材制造等相关行业；②主营产品类型和海康威视相似，且有可比性；③海康威视直接业务或人才竞争对手。

海康威视筛选后的 30 家对标企业名单如下。

1～5：大华股份、中兴通讯、TCL 集团、小天鹅 A、佛山照明。

6～10：格力电器、振华科技、超声电子、德豪润达、华帝股份。

11～15：中环股份、广电运通、御银股份、中航光电、大洋电机。

16～20：兆驰股份、沪电股份、万和电气、奥马电器、新宝股份。

21～25：华虹计通、海信电器、同方股份、澳柯玛、长园集团。

26～30：青岛海尔、南京熊猫、四川长虹、共进股份、日出东方。

分析：海康威视本期限制性股票的解锁条件之一，是要求解锁时的股票市价高于授予时的股票价格（25.26 元/股）。

若公司业绩良好，但股价表现一般，则有可能出现无法解锁的情形。因此，上市公司是否要把股价表现纳入解锁条件，要根据本公司的业绩表现和股价表现预期，谨慎设计。

比如万科 A（000002），2006 年 5 月 30 日经公司股东大会审议通过《万科 A 首期（2006—2008 年）限制性股票激励计划》。其中 2007 年度的业绩指标达成，计提了激励基金并委托信托公司从二级市场买入万科 A 股股票。

2007 年度激励计划持有的限制性股票归属给激励对象的股价条件为 2008、2009 两年中，至少有一年万科 A 股每日收盘价的向后复权年均价高于 2007 年同口径股价。

但由于 2008 年、2009 年的万科 A 股股价均低于 2007 年的股价，2007 年的限制性股票归属条件未达成，该年度激励计划确认终止实施。

11.4 副总经理 7.3 万股限制性股票解锁数量模拟计算

海康威视上述激励计划中，激励对象徐礼荣（副总）获授 7.3 万股，其第一、二、三次解锁股票数量分别为（万股）：2.92、2.19、2.19，如表 11.10 所示。

表 11.10 副总徐礼荣 7.3 万股的分次解锁股票数量

项目	获授权益	第一次解锁	第二次解锁	第三次解锁
解锁比例	100%	40%	30%	30%
各期可解锁股票数量（万股）	7.3	2.92	2.19	2.19

各期解锁条件均满足时，激励对象本期限制性股票全部解锁；各期解锁条件其中一项未满足时，激励对象本期限制性股票不得解锁。注意，海康威视解锁条件达成情况与解锁股票数量的关系，与圆通快递不同。

因此，在不考虑权益调整时，徐礼荣的各期解锁后的股票数量可能如下。

第一次解锁：2.92 万股或 0 万股。

第二次解锁：2.19 万股或 0 万股。

第三次解锁：2.19 万股或 0 万股。

因此，7.3 万股解锁数量实际可能结果：7.3 万股、5.11 万股、4.38 万股、2.92 万股、2.19 万股、0 万股。

副总徐礼荣 7.3 万股的分次解锁股票数量可能情况如表 11.11 所示。

表 11.11 副总徐礼荣 7.3 万股的分次解锁股票数量可能情况

解锁条件达标可能	第一次解锁	第二次解锁	第三次解锁	合计
第一、二、三期都达标	2.92	2.19	2.19	7.3
第一期不达标	0	2.19	2.19	4.38
第二期不达标	2.92	0	2.19	5.11
第三期不达标	2.92	2.19	0	5.11
第二、三期不达标	2.92	0	0	2.92
第一、三期不达标	0	2.19	0	2.19
第一、二期不达标	0	0	2.19	2.19
第一、二、三期都不达标	0	0	0	0

第12章

股权激励计划的会计处理

当公司实施股权激励计划时，对激励对象（个人）来说是获取激励收益，但对激励主体（公司）来说则要支付成本，这些成本应按会计准则处理并在一定期限内摊销。

比如，某期计划总激励成本估算 1 亿元，有效期 4 年，第 1、2、3、4 年摊销成本分别为（万元）：5 000、2 500、1 500、1 000，摊销后第 1、2、3、4 年的净利润发生调整，由此造成对公司当年经营业绩的影响，影响大小需要公司做出说明。

激励成本的分期摊销需要解决以下问题。

1．公允价值估算

在每个摊销期，每份权益（每股股票或每份期权）等于多少元是相对合理的价格，定价过高或过低都是不公平合理的，专门术语叫公允价值。比如：行权期 1、2、3 对应的公允价值分别为（元/股）：2、2.5、3.2。这是如何计算的？

股票期权的公允价值测算需要运用金融计量工具，比如 Black-Scholes 模型（简称 BS 模型）。

2．各行权期的成本和总成本计算

比如行权期 1、2、3 对应的成本分别为（万元）：600、750、1 280，总成本 2 630 万元。这又是如何计算的？

一般需要根据估算的单位公允价值、该激励计划的权益合计数量、各行权期行权比例进行计算，因此要结合该公司本期股权激励计划的权益总量和各期行权安排。

3．各年度的成本分摊计算

比如，该激励计划有效期 4 年分别对应 2013—2016 年四个自然年度，分摊得到 2013 年、2014 年、2015 年的分摊成本分别为（万元）：1 401.67、801.67、426.67。这又是如何计算的？

需要具体了解该激励计划的首次授予的授权日、等待期、行权期等，以及与会计年度的对应关系，按月数分摊。

除了上述的激励总成本及年度分摊外，股权激励计划的会计处理还涉及：这些每年度的分摊成本应该分摊到哪些会计科目（比如制造成本、销售费用、管理费用、股本、资本公积金等），需要财务部去完成处理。

在不同的时间点，有的需要做会计处理，有的不需要做会计处理。比如：股票期权、股票增值权这类激励计划，在授权日不需要做会计处理；在授权日之后的等待期，需要在每个资产负债表日做会计处理；行权日后，对已经在等待期调整过的，不再做会计处理。

资产负债表日可以理解为月末、季末、半年末、年末，比如 2013 年 1 月

31日（月末）、2013年3月31日（季末）、2013年6月30日（半年末）、2013年12月31日（年末）。

而限制性股票这类激励计划，在授予日就需要做会计处理，主要是确认股本、资本公积金。在授予日之后的限售期，需要在每个资产负债表日（月末、季末、半年末、年末）做会计处理；解除限售后，对已经在限售期调整过的，不再做会计处理。

下面结合案例重点说明股权激励计划的总激励成本及年度分摊测算。

12.1 【案例】大族激光：股票期权的会计处理

大族激光科技产业集团股份有限公司（大族激光，002008），系深交所中小板上市公司。

注：由深圳市大族激光科技股份有限公司更名。

《大族激光股票期权及股票增值权激励计划（草案修订稿）》第十（章）内容为“股权激励计划的会计处理”。公司对本期股权激励计划产生的成本费用作了测算：

按授予的股票期权数量4 772.283 8万份测算，公司为本期股权激励计划需摊销总费用为14 858万元，2012—2015年的年度摊销费用分别为（万元）：1 804、7 760、3 817、1 477。大族激光股权激励费用摊销测算如表12.1所示。

表12.1　大族激光股权激励费用摊销测算

授予的股票期权数量（万份）	需摊销的总费用（万元）	2012年（万元）	2013年（万元）	2014年（万元）	2015年（万元）
4 772.283 8	14 858	1 804	7 760	3 817	1 477

这就产生了两个问题：摊销总费用14 858万元是如何算的？各年度摊销费用又如何算的？

12.1.1 总激励成本的测算

摊销总费用也叫总激励成本。一般根据每期行权的单位公允价值、每期行权数量，得到每期行权公允价值，加总后得到公允价值合计（即总激励成本）。下面分四步测算。

第一步，估算每个行权期的单位公允价值。

经估算，股票期权的单位公允价值如下：第一个行权期2.75元、第二个行权期3.13元、第三个行权期3.45元。

股票期权的单位公允价值，一般通过BS模型测算，另行介绍。

第二步，计算每个行权期的行权数量。

经计算，股票期权的行权数量如下：第一个行权期 1 574.853 7 万份、第二个行权期 1 574.853 7 万份、第三个行权期 1 622.576 5 万份。

计算公式：每期行权数量=股票期权总量×每期行权比例。

本期股权激励计划授予权益总量 4 772.283 8 万份，其中股票期权 4 648.755 8 万份、股票增值权 123.528 万份。在做股权激励总成本测算时，假设全部为股票期权 4 772.283 8 万份。

本计划分三期行权，各期行权比例 33%、33%、34%。则各期行权数量如下。

第一期行权数量=4 772.283 8×33%=1 574.853 7 万份；

第二期行权数量=4 772.283 8×33%=1 574.853 7 万份；

第三期行权数量=4 772.283 8×34%=1 622.576 5 万份。

大族激光各期行权数量及比例如表 12.2 所示。

表 12.2　大族激光各期行权数量及比例

项目	合计	第一期行权	第二期行权	第三期行权
行权比例	100%	33%	33%	34%
行权数量（万份）	4 772.283 8	1 574.853 7	1 574.853 7	1 622.576 5

第三步，计算每个行权期的公允价值。

经计算，股票期权的公允价值如下：第一个行权期 4 330.85 万元、第二个行权期 4 929.29 万元、第三个行权期 5 597.89 万元。

计算公式：每期期权的公允价值=每期单位公允价值×每期行权数量。各期行权的公允价值如下。

第一期行权的公允价值=2.75×1 574.853 7=4 330.85 万元；

第二期行权的公允价值=3.13×1 574.853 7=4 929.29 万元；

第三期行权的公允价值=3.45×1 622.576 5=5 597.89 万元。

大族激光各期行权的公允价值如表 12.3 所示。

表 12.3　大族激光各期行权的公允价值

项目	合计	第一期行权	第二期行权	第三期行权
行权比例	100%	33%	33%	34%
行权数量（万份）	4 772.283 8	1 574.853 7	1 574.853 7	1 622.576 5
单位公允价值（元）		2.75	3.13	3.45
公允价值（万元）	14 858.03	4 330.85	4 929.29	5 597.89

第四步，计算总激励成本费用。

总激励成本费用为 14 858.03 万元。

计算依据：总激励成本=∑每期行权公允价值=4 330.85+4 929.29+5 597.89=14 858.03 万元。

取整后数值 14 858 万元，与前文表 12.1 的需摊销的总费用 14 858 万元一致。

12.1.2 摊销费用测算

总激励成本是每期行权的公允价值之和。现在需要把总激励成本按年度分摊，具体操作是把每期行权的公允价值，按时间比例分摊到年度。

什么是时间比例呢？可以这样理解：各期行权有不同的等待期月数，把它按月分摊到每个年度，某年度分摊月数占该等待期月数的比例。

本股权激励计划的实际授予日为 2012 年 10 月 30 日，但在草案修订稿测算时，是假设大族激光权益工具的授权日为 2012 年 10 月 15 日。此种情况下，2012 年分摊月数按 2.5 个月计。

1. 各期行权等待期的年度分摊

由于本计划规定：有效期 4 年，自授权日起算，其中等待期 1 年，后 3 年为行权期，每次行权有效期 12 个月，各期行权的不同“等待期”如下。

第一期行权的等待期 12 个月；第二行权的等待期 24 个月；第三行权的等待期 36 个月。各期等待期合计 72 个月。

第一期行权的等待期（2012-10-15—2013-10-14）分摊：2012 年分摊 2.5 个月，2013 年分摊 9.5 个月。

第二期行权的等待期（2012-10-15—2014-10-14）分摊：2012 年分摊 2.5 个月，2013 年分摊 12 个月，2014 年分摊 9.5 个月。

第三期行权的等待期（2012-10-15—2015-10-14）分摊：2012 年分摊 2.5 个月，2013 年分摊 12 个月，2014 年分摊 12 个月，2015 年分摊 9.5 个月。

大族激光权益各期行权等待期及年度分摊如表 12.4 所示。

表 12.4　大族激光权益各期行权等待期及年度分摊

年份	各期行权的等待期（月数）			
	合计	第一期行权	第二期行权	第三期行权
2012 年	7.5	2.5	2.5	2.5
2013 年	33.5	9.5	12	12
2014 年	21.5		9.5	12
2015 年	9.5			9.5
合计	72	12	24	36

2. 各期行权的等待期年度分摊比例

据此计算各期等待期的年度分摊比例。计算公式：年度分摊比例=年度分摊月数/该期行权的等待期月数×100%。

第一期行权：

（1）2012 年度分摊比例=2.5/12×100%=20.83%；

（2）2013 年度分摊比例=9.5/12×100%=79.17%。

第二期行权：

（1）2012 年度分摊比例=2.5/24×100%=10.42%；

（2）2013 年度分摊比例=12/24×100%=50%；

（3）2014 年度分摊比例=9.5/24×100%=39.58%。

第三期行权：

（1）2012 年度分摊比例=2.5/36×100%=6.94%；

（2）2013 年度分摊比例=12/36×100%=33.33%；

（3）2014 年度分摊比例=12/36×100%=33.33%；

（4）2015 年度分摊比例=9.5/36×100%=26.39%。

大族激光权益各期行权的等待期及年度分摊比例如表 12.5 所示。

表 12.5　大族激光权益各期行权等待期及年度分摊比例

年份	各期行权的等待期（月数）			
	合计	第一期行权	第二期行权	第三期行权
2012 年		20.83%	10.42%	6.94%
2013 年		79.17%	50.00%	33.33%
2014 年			39.58%	33.33%
2015 年				26.39%
合计		100.00%	100.00%	100.00%

3. 各期行权的公允价值年度分摊

继续计算各期行权的公允价值的各年度分摊。计算公式：年度分摊金额=该期行权的公允价值×年度分摊比例。

第一期行权：

（1）2012 年度分摊金额=4 330.85×20.83%=902.24 万元；

（2）2013 年度分摊金额=4 330.85×79.17%=3 428.73 万元。

第二期行权：

（1）2012 年度分摊金额=4 929.29×10.42%=513.63 万元；

（2）2013 年度分摊金额=4 929.29×50%=2 464.65 万元；

（3）2014 年度分摊金额=4 929.29×39.58%=1 951.01 万元。

第三期行权：

（1）2012 年度分摊金额=5 597.89×6.94%=388.49 万元；

（2）2013 年度分摊金额=5 597.89×33.33%=1 865.78 万元；

（3）2014 年度分摊金额=5 597.89×33.33%=1 865.78 万元；

（4）2015 年度分摊金额=5 597.89×26.39%=1 477.28 万元。

大族激光各期行权的公允价值年度分摊如表 12.6 所示。

表 12.6　大族激光各期行权的公允价值年度分摊

年份	各期行权的公允价值分摊（万元）			
	合计	第一期行权	第二期行权	第三期行权
2012 年	1 804.24	902.12	513.63	388.49
2013 年	7 759.16	3 428.73	2 464.65	1 865.78
2014 年	3 816.79		1 951.01	1 865.78
2015 年	1 477.28			1 477.28
合计	14 858.03	4 330.85	4 929.29	5 597.89

4．年度摊销费用和总激励成本

把各期行权的年度分摊金额，按年度汇总，得到各年度的摊销费用。计算公式：年度摊销费用=∑各期行权的年度分摊金额。

2012 年摊销费用=902.12+513.63+388.49=1 804.24 万元；

2013 年摊销费用=3 428.73+2 464.65+1 865.78=7 759.16 万元；

2014 年摊销费用=0+1 951.01+1 865.78=3 816.79 万元；

2015 年摊销费用=0+0+1 477.28=1 477.28 万元。

这些数值取整后，2012—2015 年度的摊销费用分别为（万元）：1 804、7 759、3 817、1 477。与前文表 12.1 的数值（万元）：1 804、7 760、3 817、1 477，基本一致。

其中 2013 年摊销费用略有出入，是由于计算时的小数点四舍五入造成的，可忽略不计。

12.1.3　大族激光股权激励计划简述

2012 年 10 月 25 日，公司股东大会审议通过《大族激光股票期权及股票增值权激励计划（草案修订稿）》。本激励计划规定如下。

（1）本期股权激励计划采用的激励工具为股票期权及股票增值权。

① 股票期权授予中国籍的激励对象。每份股票期权拥有在有效期内以行权价格 6.14 元和行权条件购买 1 股大族激光股票的权利。股票来源为公司向激励对象定向发行股票。

② 股票增值权授予非中国籍的激励对象。股票增值权不涉及到实际股份，仅以大族激光股票作为虚拟股票标的。每份股票增值权拥有在有效期内以行权价格 6.14 元和行权条件执行一次增值权收益的权利。公司将以现金方式支付行权日公司股票收盘价与行权价格的差额（即激励收益）。

（2）公司拟向激励对象授予权益总量为 4 772.283 8 万份，占当时公司股本总额 104 439.66 万股的 4.569%。其中，股票期权 4 648.755 8 万份（占股本总额的 4.451%），股票增值权 123.528 万份（占股本总额的 0.118%）。大族激光权益授予数量及比例如表 12.7 所示。

表 12.7 大族激光权益授予数量及比例

权益	授予权益数量（万份）	公司股本总额（万股）	授予权益数量占公司股本总额比例
股票期权	4 648.755 8	104 439.66	4.451%
股票增值权	123.528	104 439.66	0.118%
合计权益	4 772.283 8	104 439.66	4.569%

（3）本计划有效期 4 年，自权益工具授予日起算。等待期 1 年，之后 3 年为行权期，分三次行权，各次行权比例为 33%、33%、34%。

（4）授权日为 2012 年 10 月 30 日，股票期权及股票增值权的行权价格均为 6.14 元。

12.2 【案例】东方锆业：股票增值权的会计处理

广东东方锆业科技股份有限公司（东方锆业，002167），系深交所中小板上市公司。

《东方锆业股票增值权激励计划（草案修订稿）》第十二节内容为“股票增值权的财务会计处理和对公司业绩的影响”。公司对本期期权工具（股票增值权）产生的成本做了测算。

按首次授予的期权工具 2 200 万份测算，公司需分摊的本期期权工具总成本为 9 937.40 万元，2013—2016 年的年度摊销成本分别为（万元）：4 196.50、2 854.50、1 972.30、914.10。

东方锆业期权工具成本分摊测算如表 12.8 所示。

表 12.8 东方锆业期权工具成本分摊测算（万元）

年度	2013 年	2014 年	2015 年	2016 年	合计
金额	4 196.50	2 854.50	1 972.30	914.10	9 937.40

这就同样产生了两个问题：期权工具总成本 9 937.40 万元是如何算的？各年度摊销成本又是如何算的？

12.2.1 总激励成本的测算

期权工具总成本即总激励成本。下面分四步测算。

第一步，估算每批行权期的单位公允价值。

经估算，第一～四批行权的股票增值权的单位公允价值为（元）：3.05、4.01、4.81、5.54。

股票增值权的单位公允价值，一般通过BS模型测算，另行介绍。

第二步，计算每批行权期的行权数量。

经计算，第一～四批行权的股票增值权的行权数量为（万份）：440、440、660、660。

计算公式：每批行权数量=股票增值权总量×每批行权比例。

本期首次授予的股票增值权总量2 200万份。本计划分四批行权，各批行权比例20%、20%、30%、30%。则各批行权数量如下。

①第一批行权数量=2 200×20%=440万份；②第二批行权数量=2 200×20%=440万份；③第三批行权数量=2 200×30%=660万份；④第四批行权数量=2 200×30%=660万份。

东方锆业权益首次授予各批行权数量及比例如表12.9所示。

表12.9 东方锆业权益首次授予各批行权数量及比例

项目	合计	第一批行权	第二批行权	第三批行权	第四批行权
行权比例	100%	20%	20%	30%	30%
首次授予行权数量（万份）	2200	440	440	660	660

第三步，计算每批行权期的公允价值。

经计算，第一～四批行权的股票增值权的公允价值为（万元）：1 342.00、1 764.40、3 174.60、3 656.40。

计算公式：每批期权的公允价值=每批单位公允价值×每批行权数量。各批行权的公允价值如下。

第一批行权的公允价值=3.05×440=1 342.00万元；

第二批行权的公允价值=4.01×440=1 764.40万元；

第三批行权的公允价值=4.81×660=3 174.60万元；

第四批行权的公允价值=5.54×660=3 656.40万元。

东方锆业权益首次收益各批行权的公允价值如表12.10所示。

表12.10 东方锆业权益首次收益各批行权的公允价值

项目	合计	第一批行权	第二批行权	第三批行权	第四批行权
行权比例	100%	20%	20%	30%	30%

续上表

项目	合计	第一批行权	第二批行权	第三批行权	第四批行权
行权数量（万份）	2 200	440	440	660	660
单位公允价值（元）		3.05	4.01	4.81	5.54
公允价值（万元）	9 937.40	1 342.00	1 764.40	3 174.60	3 656.40

第四步，计算总激励成本费用。

总激励成本为 9 937.40 万元。计算依据：总激励成本=∑每批行权公允价值=1 342.00+1 764.40+3 174.60+3 656.40=9 937.40 万元。

与前文表 12.8 的期权工具成本分摊测算的 9 937.40 万元一致。

12.2.2 摊销成本测算

总激励成本分摊实现方式：通过把每期行权的公允价值，按时间比例分摊到年度。

本计划权益的首次授予日为 2012 年 12 月 20 日。此种情况下，2012 年不足 0.5 个月，因此不分摊。

1. 各批行权等待期的年度分摊

由于本计划规定：有效期 5 年，自授权日起算，其中等待期 1 年，后 4 年为行权期，每批行权有效期 12 个月，各批行权的不同“等待期”如下。

第一～四批行权的等待期分别为：12 个月、24 个月、36 个月、48 个月，各期等待期合计 120 个月。

第一批行权的等待期（2012-12-20—2013-12-19）分摊：2013 年分摊 12 个月。

第二批行权的等待期（2012-12-20—2014-12-19）分摊：2013 年、2014 年各分摊 12 个月。

第三批行权的等待期（2012-12-20—2015-12-19）分摊：2013 年、2014 年、2015 年各分摊 12 个月。

第四批行权的等待期（2012-12-20—2016-12-19）分摊：2013 年、2014 年、2015 年、2016 年各分摊 12 个月。

东方锆业权益各批行权等待期及年度分摊如表 12.11 所示。

表 12.11 东方锆业权益各批行权等待期及年度分摊

年份	各批行权的等待期（月数）				
	合计	第一批行权	第二批行权	第三批行权	第四批行权
2012 年	0	0	0	0	0
2013 年	48	12	12	12	12
2014 年	36		12	12	12

续上表

年份	各批行权的等待期（月数）				
	合计	第一批行权	第二批行权	第三批行权	第四批行权
2015 年	24			12	12
2016 年	12				12
合计	120	12	24	36	48

2．各批行权的等待期年度分摊比例

据此计算各批等待期的年度分摊比例。计算公式：年度分摊比例=年度分摊月数/该批行权的等待期月数×100%。

第一批行权：2013 年度分摊比例=12/12=100%。

第二批行权：①2013 年度分摊比例=12/24=50%；②2014 年度分摊比例=12/24=50%；

第三批行权：①2013 年度分摊比例=12/36=33.33%；②2014 年度分摊比例=12/36=33.33%；③2015 年度分摊比例=12/36=33.33%。

第四批行权：①2013 年度分摊比例=12/48=25%；②2014 年度分摊比例=12/48=25%；③2015 年度分摊比例=12/48=25%；④2016 年度分摊比例=12/48=25%。

东方锆业权益各批行权的等待期及年度分摊比例如表 12.12 所示。

表 12.12　东方锆业权益各批行权等待期及年度分摊比例

年份	各批行权的等待期（月数）				
	合计	第一批行权	第二批行权	第三批行权	第四批行权
2012 年		0.00%	0.00%	0.00%	0.00%
2013 年		100.00%	50.00%	33.33%	25.00%
2014 年			50.00%	33.33%	25.00%
2015 年				33.33%	25.00%
2016 年					25.00%
合计		100.00%	100.00%	100.00%	100.00%

3．各批行权的公允价值年度分摊

继续计算各批行权的公允价值的各年度分摊。计算公式：年度分摊金额=该批行权的公允价值×年度分摊比例。

第一批行权：2013 年度分摊金额=1 342.00×100%=1 342.00 万元。

第二批行权：①2013 年度分摊金额=1 764.40×50%=882.20 万元；②2014 年度分摊金额=1 764.40×50%=882.20 万元。

第三批行权：①2013 年度分摊金额=3 174.60×33.33%=1 058.09 万元；

②2014 年度分摊金额=3 174.60×33.33%=1 058.09 万元；③2015 年度分摊金额=3 174.60×33.33%=1 058.09 万元。

第四批行权：①2013 年度分摊金额=3 656.40×25%=914.10 万元；②2014 年度分摊金额=3 656.40×25%=914.10 万元；③2015 年度分摊金额=3 656.40×25%=914.10 万元；④2016 年度分摊金额=3 656.40×25%=914.10 万元。

东方锆业权益各批行权的公允价值年度分摊如表 12.13 所示。

表 12.13 东方锆业权益各批行权的公允价值年度分摊

年份	各批行权的等待期（月数）				
	合计	第一批行权	第二批行权	第三批行权	第四批行权
2012 年	0.00	0	0	0	0
2013 年	4 196.39	1 342.00	882.20	1 058.09	914.10
2014 年	2 854.39		882.20	1 058.09	914.10
2015 年	1 972.19			1 058.09	914.10
2016 年	914.10				914.10
合计	9 937.40	1 342.00	1 764.40	3 174.60	3 656.40

4. 年度摊销成本和总激励成本

把各批行权的年度分摊金额，按年度汇总，得到各年度的摊销成本。计算公式：年度摊销成本=∑各批行权的年度分摊金额。

2013 年摊销成本=1 342.00+882.20+1 058.09+914.10=4 196.39 万元；

2014 年摊销成本=0+882.20+1 058.09+914.10=2 854.39 万元；

2015 年摊销成本=0+0+1 058.09+914.10=1 972.19 万元；

2016 年摊销成本=0+0+0+914.10=914.10 万元。

上述测算的 2013—2016 年度的摊销费用分别为（万元）：4 196.39、2 854.39、1 972.19、914.10，与前文表 12.8 的数值（万元）：4 196.50、2 854.50、1 972.30、914.10，基本一致。

注：略有出入是由于计算时的小数点四舍五入造成的，可忽略不计。

12.2.3 东方锆业股票增值权激励计划简述

2012 年 11 月 21 日，公司股东大会审议通过《东方锆业股票增值权激励计划（草案修订稿）》。本激励计划规定如下。

（1）本期股权激励计划采用的激励工具为股票增值权。股票增值权是公司给予激励对象的一种权利，不实际买卖股票，以东方锆业为虚拟标的股票，由公司以现金方式支付行权价格与兑付价格之间的差额，该差额即激励额度。

（2）公司拟向激励对象授予股票增值权总量为 2 200 万份，占当时公司股本总额 41 396.40 万股的 5.31%。其中，首次授予 1 980 万份，预留 220 万份，预留占标的股票总数的 10%。

东方锆业股票增值权授予数量及比例如表 12.14 所示。

表 12.14　东方锆业股票增值权授予数量及比例

分次授予	标的股票数量（万股）	当时公司股本总额（万股）	占股本总额比例（%）	占标的股票数量比例（%）
首次授予	1 980	41 396.4	4.78	90.00
预留	220	41 396.4	0.53	10.00
权益合计	2 200	41 396.4	5.31	100.00

（3）本计划有效期 5 年，自股票增值权授予日起算。等待期 1 年，之后 3 年为行权期，分四次行权，各次行权比例为 20%、20%、30%、30%。

（4）授权日为 2012 年 12 月 20 日，股票增值权的行权价格均为 16.88 元。

12.3　【案例】用友网络：限制性股票的会计处理

用友网络科技股份有限公司（用友网络，600588），系上交所主板上市公司。

2017 年 6 月 8 日，公司股东大会审议通过《用友网络 2017 年股票期权与限制性股票激励计划（草案）》。

本计划草案第五章是“股权激励计划具体内容”，其中第二条第（八）款是“限制性股计处理”。公司对本期股权激励计划的限制性股票产生的成本费用作了测算：按授予的限制性股票数量 1 932.64 万股测算，公司为限制性股票需摊销总费用为 24 718.47 万元，2017—2020 年的年度摊销费用分别为（万元）：9 372.42、10 299.36、4 016.75、1 029.94。

用友网络限制性股票成本摊销测算如表 12.15 所示。

表 12.15　用友网络限制性股票成本摊销成本

授予的限制性股票数量（万股）	需摊销的总费用（万元）	2017 年（万元）	2018 年（万元）	2019 年（万元）	2020 年（万元）
1 932.64	24 718.47	9 372.42	10 299.36	4016.75	1 029.94

这也产生了两个问题：摊销总费用 24718.47 万元是如何计算的？各年度摊销成本又是如何计算的？

12.3.1 总激励成本的测算

摊销总费用即总激励成本。根据《企业会计准则第 11 号——股份支付》、《企业会计准则第 22 号——金融工具确认和计量》的相关规定，公司以市价为基础，对限制性股票的公允价值进行计量。在测算日，每股限制性股票的股份支付公允价值=授予日公司收盘价-授予价格。

本计划草案假设：授予日公司收盘价为 17 元/股，该价格应在董事会确定授予日后进行调整。

限制性股票的授予价格为 4.21 元/股。授予价格确定方法为公司从二级市场回购股票的平均价格的 25%。公司股票二级市场的回购价格按草案公告前 30 个交易日的收盘均价测算为 16.82 元，则授予价格=16.82×25%=4.21 元。注：限制性股票实际授予价格 4.12 元。

每股公允价值=17-4.21=12.79 元。

由于各期的单位公允价值都是 12.79 元，因此总激励成本测算直接计算：

总激励成本=单位公允价值×限制性股票数量=12.79×1 932.64=24 718.47 万元。

用友网络限制性股票总激励成本测算如表 12.16 所示。

表 12.16 用友网络限制性股票总激励成本测算

授予日收盘价（元）	授予价格（元）	每股公允价值（元）	授予的限制性股票数量（万股）	总激励成本（万元）
17	4.21	12.79	1 932.64	24 718.47

与表 12.15 的成本摊销费用 24 718.47 万元一致。

12.3.2 成本分摊测算

总激励成本分摊实现方式：通过把限制性股票每期解锁的公允价值，按时间比例分摊到年度。

本计划草案测算时，假设首次授予日为 2017 年 6 月。此种情况下，2017 年分摊月数按 7 个月计算。

1. 各期限售期的年度分摊

由于本计划规定：有效期 4 年，自授权日起算，其中限售期 1 年，后 3 年为解锁期，每期解锁期 12 个月，各期解锁期的不同“限售期”如下。

第一～三期解锁的限售期分别为：12 个月、24 个月、36 个月，合计 72 个月。

第一期解锁的限售期年度分摊：2017 年 7 个月、2018 年 5 个月。

第二期解锁的限售期年度分摊：2017 年 7 个月、2018 年 12 个月、2019 年 5 个月。

第三期解锁的限售期年度分摊：2017 年 7 个月、2018 年 12 个月、2019 年 12 个月、2020 年 5 个月。

用友网络限制性股票各期限售期及年度分摊如表 12.17 所示。

表 12.17 用友网络限制性股票各期限售期及年度分摊

年份	各期解锁的限售期（月数）			
	合计	第一期解锁	第二期解锁	第三期解锁
2017 年	21	7	7	7
2018 年	29	5	12	12
2019 年	17		5	12
2020 年	5			5
合计	72	12	24	36

2. 各期解锁股票的公允价值

计算公式：该期解锁股票的公允价值=单位公允价值×限制性股票总量×该期解锁比例=总激励成本×该期解锁比例。

第一期解锁股票的公允价值=24 718.47×40%=9 887.39 万元；

第二期解锁股票的公允价值=24 718.47×30%=7 415.54 万元；

第三期解锁股票的公允价值=24 718.47×30%=7 415.54 万元。

3. 各期解锁股票的公允价值年度分摊

计算公式：年度分摊的该期公允价值=该期公允价值×年度分摊时间比例=该期公允价值×某年分摊月数/该期限售期月数。

第一期的年度分摊：①2017 年分摊金额=9 887.39×7/12=5 767.64 万元；②2018 年分摊金额=9 887.39×5/12=4 119.75 万元。

第二期的年度分摊：①2017 年分摊金额=7 415.54×7/24=2 162.87 万元；②2018 年分摊金额=7 415.54×12/24=3 707.77 万元；③2019 年分摊金额=7 415.54×5/24=1 544.90 万元。

第三期的年度分摊：①2017 年分摊金额=7 415.54×7/36=1 441.91 万元；②2018 年分摊金额=7 415.54×12/36=2 471.85 万元；③2019 年分摊金额=7 415.54×12/36=2 471.85 万元；④2020 年分摊金额=7 415.54×5/36=1 029.94 万元。

用友网络限制性股票总激励成本年度分摊如表 12.18 所示。

表 12.18 用友网络限制性股票总激励成本年度分摊

年份	各期解锁股票的公允价值（万元）			
	合计	第一期解锁	第二期解锁	第三期解锁
2017 年	9 372.42	5 767.64	2 162.87	1 441.91
2018 年	10 299.36	4 119.75	3 707.77	2 471.85
2019 年	4 016.75		1 544.90	2 471.85
2020 年	1 029.94			1 029.94
合计	24 718.47	9 887.39	7 415.54	7 415.54

4. 年度摊销成本和总激励成本

把各期解锁股票的公允价值的年度分摊金额，按年度汇总，得到各年度的摊销成本。计算公式：年度摊销成本=∑各期解锁股票的年度分摊金额。

①2017 年摊销成本=5 667.644+2 162.866+1 441.911=9 372.42 万元；

②2018 年摊销成本=4 119.746+3 707.770+2 471.847=10 299.36 万元；

③2019 年摊销成本=0+1 544.904+2 471.847=4 016.75 万元；

④2020 年摊销成本=0+0+1 029.936=1 029.94 万元。

上述测算的 2017—2020 年度的摊销费用分别为（万元）9 372.42、10 299.36、4 016.75、1 029.94，与前文表 12.15 的数值（万元）9 372.42、10 299.36、4 016.75、1 029.94 一致。

12.3.3 用友网络 2017 年股权激励计划简述

2017 年 6 月 8 日，公司股东大会审议通过《用友网络 2017 年股票期权与限制性股票激励计划（草案）》。本激励计划规定如下。

（1）本期股权激励计划采用的激励工具为股票期权与限制性股票。股票期权的来源为公司向激励对象定向发行本公司 A 股普通股股票，限制性股票的来源为公司从二级市场回购本公司 A 股普通股股票。

（2）公司拟向激励对象授予权益总量为 5 798 万份，占当时公司股本总额 146 421.78 万股的 3.96%。其中，股票期权 3 865.36 万份（占股本总额的 2.64%），限制性股票 1 932.64 万股（占股本总额的 1.32%）。

用友网络 2017 年权益授予数量及比例如表 12.19 所示。

表 12.19 用友网络 2017 年权益授予数量及比例

权益	授予权益数量（万份）	公司股本总额（万股）	授予权益数量占公司股本总额比例
股票期权	3 865.36	146 421.78	2.64%
限制性股票	1 932.64	146 421.78	1.32%
合计权益	5 798.00	146 421.78	3.96%

（3）本计划有效期 4 年，自权益工具授予日起算。股票期权等待期 1 年，之后 3 年可分三批行权，每期行权比例 40%、30%、30%；限制性股票限售期 1 年，之后 3 年可分三期解锁，各期解锁比例为 40%、30%、30%。

（4）授权日为 2017 年 6 月 26 日，股票期权的行权价格均为 15.88 元，限制性股票的授予价格为 4.12 元。

12.4 【案例】东方锆业：股票期权公允价值测算

前文说过，①《东方锆业股票增值权激励计划（草案修订稿）》测算出股票增值权第一～四批行权的每股公允价值为：3.05 元、4.01 元、4.81 元、5.54 元。②《大族激光股票期权及股票增值权激励计划（草案修订稿）》测算出股票期权第一～三期行权的每股公允价值为：2.75 元、3.13 元、3.45 元。

那么股票期权、股票增值权的每股公允价值具体怎么测算呢？

下面以东方锆业为例，说明如何运用 BS 模型，通过 Excel 表测算出股票期权或股票增值权的每股公允价值。

12.4.1 找出 Black-Scholes 模型的公式和参数

东方锆业股票增值权的公允价值估算选用 BS 模型。BS 模型的计算公式为：

$$W=S_0 \cdot N(d_1)-K \cdot e^{-rT} \cdot N(d_2)$$

其中，参数 d_1、d_2 的计算公式为：

$$d_1=\frac{\ln\left(\frac{S_0}{K}\right)+(r+\sigma^2/2)(T-t)}{\sigma\sqrt{T-t}}$$

$$d_2=d_1-\sigma\sqrt{T-t}$$

东方锆业股票增值权对 BS 模型的公式参数、代码编号、数值选取、相关假设如下。

（1）W=股票期权理论价值。

（2）行权价格 K：本计划首次授予的期权工具行权价格=16.88 元。

（3）授予日价格 S_0：15.79 元（假设授予日的价格为前 1 日股票收盘价）。

（4）有效期 $T-t$：激励对象必须在授权日后 5 年内行权完毕，在有效期内未行权的股票增值权将作废；各行权期的权益工具的有效期依次为 2 年、3 年、4 年、5 年；W 公式中的 T 就是 $T-t$。

（5）预期波动率 σ：取公司最近一个交易年的年化波动率平均值，具体数值为 33.76%。

（6）无风险收益率 r。

① 银行基准利率（自 2012 年 7 月 6 日起执行）：定存 1 年，利率 3%；定存 2 年，3.75%；定存 3 年，利率 4.25%；定存 5 年，利率 4.75%。

② 4 年取 4.50%=（4.25+4.75）/2×1%。

③ 根据上述单利计算复利：2、3、4、5 年的复利利率分别为 3.68%、4.08%、4.22%、4.35%。

（7）假设激励对象在行权期间没有离职且预留的股票增值权全部授出。

12.4.2 建 BS 模型 Excel 计算套表模板

把股票期权公允价值 W 计算公式中的相关参数看作变量，分别在 Excel 表中设置代码、变量名称、变量值（阴影部分）；以及每个变量值的 Excel 操作（录入数据或设置公式套算）、依据。

股票期权公允价值估算 Excel 模板如表 12.20 所示。

表 12.20 股票期权公允价值估算 Excel 模板

代码	变量名称	变量值	Excel 操作	依据
S	股票期权授权价		录入	
K	股票期权行权价		录入	
r	无风险利率		录入	根据银行利率（单利）计算出复利，再录入
σ	方差		录入	
$T-t$	期权有效期		录入	
d_1	参数 1		套算	d_1=（ln(S/K)+(r+ σ^2×0.5)×（T−t))/(σ×(T−t)^(1/2))
d_2	参数 2		套算	d_2=d_1− σ×(T−t)^(1/2)
W	股票期权公允价值		查找、套算	W=S×N(d_1) −K×exp(−r×T)×N(d_2)

Excel 操作说明如下。

（1）变量找出数据后直接录入：S、K、σ、$T-t$。

（2）变量先根据银行利率（单利）计算出复利，再录入 r。

（3）变量需要设置公式套算：d_1、d_2。其中 d_1、d_2 的 Excel 套算公式设置如下：

d_1=(ln(S/K)+(r+ σ^2×0.5)×(T−t))/(σ×(T−t)^(1/2));

d_2=d_1− σ×(T−t) ^(1/2)。

（4）变量需要查找数值后再套算：W。

其中 W 的 Excel 套算公式设置如下：$W=S\times N(d_1)-K\times \exp(-r\times T)\times N(d_2)$

注意：W 公式中的 $N(d_1)$、$N(d_2)$需要手动查找。

12.4.3 $N(d_1)$、$N(d_2)$的正态分布函数查表

根据 d_1、d_2，要想得到 $N(d_1)$、$N(d_2)$，需要根据标准正态分布函数数值表查找如表 12.21 所示。

表 12.21 标准正态分布函数数值表（部分数值）

φ(x) x x	0.00	0.01	0.02	0.03	0.04	0.05	0.06	0.07	0.08	0.09
0.0	0.5000	0.5040	0.5080	0.5120	0.5160	0.5199	9.5239	0.5279	0.5319	0.5359
0.1	0.5398	0.5438	0.5478	0.5517	0.5557	0.5596	0.5636	0.5675	0.5714	0.5753
0.2	0.5793	0.5832	0.5871	0.5910	0.5948	0.5987	0.6026	0.6064	0.6103	0.6141
0.3	0.6179	0.6217	0.6255	0.6293	0.6331	0.6368	0.6406	0.6443	0.6480	0.6517
0.4	0.6554	0.6591	0.6628	0.6664	0.6700	0.6736	0.6772	0.6808	0.6844	0.6879
0.5	0.6915	0.6950	0.6985	0.7019	0.7054	0.7088	0.7123	0.7157	0.1790	0.7224

标准正态分布函数数值表，横向含 0.00～0.09（每档增加 0.01），纵向含 0.0～3.0（每档增加 0.1）。本表只选取了纵向含 0.0～0.5 所对应的部分数值。

查找步骤如下。

（1）假如 d_1=0.23，先在纵向找到前 2 位数值 0.2，再在横向找到第 3 位数值 3，纵向+横向交叉的数据 0.591 0，就是要查找的数据，即 N（0.23）=0.591 0。

（2）如果 d_1、d_2 是负数，比如 d_1=−0.23，则先按照 0.23 查找，方法同上，得到 N（0.23）=0.591 0，再以“1-该数值”计算，即 N（−0.23）=1−N（0.23）=1−0.591 0=0.409 0。

（3）如果 d_1=0.231 5，在表 12.21 中不能直接查找出 N（0.231 5）的数值。这时，需要先查找 N（0.23）、N（0.24），再修正：N（0.23）=0.591 0，N（0.24）=0.594 8；则 N（0.231 5）=0.591 0+（0.231 5−0.23）/（0.24−0.23）×（0.594 8−0.591 0）=0.591 0+0.001 5/0.01×0.003 8=0.591 0+0.000 6=0.591 6。

（4）如果是 d_2=−0.231 5，则 N（−0.231 5）=1−N（0.231 5）=1−0.591 6=0.408 4。

12.4.4 BS 模型 Excel 套表计算演示（东方锆业股票增值权）

1. 第 1 批行权的每股公允价值测算

东方锆业股票增值权每股公允价值测算（第 1 批行权）如表 12.22 所示。

表 12.22 东方锆业股票增值权每股公允价值测算（第 1 批行权）

变量代码	变量名称	变量值	Excel 操作	依据
S	股票期权授权价	15.79	录入	
K	股票期权行权价	16.88	录入	
r	无风险利率	3.68%	录入	根据银行利率（单利）计算出复利，再录入
σ	方差	33.76%	录入	
$T-t$	期权有效期	2	录入	
d_1	参数 1	0.2531	套算	d_1=(ln(S/K)+(r+0.5× σ^2)×(T−t))/(σ×(T−t)^(1/2))
d_2	参数 2	-0.2244	套算	d_2=d_1- σ×(T-t)^(1/2)
W	股票期权公允价值	3.02	查找、套算	W=S×N(d_1)-K×exp(−r×T)×N(d_2)

其中参数 d_1=N（0.2531）、d_2=N（−0.224 4）查表计算：

N（0.25）=0.598 7，N（0.26）=0.602 6，则 N（0.253 1）=0.598 7+（0.253 1−0.25）/（0.26−0.25）×（0.602 6−0.598 7）=0.599 9；

N（0.22）=0.587 1，N（0.23）=0.591 0，则 N（0.224 4）=0.587 1+（0.224 4−0.22）/（0.23−0.22）×（0.591 0−0.587 1）=0.588 8，则 N（−0.224 4）=1−0.588 8=0.411 2。

自动套算，W=15.79×0.599 9−16.88×exp(−0.036 8×2)×0.411 2=3.02 元。

即东方锆业股票增值权第一批行权的每股公允价值为 3.02 元/份。

2. 第一～四批行权的每股公允价值比较

按类似方法测算出第一～四批行权的股票增值权的每股公允价值：3.02 元、3.98 元、4.78 元、5.51 元。

再回头看《东方锆业股票增值权激励计划（草案修订稿）》测算的第一～四批行权的每股公允价值：3.05 元、4.01 元、4.81 元、5.54 元，本书测算数据各少 0.03 元。

注意：股票期权（含股票增值权）的每股公允价值测算是比较复杂的。而限制性股票的每股公允价值测算相对简单，每股公允价值=授予日的收盘价-授予价格。

第13章 股权激励计划的实施程序

上市公司、非上市公司股权激励计划制订后，要经股东大会审议通过方可实施。国有控股上市公司则在此前还需取得国资监管部门的审批同意。那么实施应按怎样的程序履行呢？

在起草一份股权激励计划书时，其中涉及计划与实施程序，也就是要写清楚：计划程序（制订和批准）、实施程序（授予、调整、行权）、变更程序、终止程序。

13.1 计划制订与批准程序

计划制订和批准程序，一般从薪酬与考核委员会起草开始，到股东大会批准通过为止，涉及一系列环节及相应的机构或个人，包括：薪酬与考核委员会、董事会、独立董事、监事会、独立财务顾问、上市公司、律师事务所、股东大会等。

上市公司股权激励计划的计划制订与批准程序，如表 13.1 所示。

表 13.1 计划制订与批准程序

机构	职责
薪酬与考核委员会	负责拟定股权激励计划草案
董事会	对草案做出决议，回避表决（拟成为激励对象的董事、关联董事）。履行公示、公告程序后，提交股东大会审议
独立董事、监事会	对草案发表意见（是否有利于上市公司的持续发展，是否存在明显损害上市公司及全体股东利益的情形）
独立财务顾问	如上市公司采用其他方法定价，需要聘请独立财务顾问发表专业意见。公示期不少于 10 天
监事会	审核激励对象名单。在股东大会审议前 5 天披露
上市公司	上市公司内幕交易自查：草案公告前 6 个月，内幕信息知情人买卖公司股票及衍生品种，不得成为激励对象
律师事务所	出具法律意见书，发表专业意见（至少 9 点）
独立董事	股东大会召开前，向所有股东征集委托投票权
股东大会	股东大会就草案表决，经出席会议的股东所持表决权 2/3 以上通过

13.2 计划实施程序

计划实施程序包括：授予程序、调整程序、行权程序，涉及的机构或个人包括：董事会、监事会、上市公司、独立董事、监事会、律师事务所、证券登记结算机构等。

上市公司股权激励计划的实施程序，如表 13.2 所示。

表 13.2 上市公司股权激励计划的实施程序

机　构	职　责
董事会	负责实施限制性股票的授予、解除限售和回购；股票期权的授权、行权和注销
监事会	对授予日（授权日）激励对象名单核实并发表意见
上市公司	向证券交易所申请并经确认后，由证券登记结算机构办理登记结算事宜
上市公司	在股东大会审议通过后的 60 日内授予权益并完成公告、登记；否则，应及时披露未完成的原因，并宣告终止计划。自公告之日起 3 个月内不得再次审议。60 日扣除期间（上市公司不得授予权益的期间）
上市公司	在证券登记结算机构开设证券账户。外籍员工也可以开户
董事会、独立董事、监事会、律师事务所	权益授出前、行使权益前，均须履行程序：董事会审议、独立董事及监事会发表明确意见、律师事务所出具法律意见
董事会、律师事务所	有关权益价格调整和权益数量调整，均须履行程序：董事会负责调整，律师事务所出具法律意见
董事会	分次授出权益时，每次授予须召开董事会，根据计划内容及首次授出权益时确定的原则，决定本次授出的权益价格、行使权益安排。当次授予权益的条件未成就，不得授予，且不得递延至下期授予

13.3 计划变更与终止程序

上市公司股权激励计划变更与终止程序，如表 13.3 所示。

表 13.3 上市公司股权激励计划变更与终止程序

机　构	职　责
董事会	股权激励计划变更由董事会审议。以下情形不能变更：导致加速行权或提前解除限售；降低行权价格或授予价格
独立董事及监事会、律师事务所	对股权激励计划变更，由独立董事及监事会、律师事务所发表意见
董事会、股东大会	①股东大会审议前拟终止：经董事会审议通过；②股东大会审议后拟终止：经股东大会审议通过
律师事务所	对股权激励计划终止，由律师事务所发表意见
上市公司	自公告之日起 3 个月内不得再次审议股权激励计划

下面是上市公司股权激励计划的计划制订批准、实施、变更、终止程序的各种情况案例。

【案例】春秋航空：限制性股票计划的制订批准、授予程序

春秋航空股份有限公司（春秋航空，601021），系上交所主板上市公司。2016 年 9 ~ 10 月，春秋航空完成股权激励计划的制订与批准程序；此后

进入实施程序，11月完成了授予程序。

春秋航空限制性股票激励计划的制订与批准程序，如表13.4所示。

表13.4　春秋航空限制性股票激励计划的制订与批准程序

股权激励计划程序	日期	信息披露	相关文件
计划制订程序	2016年9月10日	董事会公告	《春秋航空关于召开2016年第二次临时股东大会的通知》
			第8项：关于《春秋航空第一期限制性股票激励计划（草案）》及其摘要的议案
			第9项：关于《春秋航空第一期限制性股票激励计划考核管理办法》的议案
			第10项：关于提请股东大会授权董事会办理公司限制性股票激励计划相关事宜的议案
		独立董事公告	《春秋航空独立董事关于公司第一期限制性股票激励计划（草案）的独立意见》，独立董事袁耀辉、郭平发表意见，同意实施
		董事会公告	《春秋航空第一期限制性股票激励计划（草案）》《春秋航空第一期限制性股票激励计划(草案)摘要》《春秋航空第一期限制性股票激励计划激励对象名单》《春秋航空第一期限制性股票激励计划考核管理办法》
		独立董事公告	《春秋航空独立董事关于股权激励公开征集投票权的公告》
		董事会公告	《春秋航空第二届董事会第二十二次会议决议公告》，审议并通过的第1～4项
			第1项：《关于〈春秋航空第一期限制性股票激励计划（草案）〉及其摘要的议案》
			第2项：《关于〈春秋航空第一期限制性股票激励计划考核管理办法〉的议案》
			第3项：《关于提请股东大会授权董事会办理公司限制性股票激励计划相关事宜的议案》
			第4项：《关于召开2016年第二次临时股东大会的议案》
		律师事务所出具法律意见	《北京市嘉源律师事务所关于春秋航空第一期限制性股票激励计划相关事项的法律意见书》，同意实施
		监事会公告	《春秋航空第二届监事会第十二次会议决议公告1》《公告2》，审议并通过：激励计划（草案）及其摘要、激励对象名单、考核管理办法。同意实施

续上表

股权激励计划程序	日期	信息披露	相关文件
	2016年9月12日～21日	内部公示	公司在内部办公网络对本次限制性股票激励计划的激励对象名单进行了公示
	2016年9月22日	上市公司公告	《春秋航空 2016 年第二次临时股东大会会议材料》，提请审议
			议案 7：关于《春秋航空第一期限制性股票激励计划（草案）》及其摘要的议案
			议案 8：关于《春秋航空第一期限制性股票激励计划考核管理办法》的议案
			议案 9：关于提请股东大会授权董事会办理公司限制性股票激励计划相关事宜的议案
		监事会公告	《春秋航空监事会关于公司股权激励计划激励对象名单的审核及公示情况说明》，认为合法有效
计划批准程序	2016年9月28日	上市公司公告	《春秋航空第一期限制性股票激励计划》，经 2016 年第二次临时股东大会审议通过
		董事会公告	《春秋航空限制性股票激励计划内幕信息知情人买卖公司股票情况的自查报告》
		律师事务所出具法律意见	《北京市嘉源律师事务所上海分所关于春秋航空 2016 年第二次临时股东大会的法律意见书》，认为合法有效
		上市公司公告	《春秋航空 2016 年第二次临时股东大会决议公告》，审议并通过
			第 8 项：关于《春秋航空第一期限制性股票激励计划（草案）》及其摘要的议案
			第 9 项：关于《春秋航空第一期限制性股票激励计划考核管理办法》的议案
			第 10 项：关于提请股东大会授权董事会办理公司限制性股票激励计划相关事宜的议案

春秋航空限制性股票激励计划的授予程序，如表 13.5 所示。

表 13.5 春秋航空限制性股票激励计划的授予程序

股权激励实施程序	日期	信息披露	相关文件
授予程序	2016年10月1日	董事会公告	《春秋航空关于向激励对象授予限制性股票的公告》。公司本次限制性股票的授予条件已经成就，董事会同意向符合授权条件的 30 名激励对象授予 58 万股限制性股票

续上表

股权激励实施程序	日期	信息披露	相关文件
		独立董事公告	《春秋航空独立董事关于限制性股票激励计划授予相关事项的独立意见》
		董事会公告	《春秋航空第一期限制性股票激励计划激励对象名单（截止授予日）》
		监事会公告	《春秋航空第二届监事会第十三次会议决议公告》，审议并通过《关于向激励对象授予限制性股票的议案》
		律师事务所出具法律意见	《北京市嘉源律师事务所关于春秋航空第一期限制性股票激励计划授予事项的法律意见书》
	2016年11月23日	董事会公告	《春秋航空股权激励计划限制性股票授予结果公告》 授予日2016年9月30日，授予数量58万股，授予人数30人，授予价格24.29元/股，股票来源为向激励对象定向发行公司A股普通股

【案例】华谊兄弟：股票期权计划的授予、调整、行权程序

华谊兄弟传媒股份有限公司（华谊兄弟，300027），系深交所创业板上市公司。

2012年9月17日公司董事会审议通过、2012年10月26日股东大会审议通过《华谊兄弟股票期权激励计划（草案修订稿）》，此后进入实施阶段。从2012年11月～2016年11月，华谊兄弟本期股票期权激励计划的实施程序包含了授予程序、调整程序、行权程序。

华谊兄弟股票期权激励计划的授予、调整、行权程序，如表13.6所示。

表13.6 华谊兄弟股票期权激励计划的授予、调整、行权程序

股权激励实施程序	日期	信息披露	相关文件
授予程序	2012年11月1日	董事会公告	《华谊兄弟：董事会关于股票期权授予相关事项的公告》，10月31日审议通过。授权日2012年10月31日，授权价格14.85元，授出1 043万份股票期权（占总股本60 480万股的1.72%），激励对象123人
		董事会公告、独立董事公告、律师事务所出具法律意见	《华谊兄弟：第二届董事会第二十二次会议决议公告》，审议通过《关于公司股票期权激励计划授予相关事项的议案》《关于确定公司股票期权授予日的议案》。公告提及：公司独立董事针对该议案已发表明确同意的独立意见，北京市雨仁律师事务所对此发表了法律意见
		监事会公告	《华谊兄弟：第二届监事会第十三次会议决议公告》，审议通过《关于公司股票期权激励计划授予相关事项的议案》

续上表

股权激励实施程序	日期	信息披露	相关文件
调整程序	2012 年 11 月 12 日	董事会公告	《华谊兄弟：第二届董事会第二十三次会议决议公告》，11 月 12 日审议通过《关于对公司股票期权激励计划中激励对象及股票期权数量进行调整的议案》
		监事会公告	《华谊兄弟：第二届监事会第十四次会议决议公告》，审议通过《关于核实调整后公司股票期权激励计划中激励对象名单的议案》
		董事会公告	《华谊兄弟：关于对股票期权激励计划进行调整的公告》，同意原股票期权总数 1043 万股调整为 994 万股，原激励对象 123 人调整为 120 人
		上市公司公告	《华谊兄弟：股票期权激励计划人员名单（调整后）》
	2012 年 11 月 26 日	董事会公告	《华谊兄弟：关于股票期权激励计划首次授予完成登记的公告》，期权简称：华谊 JLC1，期权代码：036061
	2013 年 10 月 31 日	董事会公告	《华谊兄弟:关于调整股票期权激励计划期权数量及行权价格的公告》。调整内容：以截至 2013 年 6 月 30 日公司总股本 60 480 万股为基数，以资本公积金转增股本，每 10 股转增 10 股，共计转增 60 480 万股，转增后公司总股本将增加至 120 960 万股，并已于 2013 年 10 月 10 日实施完毕。根据公司《股票期权激励计划》的有关规定，授予未行权股票期权数量由 586.67 万份调整为 1 173.34 万份，行权价格由 14.85 元调整为 7.425 元
		董事会公告	《华谊兄弟:关于公司股票期权激励计划部分股票期权注销的公告》。具体内容：据《股票期权激励计划（草案修订稿）》及相关规定，公司将注销股票期权数共计 407.33 万份，激励对象由 120 人调整为 103 人。其中，业绩不达标注销 331.33 万份（第一个行权期），激励对象离职注销 76 万份（第二、三个行权期）
	2013 年 12 月 28 日	董事会公告	《华谊兄弟:关于公司股票期权激励计划部分股票期权注销及调整事项完成的公告》，注销 407.33 万份
行权程序	2014 年 11 月 13 日	董事会公告	《华谊兄弟:关于首期股票期权激励计划首次授予第二个行权期可行权的公告》《华谊兄弟:关于公司股票期权激励计划部分股票期权注销的公告》
	2014 年 12 月 1 日	董事会公告	《华谊兄弟:关于调整公司首期股票期权激励计划股票期权行权价格的公告》
	2014 年 12 月 10 日	董事会公告	《华谊兄弟:关于调整公司股票期权激励计划行权价格事项完成的公告》
	2015 年 5 月 5 日	董事会公告	《华谊兄弟:关于首期股票期权激励计划首次授予第二个行权期采取自主行权模式的提示性公告》

续上表

股权激励实施程序	日期	信息披露	相关文件
	2015年5月8日	董事会公告	《华谊兄弟:关于调整公司首期股票期权激励计划股票期权行权价格的公告》
	2015年11月3日	董事会公告	《华谊兄弟:关于首期股票期权激励计划首次授予第三个行权期可行权的公告》《华谊兄弟:关于调整公司股票期权激励计划行权价格事项完成的公告》
	2015年11月9日	董事会公告	《华谊兄弟:关于公司股票期权激励计划部分股票期权注销的公告》
	2015年11月18日	董事会公告	《华谊兄弟:关于公司股票期权激励计划部分股票期权注销完成的公告》
	2016年5月6日	董事会公告	《华谊兄弟:关于首期股票期权激励计划首次授予第三个行权期采取自主行权模式的提示性公告
	2016年5月12日	董事会公告	《华谊兄弟:关于调整公司首期股票期权激励计划股票期权数量及行权价格的公告》
	2016年11月10日	董事会公告	《华谊兄弟:关于公司股票期权激励计划部分股票期权注销完成的公告》《华谊兄弟:关于调整公司股票期权激励计划期权数量及行权价格事项完成的公告》

【案例】大北农：限制性股票计划的制订、变更程序

北京大北农科技集团股份有限公司（大北农，002385），系深交所中小板上市公司。

2017年10月27日，公司股东大会审议通过《大北农2017年限制性股票激励计划（草案修订稿）》，此后进入实施阶段。

从2017年6月~10月，大北农本期限制性股票激励计划的制订与批准程序还包含了变更程序。

（1）2017年6月30日，公司董事会审议通过《大北农2017年限制性股票激励计划（草案）》；

（2）9月1日，公司董事会审议通过《大北农2017年限制性股票激励计划（草案修订稿）》。

9月2日，公司董事会会披露《大北农关于2017年限制性股票激励计划（草案修订稿）修订说明的公告》。修订内容包括两项：第一项修订为激励对象人数、限制性股票的授予数量及分配情况，激励对象取消了高级管理人员；第二项修订为限制性股票的会计处理。

大北农2017年限制性股票激励计划的制订、变更、批准程序，如表13.7所示。

表 13.7 大北农限制性股票计划的制订、变更、批准程序

股权激励实施程序	日期	信息披露	相关文件
制订程序	2017 年 7 月 1 日	董事会公告	《大北农 2017 年限制性股票激励计划（草案）》
			《大北农 2018 年限制性股票激励计划（草案）》摘要
			《大北农 2017 年限制性股票激励计划实施考核管理办法》
		独立董事公告	大北农:独立董事关于第四届第十次董事会审议事项的独立意见
		监事会公告	大北农:第四届监事会第五次会议决议公告
变更程序	2017 年 9 月 2 日	董事会公告	《大北农关于 2017 年限制性股票激励计划（草案修订稿）修订说明的公告》
		董事会公告	《大北农 2017 年限制性股票激励计划（草案修订稿）及其摘要》
			《大北农 2017 年限制性股票激励计划考核实施管理办法（修订稿）》
			《关于提请股东大会授权董事会办理公司 2017 年限制性股票激励计划有关事宜的议案》
		独立董事公告	《大北农:独立董事关于第四届董事会第十五次会议相关事项的独立意见》，同意报股东大会通过后实施
		董事会公告	《大北农 2017 年限制性股票激励计划（草案修订稿）授予激励对象名单》
		监事会公告	《大北农第四届监事会第七次会议决议公告》
		律师事务所出具法律意见	《大北农北京市海润律师事务所关于公司 2017 年限制性股票激励计划之法律意见书》
批准程序	2017 年 10 月 28 日	董事会公告	10 月 27 日公司股东大会审议通过《大北农 2017 年限制性股票激励计划（草案修订稿）》及其摘要，考核实施管理办法（修订稿），授权董事会办理股权激励计划事宜等

【案例】汇顶科技：股权激励计划的终止程序

深圳市汇顶科技股份有限公司（汇顶科技，603160），系上交所主板上市公司。

2016 年 11 月董事会制订限制性股票激励计划预案，在未提交股东大会审议前，公司董事会于 2017 年 2 月决定终止该激励计划。

汇顶科技本期激励计划终止原因如下。

自 2016 年 11 月 14 日公司公告《限制性股票激励计划》后，公司股价发生了较大变化，公司若继续推进限制性股票激励计划，将很难真正达到预期的激励目的和激励效果，决定终止实施限制性股票激励计划。

汇顶科技本期激励计划终止的依据如下。

公司终止实施限制性股票激励计划的理由不违反《公司法》《证券法》《上市公司股权激励管理办法》等有关法律、法规、规范性文件的规定。根据《上市公司股权激励管理办法》第五十一条："上市公司在股东大会审议股权激励计划之前拟终止实施股权激励的，需经董事会审议通过。"公司董事会有权终止本次限制性股票激励计划，限制性股票激励计划终止后即失去法律效力，应终止执行。

汇顶科技2016年限制性股票激励计划的终止程序，如表13.8所示。

表13.8 汇顶科技2016年限制性股票激励计划的终止程序

股权激励计划程序	日期	信息披露	相关文件
计划制订程序	2016年11月14日	董事会公告	董事会11月12日审议通过《汇顶科技2016年限制性股票激励计划（预案）》《汇顶科技2016年限制性股票激励计划实施考核管理办法（2016年11月）》
		独立董事公告	《汇顶科技独立董事关于公司限制性股票激励计划（预案）相关事项的独立意见》，独立董事郭磊明、王建新、张波11月12日发表意见，同意实施
		监事会公告	《汇顶科技第二届监事会第六次会议决议公告》，11月12日审议通过《关于<公司限制性股票激励计划（预案）>的议案》《关于<公司限制性股票激励计划实施考核管理办法>的议案》
		董事会公告	《汇顶科技第二届董事会第九次会议决议公告》，11月12日审议通过《关于<公司限制性股票激励计划（预案）>的议案》《关于<公司限制性股票激励计划实施考核管理办法>的议案》。本次限制性股票激励计划的具体激励对象名单、授予数量尚未确定
终止程序	2017年2月8日	董事会公告	《汇顶科技关于终止公司2016年限制性股票激励计划的公告》
		律师事务所出具法律意见	《广东信达律师事务所关于汇顶科技终止2016年限制性股票激励计划之法律意见书》

第14章

股权激励计划的回购注销

在股权激励计划中涉及回购注销，主要有以下两类。

（1）公司实施股权激励计划各环节，公司或激励对象发生事项需对限制性股票进行回购注销，对股票期权进行注销，对股票增值权进行内部取消。

（2）公司在准备实施股权激励计划前，公司打算从二级市场回购本公司股票作为股票来源。

14.1 股份回购的公司法规定

《公司法》第142条规定：公司不得收购本公司股份。但是，有下列情形之一的除外：①减少注册资本；②与持有本公司股份的其他公司合并；③将股份奖励给本公司职工；④股东因对股东大会做出的公司合并、分立决议持异议，要求公司收购其股份的。

这4种情形在批准权限、转让或注销时限、其他方面有不同规定。

回购股份的公司法规定，如表14.1所示。

表14.1 回购股份的公司法规定

<table>
<tr><th>情形</th><th>批准权限</th><th>转让或注销要求</th><th>其他</th></tr>
<tr><td>减少公司注册资本</td><td rowspan="4">须经股东大会决议</td><td>自收购之日起10日内注销</td><td></td></tr>
<tr><td>与持有本公司股份的其他公司合并</td><td>须在6个月内转让或注销</td><td></td></tr>
<tr><td rowspan="2">将股份奖励给本公司职工</td><td rowspan="2">所收购的股份须在1年内转让给职工</td><td>收购的本公司股份不得超过本公司已发行股份总额的6%</td></tr>
<tr><td>用于收购的资金须从公司税后利润中支出</td></tr>
<tr><td>股东因对股东大会做出的公司合并、分立决议持异议，要求公司收购其股份的</td><td></td><td>须在6个月内转让或注销</td><td></td></tr>
</table>

激励对象离职、转岗等调整情况，自行放弃，发生公司或个人负面清单，业绩未达标等原因，导致限制性股票回购注销、股票期权注销，属于情形1。

从二级市场回购股份实施股权激励，属于情形3。

14.2 减少注册资本的情形

【案例】暴风集团：回购注销权益（激励对象离职）

暴风集团股份有限公司（暴风集团，300431），系深交所创业板上市公司。

注：2016年由北京暴风科技股份有限公司更名。

2015—2017 年，暴风集团总共实施了 2 期股权激励计划。

（1）2015 年 5 月 11 日，公司股东大会审议通过《暴风科技限制性股票激励计划（草案）》。

（2）2016 年 2 月 3 日，公司股东大会审议通过《暴风科技股票期权与限制性股票激励计划（草案）》；2016 年 3 月 18 日，公司董事会经股东大会授权审议通过《暴风科技股票期权与限制性股票激励计划（草案修订稿）》。

2017 年 12 月 7 日，公司董事会审议通过《关于回购注销部分限制性股票及注销部分股票期权的议案》。

1．本次权益回购/注销的原因、数量及价格

（1）涉及《暴风科技限制性股票激励计划（草案）》。

限制性股票的回购注销。

鉴于本激励计划的 3 名激励对象已离职，其已不具备激励对象资格，根据本激励计划规定：在情况发生之日，激励对象已获授但尚未解锁的限制性股票不得解锁，由公司按限制性股票授予价格进行回购注销。

上述 3 名激励对象中，首次授予的激励对象 1 人（张世博），预留授予的激励对象 2 人（潘子珊、王屹）。

公司董事会同意回购注销其已获授但尚未解锁的限制性股票。其中，张世博 27 721 股，回购价格为授予价格 8.04 元/股；潘子珊、王屹合计 3 696 股，回购价格为授予价格 16.93 元/股。

本次回购注销不影响公司本期激励计划的继续实施。

（2）涉及《暴风科技股票期权与限制性股票激励计划（草案修订稿）》。

① 股票期权的注销。

鉴于本激励计划的 2 名激励对象（王磊、宁肖）已离职，其已不具备激励对象资格，根据本激励计划规定：在情况发生之日，激励对象已获准行权但尚未行使的股票期权终止行权，其未获准行权的期权作废。

公司董事会同意取消上述 2 人的激励对象资格，并注销已授予但尚未获准行权的股票期权合计 7 392 份。

② 限制性股票的回购注销。

鉴于本激励计划的激励对象（潘子珊）已离职，其已不具备激励对象资格，根据本激励计划规定：在情况发生之日，激励对象已获授但尚未解锁的限制性股票不得解锁。

公司董事会同意回购注销其已获授但尚未解锁的限制性股票 7 392 股，回购价格为授予价格 30.24 元/股。

本次回购注销不影响本期激励计划的继续实施。

2. 本次回购注销后股本结构变动

本次回购注销的权益数量合计=27 721+3 696+7 392=38 809 股。

暴风集团本次回购注销后股本结构变动情况，如表 14.2 所示。

表 14.2 暴风集团本次回购注销后股本结构变动情况

股份类型	本次变动前		本次变动增减	本次变动后	
	数量（万股）	比例（%）	数量（万股）	数量（万股）	比例（%）
一、限售条件流通股/非流通股	9 389.707 1	28.64	−3.880 9	9 385.826 2	28.63
高管锁定股	130.880 6	0.40		130.880 6	0.40
股权激励限售股	787.423 8	2.40	−3.880 9	783.542 9	2.39
首发前限售股	8 471.402 7	25.84		8 471.402 7	25.84
二、无限售条件流通股	23 400.374 2	71.36		23 400.374 2	71.37
三、总股本	32 790.081 3	100.00	−3.880 9	32 786.200 4	100.00

3. 本次回购注销对公司的影响

董事会认为本次回购注销事项不会对公司的财务状况和经营成果产生重大影响，不影响公司限制性股票激励计划、股票期权与限制性股票激励计划的继续实施，也不会影响公司管理团队的勤勉尽职，公司管理团队将继续认真履行工作职责，尽力为股东创造价值。

独立董事、监事会、律师发表了意见，均认为本次回购注销符合《上市公司股权激励管理办法》《暴风科技限制性股票激励计划（草案）》《暴风科技股票期权与限制性股票激励计划（草案修订稿）》及相关法律法规的规定，程序合法合规，同意公司本次回购注销事项。

北京市环球律师事务所律师意见中提示，公司本次回购注销部分限制性股票尚需履行公告、通知债权人、股份注销登记及工商变更登记等减少公司注册资本的程序。

【案例】天神娱乐：回购注销限制性股票（公司业绩解锁条件未达标）

大连天神娱乐股份有限公司（天神娱乐，002354），系深交所中小板上市公司。

天神娱乐 2016 年营收 16.7 亿元，净利润 7.7 亿元。其中游戏业务近 5 亿元（占 30%），其余业务为移动平台、移动互联网、互联网收入约 11.8 亿元（占 70%）。

2015 年 12 月 8 日，公司股东大会审议通过《天神娱乐限制性股票激励计划（草案）》。

2017 年 6 月 28 日，公司股东大会审议通过《关于回购注销未达到第二个解锁期解锁条件的限制性股票的议案》。

1．回购原因

回购原因：业绩未达到解锁条件。

根据本激励计划规定，激励对象获授的限制性股票总量，可分三次按 30%、35%、35%的比例申请解锁，其中第二个解锁期的解锁条件为 2016 年公司合并口径实现净利润不低于 7.0 亿元。“净利润”指归属于上市公司股东的扣除非经常性损益的净利润。

根据天神娱乐 2016 年年度报告，2016 年公司归属于上市公司股东的扣除非经常性损益的净利润为 4.96 亿元，未达到第二个解锁期的解锁条件，因此，公司决定对 4 名激励对象第二个解锁期所涉及的已获授但未满足解锁条件的总计 168 万股限制性股票进行回购注销。

2．回购价格及定价依据

根据本激励计划规定：若满足未发生公司负面清单、未发生激励对象个人负面清单的规定，但不满足达成公司层面解锁业绩条件的规定，所有激励对象持有的当期可解锁的股票不得解锁，由公司以调整后的回购价格回购注销。

调整后的回购价格参考下列公式予以确定：

调整后的回购价格=授予价格×（1+10%×回购之日距离授予日的天数/360)。即补贴资金利息，年利率按 10%计。

授予日为 2015 年 12 月 14 日，授予价格 48.85 元/股，确定的回购日为 2017 年 6 月 12 日，回购之日距离授予日的天数为 546 天，回购价格=48.85×（1+10%×546/360）=56.26 元/股。

3．权益分派后回购价格和数量的调整

根据本激励计划规定：若公司发生公积金转增股本、派送股票红利事项，调整后的回购价格：$P=P_0/(1+n)$。

因公司于 2017 年 5 月 12 日实施了 2016 年度权益分派，向全体股东每 10 股派 4.122 6 元现金，以资本公积金向全体股东每 10 股转增 18 股。因此，4 名激励对象所持有的已获授但尚未解锁的限制性股票，其回购价格由 56.26 元/股调整为 20.09 元/股，其回购数量由 168 万股调整为 470.4 万股。

$P=(P_0-V)/(1+n)=(56.26-0.412\ 26)/(1+1.8)=20.09$ 元/股。

$Q=Q_0\times(1+n)=168\times(1+1.8)=470.4$ 万股。

4．回购资金来源

本次拟用于回购上述限制性股票的资金总额为 9 450.336 万元，将使用公司自有及自筹资金支付。

本次回购注销的限制性股票 470.4 万股。

天神娱乐本次回购注销后的公司股本结构变动情况，如表 14.3 所示。

表 14.3 天神娱乐回购注销后的公司股权结构变动情况

股份类型	本次变动前		本次变动增减	本次变动后	
	数量（万股）	比例（%）	数量（万股）	数量（万股）	比例（%）
一、限售条件流通股/非流通股	47 526.394 9	52.77	-470.4	47 055.994 9	52.52
高管锁定股	1 093.595 9	1.21		1 093.595 9	1.22
股权激励限售股	1 153.6	1.28	-470.4	683.2	0.76
首发前限售股	45 279.199	50.27		45 279.199	50.54
二、无限售条件流通股	42 537.345 8	47.23		42 537.345 8	47.48
三、总股本	90 063.740 7	100.00	-470.4	89 593.340 7	100.00

5. 本次回购注销对公司的影响

董事会认为公司本次限制性股票的回购注销不会影响公司限制性股票激励计划的继续实施，不会对公司的财务状况和经营成果产生实质性影响，也不会对公司管理团队的稳定和勤勉尽职产生任何不利影响。公司管理团队将继续认真履行工作职责，为股东创造价值。

独立董事、监事会、律师发表了意见，均认为本次回购注销符合《上市公司股权激励管理办法》《天神娱乐限制性股票激励计划（草案）》及相关法律法规的规定，程序符合相关规定，同意公司本次回购注销事项。

北京德恒律师事务所律师意见中提示，公司本次回购注销部分限制性股票尚需履行公告、通知债权人、股份注销登记、工商变更登记、外商投资企业变更备案等程序。

2017 年 10 月 17 日，公司在中登公司深圳分公司办理完成前述限制性股票的回购和注销登记手续。

14.3 将股份奖励给职工的情形

【案例】苏泊尔：回购报告书

浙江苏泊尔股份有限公司（苏泊尔，002032），系深交所中小板上市公司。

2017 年 11 月 16 日，公司股东大会审议通过《苏泊尔 2017 年限制性股票激励计划（草案修订稿）》。本激励计划规定：采用限制性股票为激励工具，股票来源为从二级市场回购的本公司股份，公司拟向激励对象授予 430 万股限制性股票，占当时公司股本总额的 0.524%。

那么，股份回购应如何实施呢？

2017 年 9 月 21 日，公司股东大会审议通过《关于公司以回购社会公众股方式实施限制性股票激励计划的议案》。

《苏泊尔回购报告书》内容共 13 点。

1～5 点：回购方式，回购用途，回购价格，回购资金总额及资金来源，拟回购股份的种类、数量及占总股本的比例。

6～10 点：回购期限，预计回购后股权结构变动，回购对公司经营影响的管理层分析，内幕知情人及操纵自查，办理回购的授权。

11～13 点：独立董事意见，律师出具意见、其他事项说明。

以下是本次股份回购计划的具体规定。

为实施苏泊尔 2017 年限制性股票激励计划，公司拟以平均成本不超过 44 元/股的价格回购公司股份，预计回购股份 430 万股，回购总金额最高不超过 18 920 万元。

为保证本期限制性股票激励计划的实施，公司根据《上市公司股权激励管理办法》《上市公司回购社会公众股份管理办法（试行）》《关于上市公司以集中竞价交易方式回购股份的补充规定》《深圳证券交易所上市公司以集中竞价方式回购股份业务指引》的相关规定，拟从二级市场以集中竞价方式回购部分社会公众股实施限制性股票激励计划。

1．回购股份的方式

采用集中竞价交易的方式从二级市场回购社会公众股。

2．回购股份的用途

用于实施公司 2017 年限制性股票激励计划。

3．回购股份的价格或价格区间、定价原则

公司本次回购股份的平均成本不超过 44 元/股。若公司在回购期内发生资本公积金转增股本、派发股票或现金红利、股票拆细、缩股、配股或发行股本等事宜，自股价除权除息之日起，相应调整回购价格。

4．拟用于回购的资金总额以及资金来源

公司以本次预计回购股份 430 万股、且回购股份平均成本不超过 44 元/股计算，用于回购股份的资金总额最高不超过 18 920 万元，资金来源为自有资金。

具体回购资金总额以回购期满时实际回购股份使用的资金总额为准。

5．拟回购股份的种类、数量及占总股本的比例

回购股份的种类为本公司发行的 A 股社会公众股份。在回购股份平均成本价格不超过 44 元/股的条件下，预计回购股份 430 万股，约占当时公司总股本 82 128.761 万股的 0.524%。

6．回购股份的期限

自本回购报告书披露之日起至股东大会审议通过本方案的 6 个月内。

公司不得在下列期间内回购公司股票：①公司定期报告或业绩快报公告

前十个交易日内；②自可能对本公司股票交易价格产生重大影响的重大事项发生之日或者在决策过程中至依法披露后 2 个交易日内；③中国证监会及深圳证券交易所规定的其他情况。

如果触及以下条件，则回购期限提前届满。

（1）如果在回购期限内回购股份规模达到最高限额，则回购方案即实施完毕，回购期限自该日起提前届满。

（2）如公司董事会决定终止本回购方案，则回购期限自董事会决议终止本回购方案之日起提前届满。

7. 预计回购后公司股权结构的变动情况

若公司本次回购股份 430 万股，公司股权结构变动情况如表 14.4 所示。

表 14.4 苏泊尔预计回购股份 430 万股的公司股权结构变动情况

股份类别	回购前		回购后	
	股份数量（万股）	比例（%）	股份数量（万股）	比例（%）
有限售条件股份	27 554.453 2	33.55	27 984.453 2	34.07
无限售条件股份	54 574.307 8	66.45	54 144.307 8	65.93
总股本	82 128.761	100.00	82 128.761	100.00

注：本次公司回购社会公众股实施限制性股票激励计划不会导致公司股本总额发生变化。

8. 管理层关于本次回购股份对公司经营、财务及未来发展影响的分析

截至 2016 年 12 月 31 日，公司总资产为 78.54 亿元，货币资金余额为 7.51 亿元，归属于上市公司股东的净资产为 45.40 亿元，公司资产负债率 41.96%，2016 年实现归属上市公司股东的净利润为 10.76 亿元。假设本次拟回购的 430 万股按最高回购价格计算，按 2016 年 12 月 31 日经审计的财务数据测算，回购资金约占公司总资产的 2.41%、约占公司净资产的 4.17%。

公司经营情况良好，财务状况稳健，且自有流动资金较为充足，公司认为本次回购股份事宜不会对公司的经营、财务和未来发展产生重大影响。

如前所述，按照股份回购数量 430 万股测算，回购后公司股权分布情况符合公司上市条件，因此，回购后不会改变公司的上市公司地位。

9. 上市公司控股股东、持股 5%以上股东及董事、监事、高级管理人员在股东大会回购决议公告前六个月内是否存在买卖本公司股份的行为，是否存在单独或者与他人联合进行内幕交易操纵市场行为的说明

公司控股股东、持股 5%以上股东及董事、监事、高级管理人员在董事会作出股份回购决议前 6 个月买卖本公司股份的行为如下。

（1）董事苏显泽于 2017 年 4 月 24 日～5 月 16 日期间，累计卖出公司股份 36.729 1 万股，成交均价 46.517 元/股。

（2）财务总监徐波于 2017 年 4 月 26 日～5 月 12 日期间，累计卖出公司股票 5.8 万股，成交均价 47.885 元/股。

上述成交均价为 2016 年度利润分配方案除权除息实施前价格。

除此之外，本公司控股股东、持股 5%以上股东及董事、监事、高级管理人员在董事会做出股份回购决议前 6 个月内不存在买卖公司股份的情形，公司控股股东、持股 5%以上股东及董事、监事、高级管理人员亦不存在单独或者与他人联合进行内幕交易及操纵市场的行为。

10．办理本次回购股份事宜的具体授权

（1）提请股东大会授权董事会决定以下事宜。

根据公司实际情况及股价表现等综合情况决定实施或者终止本回购方案。

（2）提请股东大会授权董事会及其授权人士具体办理回购公司股份事宜，包括但不限于：①授权公司董事会及其授权人士根据有关规定择机回购公司股份，包括回购的具体股份时间、价格、数量等；②授权公司董事会及其授权人士依据有关法律法规及监管部门的规定调整具体实施方案，办理与股份回购有关的其他事宜。

本授权自公司 2017 年第一次临时股东大会审议通过之日起至上述授权事项办理完毕之日止。

11．独立董事意见

经核查，公司拟通过回购社会公众股的方式实施限制性股票激励计划，发表以下独立意见。

（1）本次回购股份符合《公司法》《证券法》《上市公司股权激励管理办法》《上市公司回购社会公众股份管理办法（试行）》《关于上市公司以集中竞价交易方式回购股份的补充规定》《深圳证券交易所上市公司以集中竞价方式回购股份业务指引》和《公司章程》等相关规定。

（2）本次回购股份将用于公司实施股权激励计划不作他用，公司实施股权激励有利于充分调动公司高级管理人员及员工的积极性，更好地促进公司持续、稳健发展。

（3）公司回购资金来源于公司自有资金，目前公司现金流稳健，该项支出不会影响公司主营业务的正常开展。

公司本次回购社会公众股份合法、合规，不会损害公司及全体股东的利益。

12．律师事务所关于本次回购股份出具的结论性意见

国浩律师（杭州）事务所律师关于本次回购股份出具以下结论性意见。

（1）公司本次回购符合《公司法》《证券法》《上市公司回购社会公众股份管理办法（试行）》《关于上市公司以集中竞价交易方式回购股份的补充规定》及《深圳证券交易所上市公司以集中竞价方式回购股份业务指引》等法

律、法规和规范性文件中有关上市公司回购股份的规定，并已履行了现阶段必要的审批程序。

（2）公司本次回购符合《公司法》《上市公司回购社会公众股份管理办法（试行）》等法律、法规和规范性文件规定的实质性条件。

（3）公司本次回购已经按照《上市公司回购社会公众股份管理办法（试行）》《关于上市公司以集中竞价交易方式回购股份的补充规定》《深圳证券交易所上市公司以集中竞价方式回购股份业务指引》规定的相关程序在规定期限内以规定方式在指定媒体上履行了信息披露义务，符合法律、法规和规范性文件的规定。

（4）公司将以自有资金完成本次回购，符合法律、法规和规范性文件的规定。

（5）公司本次回购存在因股权激励计划未能经董事会和股东大会等决策机构审议通过、股权激励对象放弃认购股份等原因，导致本次回购股份注销的风险。

13. 其他相关说明

公司已在中国证券登记结算有限责任公司深圳分公司开立股票回购专用证券账户，该账户仅可用于回购公司股份。

【案例】苏泊尔：回购股份实施股权激励购买完成

2017 年 11 月 29 日，公司董事会披露《关于回购股份实施股权激励购买完成的公告》。截止 2017 年 11 月 28 日，公司已完成本次股份回购计划。

1. 购买数量、金额

本次公司回购股份数量共计 430 万股，占公司总股本的 0.524%，实际支付资金总额为 18 240.85 万元（含交易费用）。本次公司回购股份数量已达到最高限额，因此公司回购股份方案实施完毕，公司总股本未发生变化。

2. 成交价格

本次回购股份的最高成交价为 43.94 元/股，最低成交价为 39.13 元/股，成交均价为 42.38 元/股。

3. 股份状态

本次回购的股份存放于公司证券回购专用账户，在授予激励对象前不享有表决权且不参与利润分配。公司董事会将在限制性股票授予条件成就后按相关规定完成限制性股票的授予、登记、公告等相关程序。

第15章

上市公司股票期权激励计划案例–星辉娱乐

星辉互动娱乐股份有限公司（星辉娱乐，300043），系深交所创业板上市公司。

星辉娱乐 2016 年营收 23.93 亿元，净利润 4.6 亿元。其中游戏业务 11.30 亿元，占年营收的 47.21%，因此也是一家网络游戏公司。

2011—2017 年期间，星辉娱乐总共实施了两期股权激励计划（均为股票期权）。

（1）2011 年 5 月 25 日，公司股东大会审议通过《星辉车模首期股票期权激励计划（草案修订稿）》。

注：星辉车模即星辉娱乐前身——广东星辉车模股份有限公司。

（2）2017 年 8 月 14 日，公司股东大会审议通过《星辉娱乐第二期股票期权激励计划（草案）》。

如果要想了解如何起草设计一份上市公司股票期权激励计划，而且符合《上市公司股权激励管理办法》的规定，那么以《星辉娱乐第二期股票期权激励计划（草案）》为例是恰当的：因为它正好是一般上市公司（非国有控股），激励形式为股票期权，批准实施时间已在 2016 年 8 月 13 日之后。

本计划草案内容包含如下 14 章。

第 1～5 章：释义，本计划的目的与原则，本计划的管理机构，激励对象的确定依据和范围，股票期权的来源、数量和分配。

第 6～10 章：本计划的有效期、授予日、等待期、可行权日和禁售期，股票期权的行权价格及行权价格的确定方法，股票期权的授予与行权条件，计划的调整方法和程序，股票期权的会计处理。

第 11～14 章：计划的实施程序，公司/激励对象各自的权利义务，公司/激励对象发生异动的处理，附则。

在参考本案例时，有几点需要注意。

（1）如果是国有控股上市公司要制订股票期权激励计划，还要注意增加国有控股上市公司实施股权激励的相关规定。

（2）如果是一般上市公司要制订限制性股票激励计划，要注意以限制性股票替换股票期权的相关规定表述。

（3）如果准备参考以前的上市公司股票期权激励计划（2016 年 8 月 13 日之前批准实施），则要注意对照《上市公司股权激励管理办法》进行必要修改。

（4）新三板挂牌公司起草设计一份股票期权激励计划，或股份公司（非上市）起草设计一份股份期权激励计划，或有限公司起草设计一份股权期权激励计划，应考虑必要的简化。

15.1 本期股权激励计划简述

本期股权激励计划规定如下。

（1）采用的激励工具为股票期权。在满足行权条件的前提下，激励对象获授的每一份股票期权拥有在有效期内以行权价格购买 1 股公司股票的权利。

（2）股票来源为公司向激励对象定向发行本公司 A 股普通股股票。公司拟向激励对象授予股票期权总数 3 819 万份，占当时公司股本总额 124 419.840 1 万股的 3.07%。

（3）拟激励对象 312 名，其中董事和高级管理人员 7 名，核心管理人员、核心技术（业务）人员 305 名。

（4）授予日为 2017 年 8 月 24 日，行权价格 7.86 元/份。

（5）本计划有效期 36 个月，自授予之日起算，等待期 12 个月，此后 2 年为行权期，各期行权比例均为 50%，每个行权期 12 个月。

（6）行权条件包括业绩条件，公司要求完成设定的净利润增长率、激励对象要求上一年度考核结果达标。

下面详细介绍《星辉娱乐第二期股票期权激励计划（草案）》的具体规定。

15.2 目的与原则

【问】上市公司实施股权激励计划，要达到什么目的？要遵循哪些设计原则和制订依据？

星辉娱乐本期规定：为了进一步建立、健全公司长效激励机制，吸引和留住优秀人才，充分调动公司董事、高级管理人员、核心管理人员及核心技术（业务）人员的积极性，有效地将股东利益、公司利益和核心团队个人利益结合在一起，使各方共同关注公司的长远发展，在充分保障股东利益的前提下，按照收益与贡献对等的原则，根据《公司法》《证券法》《上市公司股权激励管理办法》等有关法律、法规和规范性文件以及星辉娱乐《公司章程》的规定，制订本激励计划。

15.3 管理机构

【问】上市公司实施股权激励计划，需要哪些机构对此进行管理？股东大会、董事会、薪酬与考核委员会、监事会、独立董事等分别要负责哪些职责？

星辉娱乐本期规定如下。

1. 股东大会

股东大会作为公司的最高权力机构，负责审议批准本激励计划的实施、变更和终止。股东大会可以在其权限范围内，将与本激励计划相关的部分事宜授权董事会办理。

2. 董事会、薪酬与考核委员会

董事会是本激励计划的执行管理机构，负责本激励计划的实施。董事会下设薪酬与考核委员会，负责拟订和修订本激励计划并报董事会审议，董事会对激励计划审议通过后，报股东大会审议。

董事会可以在股东大会授权范围内办理本激励计划的其他相关事宜。

3. 监事会、独立董事

监事会及独立董事对本激励计划的生效与实施进行监督，两者均应当就本激励计划是否有利于公司的持续发展，是否存在明显损害公司及全体股东利益的情形发表意见。监事会对本激励计划的实施是否符合相关法律、法规、规范性文件和证券交易所业务规则进行监督，并且负责审核激励对象的名单。独立董事将就本激励计划向所有股东征集委托投票权。

在计划变更时、授予前、行权前，独立董事和监事会均须发表明确意见。

（1）公司在股东大会审议通过股权激励方案之前对其进行变更的，独立董事、监事会应当就变更后的方案是否有利于公司的持续发展，是否存在明显损害公司及全体股东利益的情形发表独立意见。

（2）公司在向激励对象授予股票期权前，独立董事、监事会应当就股权激励计划设定的激励对象获授股票期权的条件发表明确意见。若公司向激励对象授予股票期权与本计划安排存在差异，独立董事、监事会（当激励对象发生变化时）应当同时发表明确意见。

（3）激励对象在行权前，独立董事、监事会应当就股权激励计划设定的激励对象行权的条件是否成就发表明确意见。

15.4 激励对象的确定依据和范围

【问】上市公司制订股权激励计划时，要确定哪些人员成为本期计划的激励对象。那么确定激励对象的依据是什么？从哪些范围中筛选？由谁核实名单的真实性？

星辉娱乐本期规定如下。

1. 激励对象的确定依据

激励对象确定要考虑法律依据和职务依据。激励对象确定的法律依据，与前述股权激励计划的制订依据相似，即本激励计划激励对象根据《公司法》《证券法》《管理办法》等有关法律、法规、规范性文件和《公司章程》的相关规定，结合公司实际情况而确定。激励对象确定的职务依据为公司董事、高级管理人员、核心管理人员、核心技术（业务）人员，不包括独立董事、监事。

2．激励对象的范围

根据上述依据，本激励计划授予涉及的激励对象共计 312 人，范围包括：董事、高级管理人员；核心管理人员；核心技术（业务）人员；董事会认为需要激励的相关人员。

本激励计划涉及的激励对象不包括独立董事、监事及单独或合计持有公司 5%以上股份的股东或实际控制人及其配偶、父母、子女。

以上激励对象中，董事必须经股东大会选举；高级管理人员必须经公司董事会聘任。所有激励对象必须在公司授予股票期权时，以及在本计划的考核期内，与公司或公司的分、子公司具有聘用或劳动关系。

3．激励对象的核实

激励对象的核实，包括内部公示、监事会审核名单。

（1）本计划经董事会审议通过后，公司在内部公示激励对象的姓名和职务，公示期不少于 10 天。

（2）公司监事会将对激励对象名单进行审核，充分听取公示意见，并在公司股东大会审议本激励计划前 5 日，披露监事会对激励对象名单审核及公示情况的说明。经公司董事会调整的激励对象名单亦应经公司监事会核实。

15.5 股票期权的来源、数量和分配

【问】上市公司实施股权激励计划时，涉及的标的股票从哪里获得？授予的权益总量有多少？每个激励对象可获授的权益数量是多少？授予总量、个人授予数量应控制在多少比例内？

星辉娱乐本期规定如下。

1．本激励计划的股票来源

本激励计划涉及的标的股票来源为公司向激励对象定向发行公司 A 股普通股。

2．授出股票期权的数量

本计划拟向激励对象授予股票期权 3 819 万份，涉及的标的股票为人民币 A 股普通股，约占本激励计划公告时公司股本总额 124 419.840 1 万股的 3.07%。本期采用一次性授予，无预留。

符合《上市公司股权激励管理办法》的规定：公司全部在有效期内的股权激励计划所涉及的标的股票总数，累计不超过股权激励计划提交股东大会

时公司总股本的 10%。

3. 激励对象获授的股票期权分配情况

本次拟授予的激励对象 312 名中，董事和高级管理人员 7 人，获授股票期权 832 万份，占 21.79%；核心管理人员、核心业务（技术）人员 305 人，获授 2 987 万份股票期权，占 78.21%。

本激励计划授予的股票期权在各激励对象间的分配情况，如表 15.1 所示。

表 15.1 星辉娱乐第二期股票期权计划的激励对象获授限制性股票分配情况

序号	姓名	职务	获授的股票期权数量（万份）	占授予股票期权总数的比例（%）	占目前股本总额的比例（%）
1	郑泽峰	董事、总经理	384	10.05	0.31
2	卢醉兰	董事、副总经理	128	3.35	0.10
3	杨农	董事	64	1.68	0.05
4	刘渝玲	副总经理	64	1.68	0.05
5	刘胜华	财务总监	64	1.68	0.05
6	仲昆杰	副总经理	98	2.57	0.08
7	王云龙	副总经理	30	0.79	0.02
8	核心管理人员、核心业务（技术）人员（305 人）		2 987	78.21	2.40
9	合计		3 819	100.00	3.07

注：

（1）上述任何一名激励对象通过全部在有效期内的股权激励计划获授的本公司股票，累计均未超过公司总股本的 1%。

（2）本计划激励对象中没有持有公司 5%以上股权的主要股东或实际控制人及其配偶、父母、子女。

15.6 本激励计划的有效期、授予日、等待期、可行权日和禁售期

【问】上市公司股票期权激励计划，有效期多长？公司向激励对象授予股票期权的授予日怎么确定？激励对象不能行权的等待期怎么规定？激励对象可行权的期间怎么规定？激励对象行权后的股票的禁售期间怎么规定？

星辉娱乐本期规定如下。

1. 有效期

本激励计划有效期自股票期权授予之日起至激励对象获授的股票期权全部行权或注销之日止，最长不超过 36 个月。

注：《上市公司股权激励管理办法》规定有效期最长不得超过 10 年，本条符合规定。

2．授予日

董事会确定的授予日为 2017 年 8 月 24 日。

授予日必须为交易日，在本激励计划经公司股东大会审议通过后由董事会确定。公司需在股东大会审议通过后 60 日内授予股票期权并完成公告、登记。根据《创业板信息披露业务备忘录第 8 号——股权激励计划》规定上市公司不得授出权益的期间不计算在 60 日内。公司未能在 60 日内完成上述工作的，将终止实施本激励计划，未授予的股票期权不再授予。

3．等待期

本激励计划授予的股票期权等待期为 12 个月，自相应授予日起计算。即 2017 年 8 月 24 日—2018 年 8 月 23 日。

4．可行权日

在本计划经股东大会审议通过后，激励对象自获授股票期权之日起满 12 个月后可以开始行权。可行权日必须为交易日，但不得在下列期间内行权。

（1）公司定期报告公告前三十日内，因特殊原因推迟定期报告公告日期的，自原预约公告日前三十日起算至公告前一日。

（2）公司业绩预告、业绩快报公告前十日内。

（3）自可能对本公司股票及其衍生品种交易价格产生较大影响的重大事件发生之日或者进入决策程序之日至依法披露后二个交易日内。

（4）中国证监会及深圳证券交易所规定的其他期间。

在可行权日内，若达到本计划规定的行权条件，激励对象应自等待期届满之日起的 36 个月内分二期行权。

股票期权行权期及各期行权时间安排，如表 15.2 所示。

表 15.2　星辉娱乐第二期股票期权计划的行权期及各期行权时间安排

行权安排	行权时间	行权比例
第一个行权期	自授予日起 12 个月后的首个交易日起至授予日起 24 个月内的最后 1 个交易日当日止	50%
第二个行权期	自授予日起 24 个月后的首个交易日起至授予日起 36 个月内的最后 1 个交易日当日止	50%

5．禁售期

本次股票期权激励计划的禁售规定按照《公司法》《证券法》等相关法律、法规、规范性文件和《公司章程》的规定执行，具体内容如下。

（1）激励对象为公司董事和高级管理人员的，其在任职期间每年转让的股份不得超过其所持有本公司股份总数的 25%；在离职后半年内，不得转让其所持有的本公司股份。

（2）激励对象为公司董事和高级管理人员的，其将所持有的本公司股票在买入后 6 个月内卖出，或者在卖出后 6 个月内又买入，由此所得收益归公司所有，公司董事会将收回其所得收益。

（3）在本激励计划有效期内，如果《公司法》《证券法》等相关法律、法规、规范性文件和《公司章程》中对公司董事和高级管理人员持有股份转让的有关规定发生了变化，则该等激励对象转让其所持有的公司股票应当在转让时符合修改后的相关规定。

15.7 股票期权的行权价格及行权价格的确定方法

【问】上市公司股票期权激励计划，激励对象行权时购买股票的行权价格是多少，该行权价格怎么确定？

星辉娱乐本期规定如下。

1. 股票期权的行权价格

股票期权的行权价格为 7.86 元/份。

2. 股票期权的行权价格的确定方法

股票期权行权价格不低于股票票面金额 1 元/股，且不低于下列价格较高者。

（1）本激励计划公告前 1 个交易日公司股票交易均价（前 1 个交易日股票交易总额/前 1 个交易日股票交易总量），为 7.47 元/股。

（2）本激励计划公告前 20 个交易日（前 20 个交易日股票交易总额/前 20 个交易日股票交易总量）的公司股票交易均价，为 7.86 元/股。

15.8 股票期权的授予与行权条件

【问】上市公司股票期权激励计划，公司向激励对象授予股票期权要满足哪些条件？激励对象获授的股票期权行权要满足哪些条件？

星辉娱乐本期规定如下。

1. 股票期权的授予条件

同时满足下列授予条件时，公司应向激励对象授予股票期权；反之，若下列任一授予条件未达成的，则不能向激励对象授予股票期权。

（1）公司未发生负面清单（公司 5 类情形）。

（2）激励对象未发生负面清单（个人 6 类情形）。具体条款参考本书第 8 章。

2. 股票期权的行权条件

行权期内，同时满足下列条件时，激励对象获授的股票期权方可行权。

（1）公司未发生负面清单（公司 5 类情形）。

（2）激励对象未发生负面清单（个人 6 类情形）。

如果公司出现了负面清单，或激励对象出现了负面清单，激励对象获授的股票期权怎么处理？

星辉娱乐本期规定如下。

公司发生上述第（1）条规定情形之一的，所有激励对象根据本激励计划已获授但尚未行权的股票期权应当由公司注销。

某一激励对象发生上述第（2）条规定情形之一的，该激励对象根据本激励计划已获授但尚未行权的股票期权应当由公司注销。

（3）公司层面业绩考核要求。

本计划授予的股票期权，在行权期的 2 个会计年度中，分年度进行业绩考核并行权，以达到业绩考核目标作为激励对象的行权条件。

股票期权计划的行权各年度绩效考核目标如表 15.3 所示。

表 15.3　星辉娱乐第二期股票期权计划的行权各年度绩效考核目标

行权期	业绩考核目标
第一期行权	以 2017 年净利润为基数，2018 年净利润增长率不低于 20%
第二期行权	以 2017 年净利润为基数，2019 年净利润增长率不低于 40%

以上假设行权时对应年报已出，如行权时对应年报未出，则激励对象须等待对应年报出具时方可行权。上述净利润指归属于上市公司股东的净利润。由本次股权激励产生的激励成本将在公司管理费用中列支。

如果公司业绩未达到考核要求，激励对象的股票期权怎么处理？星辉娱乐本期规定：公司未满足上述业绩考核目标的，所有激励对象对应考核当年可行权的股票期权均不得行权，由公司注销。

（4）个人层面绩效考核要求。

根据公司制订的《星辉娱乐第二期股票期权激励计划实施考核管理办法》，薪酬与考核委员会将对激励对象每个考核年度的综合考评结果进行评分。若各年度公司层面业绩考核达标，则个人层面对应的行权情况，如表 15.4 所示。

表 15.4　星辉娱乐第二期股票期权计划的行权比例——个人层面考核

个人上年度考核结果	可行权比例
$100 \geqslant X > 85$	100%
$85 \geqslant X > 60$	70%
$X \leqslant 60$	0%

个人当年实际可行权额度=个人获授份额×个人当年可行权比例。其中个人获授份额=个人标的股票期权总数×各期行权比例。

如果激励对象个人业绩未达到考核要求，激励对象的股票期权怎么处理？

星辉娱乐本期规定：激励对象考核当年不能行权的股票期权，由公司统一注销。

3. 考核指标的科学性和合理性说明

星辉娱乐股票期权考核指标分为两个层次，分别为公司层面业绩考核、个人层面绩效考核。

公司层面业绩指标为净利润。净利润指标反映公司整体盈利能力及企业成长性；经过合理预测并兼顾本激励计划的激励作用，公司为本次股票期权激励计划设定了以 2017 年净利润为基数，2018—2019 年净利润增长率分别不低于 20%、40%的业绩考核目标。

除公司层面的业绩考核外，星辉娱乐对个人还设置了严密的绩效考核体系，能够对激励对象的工作绩效做出较为准确、全面的综合评价。公司将根据激励对象前一年度绩效考评结果，确定激励对象个人是否达到行权的条件以及具体的行权比例。

综上，公司本次激励计划的考核体系具有全面性、综合性及可操作性，考核指标设定具有良好的科学性和合理性，同时对激励对象具有约束效果，能够达到本次激励计划的考核目的。

15.9 股票期权激励计划的调整方法和程序

【问】上市公司股权激励计划，出现各种调整事项如转增股、送红股、拆股、配股、缩股、派息等，激励对象的标的权益数量应怎么调整？

星辉娱乐本期规定如下。

1. 股票期权数量的调整方法

若激励对象在行权前公司有资本公积转增股本、派送股票红利、股票拆细、配股或缩股等事项，应对股票期权数量进行相应的调整。

2. 股票期权行权价格的调整方法

若激励对象在行权前有派息、资本公积转增股本、派送股票红利、股票拆细、配股或缩股等事项，应对行权价格进行相应的调整。

具体调整方法可参考本书第 10 章。对于派息、增发、回购等事项，最好也作出是否调整的说明。

3. 股票期权激励计划调整的程序

当出现前述情况时，公司董事会应审议通过关于调整股票期权数量、行权价格的议案。公司应聘请律师就上述调整是否符合《上市公司股权激励管理办法》《公司章程》和本激励计划的规定向公司董事会出具专业意见。调整议案经董事会审议通过后，公司应当及时披露董事会决议公告，同时公告律师法律意见书。

15.10 股票期权的会计处理

【问】上市公司实施股票期权激励计划，如何进行相应的会计处理？产生的总激励成本是多少？总激励成本分摊到每个年度的激励成本是多少？

星辉娱乐本期规定如下。

按照《企业会计准则第 11 号——股份支付》的规定，公司将在等待期的每个资产负债表日，根据最新取得的可行权人数变动、业绩指标完成情况等后续信息，修正预计可行权的股票期权数量，并按照股票期权授予日的公允价值，将当期取得的服务计入相关成本或费用和资本公积。

1．期权价值的计算方法

根据《企业会计准则第 22 号——金融工具确认和计量》中关于公允价值确定的相关规定，需要选择适当的估值模型对股票期权的公允价值进行计算。公司选择市场通用的 Black-Scholes 模型来计算期权的公允价值，并于 2017 年 7 月 27 日用该模型对授予的 3 819 万份股票期权的公允价值进行了测算，该等股票期权的公允价值为 3 932.77 万元。

在适用前述模型时，公司采用的相关参数如下所示。

（1）行权价格：7.86 元/股。

（2）标的股价：7.47 元/股（假设授予日公司收盘价为 7.47 元/股）。

（3）有效期分别为：1 年、2 年、3 年（授予日至每期首个行权日的期限）。

（4）历史波动率：18.67%、40.86%（分别采用创业板综指数最近一年、两年的波动率）。

（5）无风险利率：1.5%、2.1%（分别采用中国人民银行制订的金融机构 1 年期、2 年期存款基准利率）。

（6）股息率：0.45%（近三年股息率均值）。

具体测算方法可以参考本书第 12 章。

2．期权费用的摊销方法

公司将按照上述估值模型在授予日确定股票期权的公允价值，并最终确认本计划的股份支付费用，该等费用将在本计划的实施过程中按行权比例摊销。由本激励计划产生的激励成本将在经常性损益中列支。

根据中国会计准则要求，假设公司 2017 年 8 月授予激励对象股票期权，以前述测算为例，本激励计划授予的股票期权对2017—2019年会计成本的影响如表15.5所示。

表15.5　星辉娱乐第二期股票期权计划的总激励成本摊销

授予的股票期权数量（万份）	需摊销的总费用（万元）	2017年（万元）	2018年（万元）	2019年（万元）
3 819	3 932.77	988.73	2 034.15	909.89

本期股票期权激励成本对公司经营业绩的影响：公司以目前信息初步估计，在不考虑本激励计划对公司业绩的刺激作用情况下，股票期权费用的摊销对有效期内各年净利润有所影响，从而对业绩考核指标中的净利润指标造成影响，但影响程度不大。若考虑股票期权激励计划对公司发展产生的正向作用，由此激发管理团队的积极性，提高经营效率，降低代理人成本，本激励计划带来的公司业绩提升将远高于因其带来的费用增加。

15.11　股票期权激励计划的实施程序

【问】上市公司股票期权激励计划，实施程序各环节怎么规定？

星辉娱乐本期规定如下。

实施程序包含：激励计划生效程序、股票期权的授予程序、股票期权的行权程序、本激励计划的变更及终止程序。

1．激励计划生效程序

（1）董事会薪酬与考核委员会负责拟订股票期权激励计划草案。

（2）公司董事会应当依法对本激励计划做出决议。董事会审议激励计划时，作为激励对象的董事或与其存在关联关系的董事应当回避表决。董事会应当在审议通过本计划并履行公示、公告程序后，将本计划提交股东大会审议。同时提请股东大会授权，负责实施股票期权的授予、行权和注销工作。

（3）独立董事及监事会应当就本计划是否有利于公司持续发展，是否存在明显损害公司及全体股东利益的情形发表意见。

（4）本计划经公司股东大会审议通过后方可实施。公司应当在召开股东大会前，通过公司网站或者其他途径，在公司内部公示激励对象的姓名和职务（公示期不少于10天）。监事会应当对股权激励名单进行审核，充分听取公示意见。公司应当在股东大会审议本计划前5日披露监事会对激励名单审核及公示情况的说明。

（5）公司股东大会在对本次股票期权激励计划进行投票表决时，独立董事应当就本次股票期权激励计划向所有股东征集委托投票权。股东大会应当对《管理办法》第九条规定的股权激励计划内容进行表决，并经出席会议的股东所持表决权的2/3以上通过，单独统计并披露除公司董事、监事、高级管理人员、单独或合计持有公司 5%以上股份的股东以外的其他股东的投票情况。

公司股东大会审议股权激励计划时，作为激励对象的股东或者与激励对象存在关联关系的股东，应当回避表决。

（6）本激励计划经公司股东大会审议通过，且达到本激励计划规定的授予条件时，公司在规定时间内向激励对象授予股票期权。经股东大会授权后，董事会负责实施股票期权的授予、行权和注销。

2．股票期权的授予程序

（1）股东大会审议通过本激励计划后，公司与激励对象签署《股权激励协议书》，以约定双方的权利义务关系。

（2）公司在向激励对象授予股票期权前，董事会应当就股权激励计划设定的激励对象获授股票期权的条件是否成就进行审议并公告。

独立董事及监事会应当同时发表明确意见。律师事务所应当对激励对象获授股票期权的条件是否成就出具法律意见。

（3）公司监事会应当对股票期权授予日及激励对象名单进行核实并发表意见。

（4）公司向激励对象授予股票期权与股权激励计划的安排存在差异时，独立董事、监事会（当激励对象发生变化时）、律师事务所应当同时发表明确意见。

（5）股权激励计划经股东大会审议通过后，公司应当在 60 日内授予激励对象股票期权并完成公告、登记。公司董事会应当在授予的股票期权登记完成后应及时披露相关实施情况的公告。若公司未能在 60 日内完成上述工作的，本计划终止实施，董事会应当及时披露未完成的原因且 3 个月内不得再次审议股权激励计划（根据《管理办法》规定，上市公司不得授出股票期权的期间不计算在 60 日内）。

（6）公司授予股票期权前，应当向证券交易所提出申请，经证券交易所确认后，由登记结算公司办理登记结算事宜。

3．股票期权的行权程序

（1）公司董事会在可行权日之前确定本激励计划的行权方式，并向激励对象告知具体的操作程序。

（2）公司董事会薪酬与考核委员会对激励对象的行权数额、行权资格与行权条件审查确认。

（3）激励对象按照董事会确定的行权方式行权，公司（或委托券商）办理相应的股票登记事宜。

（4）公司向公司登记机关办理工商变更登记手续。

4．本激励计划的变更、终止程序

（1）激励计划变更程序。

① 公司在股东大会审议本计划之前拟变更本计划的，需经董事会审议通过。

② 公司在股东大会审议通过本计划之后变更本计划的，应当由股东大会审议决定，且不得包括下列情形：a）导致加速行权的情形；b）降低行权价格的情形。

（2）激励计划终止程序。

① 公司在股东大会审议本激励计划之前拟终止实施本激励计划的，需经董事会审议通过。

② 公司在股东大会审议通过本激励计划之后终止实施本激励计划的，应当由股东大会审议决定。

15.12 公司/激励对象各自的权利义务

【问】上市公司股权激励计划，公司和激励对象各自享有的权利、承担的义务有哪些？

星辉娱乐本期规定如下。

1. 公司的权利与义务

（1）公司具有对本激励计划的解释和执行权，并按本激励计划规定对激励对象进行绩效考核。若激励对象未达到本激励计划所确定的行权条件，公司将按本激励计划规定的原则，注销激励对象其相应尚未行权的股票期权。

（2）公司承诺不为激励对象依本激励计划有关股票期权行权提供贷款以及其他任何形式的财务资助，包括为其贷款提供担保。

（3）公司应及时按照有关规定履行股票期权激励计划申报、信息披露等义务。

（4）公司应当根据本激励计划及中国证监会、证券交易所、中国证券登记结算有限责任公司等的有关规定，积极配合满足行权条件的激励对象按规定行权。但若因中国证监会、证券交易所、中国证券登记结算有限责任公司的原因造成激励对象未能按自身意愿行权并给激励对象造成损失的，公司不承担责任。

2. 激励对象的权利与义务

（1）激励对象应当按公司所聘岗位的要求，勤勉尽责、恪守职业道德，为公司的发展做出应有贡献。

（2）激励对象行权的资金来源为其自筹资金。

（3）激励对象因激励计划获得的收益，应按国家税收法规交纳个人所得税及其他税费。

（4）激励对象承诺：若公司因信息披露文件中有虚假记载、误导性陈述或者重大遗漏，导致不符合授予股票期权或行权安排的，应当自相关信息披露文件被确认存在虚假记载、误导性陈述或者重大遗漏后，将由股权激励计划所获得的全部利益返还公司。

（5）本激励计划经公司股东大会审议通过后，公司将与每一位激励对象签署《股权激励协议书》，明确约定各自在本次激励计划项下的权利义务及其他相关事项。

（6）法律、法规及本激励计划规定的其他相关权利义务。

15.13 公司/激励对象发生异动的处理

【问】上市公司股票期权激励计划，公司和激励对象各自发生异动情况时，激励对象的标的股票期权怎么处理？

星辉娱乐本期规定：

1．公司发生异动的处理

（1）公司出现下列情形之一的，本激励计划终止实施，激励对象已获授但尚未行权的股票期权不得行权，由公司注销。

公司负面清单（公司 5 类情形）。

（2）公司出现下列情形之一的，本激励计划正常实施。

① 公司控制权发生变更。

② 公司出现合并、分立的情形。

（3）公司因信息披露文件有虚假记载、误导性陈述或者重大遗漏，导致不符合股票期权授予条件或行权安排的，未行权的股票期权由公司统一注销。激励对象获授股票期权已行权的，所有激励对象应当返还已获授股票期权行权后产生的全部收益。对上述事宜不负有责任的激励对象因返还收益而遭受损失的，可向公司或负有责任的对象进行追偿。董事会应当按照前款规定收回激励对象所得收益。

2．激励对象个人情况发生变化

（1）激励对象发生职务变更，但仍在公司内，或在公司下属分、子公司内任职的，其获授的股票期权完全按照职务变更前本激励计划规定的程序行权。

若激励对象因不能胜任岗位工作、触犯法律、违反执业道德、泄露公司机密、失职或渎职等行为损害公司利益或声誉而导致的职务变更，或因前列原因导致公司解除与激励对象聘用或雇佣关系的，激励对象已获授但尚未行权的股票期权不得行权，由公司注销；离职前需缴纳完毕股票期权已行权部分的个人所得税。

（2）激励对象因辞职、公司裁员、到期不续签合同而离职，激励对象已获授但尚未行权的股票期权不得行权，由公司注销；离职前需缴纳完毕股票期权已行权部分的个人所得税。

（3）激励对象因退休而离职，其获授的股票期权将按照退休前本计划规定的程序进行，且董事会可以决定其个人绩效考核结果不再纳入行权条件；离职前需缴纳完毕股票期权已行权部分的个人所得税。

（4）激励对象因丧失劳动能力而离职，应分以下两种情况处理。

① 激励对象因执行职务丧失劳动能力而离职的，其获授的股票期权将完全按照丧失劳动能力前本计划规定的程序行权，其个人绩效考核结果不再纳入行权条件；离职前需缴纳完毕股票期权已行权部分的个人所得税。

② 激励对象非因执行职务丧失劳动能力而离职的，其已获授但尚未行权的股票期权不得行权，由公司注销；离职前需缴纳完毕股票期权已行权部分的个人所得税。

（5）激励对象身故，应分以下两种情况处理。

① 激励对象因执行职务身故的，其获授的股票期权将由其指定的财产继承人或法定继承人代为持有，已获授但尚未行权的股票期权按照身故前本激励计划规定的程序进行，其个人绩效考核结果不再纳入行权条件。

② 激励对象因其他原因身故的，董事会可以决定对激励对象根据本计划已获授但尚未行权的股票期权不得行权，由公司注销。

（6）其他未说明的情况由董事会认定，并确定其处理方式。

3．公司与激励对象之间争议的解决

公司与激励对象发生争议，按照本激励计划和《股权激励协议书》的规定解决；规定不明的，双方应按照国家法律和公平合理原则协商解决；协商不成，提交公司住所所在地有管辖权的人民法院诉讼解决。

15.14 附则

【问】上市公司股权激励计划，批准权和解释权归谁？

星辉娱乐本期规定如下。

（1）本激励计划在公司股东大会审议通过后生效。

（2）本激励计划由公司董事会负责解释。

星辉互动娱乐股份有限公司

董事会

2017 年 7 月 27 日

第16章 国有控股上市公司限制性股票激励计划案例–宝钢股份

宝山钢铁股份有限公司（宝钢股份，600019），系上交所主板上市公司。

宝钢股份 2016 年营收 1 855 亿元，净利润 96 亿元。其控股股东为宝武集团。

注：2016 年 11 月，宝钢集团重组合并武钢集团，并更名为中国宝武钢铁集团有限公司（简称：宝武集团）。

2014—2017 年期间，宝钢股份总共实施了两期股权激励计划（均为限制性股票）。

（1）2014 年 5 月 20 日，公司股东大会审议通过《宝钢股份 A 股限制性股票计划（草案）》《宝钢股份 A 股限制性股票首期授予方案（草案修订稿）》。

（2）2017 年 12 月 19 日，公司股东大会审议通过《宝钢股份第二期 A 股限制性股票激励计划（草案）》。

如果要想了解如何起草设计一份国有控股上市公司限制性激励计划，而且符合《上市公司股权激励管理办法》的规定，那么以《宝钢股份第二期 A 股限制性股票激励计划（草案）》为例是恰当的：因为它正好是国有控股上市公司，激励形式为限制性股票，批准实施时间已在 2016 年 8 月 13 日之后。

本计划草案内容包含如下 17 章。

第 1～5 章：释义，总则，本计划的管理机构，激励对象的确定依据和范围，本计划所涉及的股票来源和数量。

第 6～10 章：限制性股票的分配情况，本计划的时间安排，限制性股票的授予价格及其确定方法，限制性股票的获授条件及解除限售条件，限制性股票的调整方法和程序。

第 11～15 章：限制性股票的会计处理，公司授予权益、激励对象解除限售的程序，公司/激励对象各自的权利义务，公司/激励对象发生异动的处理，本计划的变更、终止。

第 16～17 章：限制性股票回购原则，其他重要事项。

在参考本案例时，有以下几点需要注意。

（1）如果是一般上市公司要制订限制性股票激励计划，要注意可以删减国有控股上市公司实施股权激励的相关规定。

（2）如果是国有控股上市公司要制订股票期权激励计划，要注意以股票期权替换限制性股票的相关规定表述。

（3）如果准备参考以前的上市公司限制性股票激励计划（2016 年 8 月 13 日之前批准实施），则要注意对照《上市公司股权激励管理办法》进行必要修改。

（4）新三板挂牌公司起草设计一份限制性股票激励计划，有限公司或股份公司（非上市）起草设计一份股权（股份）激励计划，应考虑必要的简化。

16.1 本期股权激励计划简述

本期股权激励计划规定如下。

（1）采用的激励工具为限制性股票。股票来源为公司向激励对象定向发行宝钢股份 A 股普通股。

（2）公司拟向激励对象授予限制性 A 股股票总数 17 764.46 万股，占当时公司股本总额 2 210 265.69 万股的 0.803 7%。其中，首次授予 16 764.69 万股，预留 1 000 万股，预留占本次授予总量的 5.63%。

（3）首次授予的激励对象 1 080 名，其中董事和高级管理人员 8 名，其他核心管理、技术、业务、技能骨干 1 072 名。

（4）授予日为 2017 年 12 月 22 日，授予价格 3.99 元/股。

（5）本计划有效期 6 年，自限制性股票授出之日起算。限售期 2 年，此后 3 年为解除限售期，各期解除限售比例均为 1/3，每个解除限售期 12 个月。

（6）解除限售条件包括业绩条件，公司要求完成设定的吨钢 EBITDA、经济增加值（EVA）、利润总额、协同效益，以对标企业作为指标对照依据；激励对象要求上一年度考核结果达标。

下面详细介绍《宝钢股份第二期 A 股限制性股票激励计划（草案）》的具体规定。

16.2 总则

【问】上市公司实施股权激励计划，要达到什么目的？要遵循哪些设计原则和制订依据？

宝钢股份本期规定如下。

1. 本计划制订的法律、政策依据

根据《公司法》《证券法》《国有控股上市公司（境内）实施股权激励试行办法》（国资发分配〔2006〕175 号）》《关于规范国有控股上市公司实施股权激励制度有关问题的通知（国资发分配〔2008〕171 号）》《上市公司股权激励管理办法（证监会令[第 126 号]）》以及其他有关法律、法规、部门规章、规范性文件和宝钢股份《公司章程》的有关规定，制订本激励计划。

2. 制订本计划的目的

（1）进一步完善公司治理结构，建立健全持续、稳定的激励约束机制，为股东带来持续的回报。

（2）倡导公司与个人共同持续发展的理念，构建股东、公司与员工之间的利益共同体，调动核心人才的积极性，促进公司长期稳健发展。

（3）推动宝武整合、融合、化合工作，最大程度实现协同效应，确保重组目标实现。

（4）快速提升各生产基地的制造能力，充分发挥宝山基地的带动作用和各基地间的协同效应，不断提高公司综合竞争力。

3．制订本计划的原则

（1）坚持股东利益、公司利益和员工利益相一致，有利于维护股东利益，有利于上市公司的可持续发展。

（2）坚持激励与约束相结合，风险与收益相对称。

（3）坚持依法规范，公开透明，遵循相关法律法规和公司章程规定。

（4）坚持从实际出发，循序渐进，不断完善。

16.3 本计划的管理机构

【问】上市公司实施股权激励计划，需要哪些机构对此进行管理？股东大会、董事会、薪酬与考核委员会、监事会、独立董事等分别要负责哪些职责？

宝钢股份本期规定如下。

1．股东大会

股东大会作为公司的最高权力机构，负责审议批准本计划的实施、变更和终止。

2．董事会、薪酬与考核委员会

董事会是本计划的执行管理机构，下设薪酬与考核委员会，负责拟订和修订本计划，报公司股东大会审批和主管部门审核，并在股东大会授权范围内办理本计划的相关事宜。

3．监事会

监事会是本计划的监督机构，负责审核激励对象的名单，并对本计划的实施是否符合相关法律、行政法规、部门规章和上海证券交易所业务规则进行监督。

4．独立董事

独立董事应当就本计划是否有利于公司的持续发展，是否存在明显损害公司及全体股东的利益发表独立意见，并就本计划向所有股东征集委托投票权。

16.4 激励对象的确定依据和范围

【问】上市公司制订股权激励计划时，要确定哪些人成为本期计划的激励对象。那么确定激励对象的依据是什么？从哪些范围中筛选？由谁核实名单的真实性？

宝钢股份本期规定如下。

1. 激励对象的确定依据

激励对象确定要考虑法律依据和职务依据。

（1）激励对象确定的法律依据。

本计划激励对象根据《公司法》《证券法》《上市公司股权激励管理办法》等有关法律及其他有关法律、法规、规范性文件和《公司章程》的相关规定，结合公司实际情况而确定。

（2）激励对象确定的职务依据。

本计划的激励对象为实施本计划时在任的公司董事、高级管理人员、关键岗位中层管理人员、核心技术、业务、技能等骨干人员。本计划激励对象不包括监事、独立董事以及由上市公司控股公司以外的人员担任的外部董事。

2. 激励对象的范围

本计划涉及的激励对象不超过 1 080 人（不含预留部分），具体包括：公司董事、高级管理人员，关键岗位中层管理人员，核心技术、业务、技能等骨干人员。所有激励对象必须与公司或公司的控股子公司具有雇佣关系或担任职务。预留部分的激励对象应当在股权激励计划经股东大会审议通过后 12 个月内予以明确。

所有参与本计划的激励对象不能同时参加其他任何上市公司股权激励计划，已经参与其他任何上市公司激励计划的，不得参与本计划。

3. 激励对象的核实

激励对象的核实，包括内部公示、内幕信息知情人自查、监事会审核名单。

（1）在召开股东大会前，公司应在内部公示激励对象名单，且公示期不少于 10 天。

（2）由公司对内幕信息知情人在本计划草案公告前 6 个月内买卖公司股票及其衍生品种的情况进行自查，说明是否存在内幕交易行为。知悉内幕信息而买卖公司股票的，不得成为激励对象，法律、行政法规及相关司法解释规定不属于内幕交易的情形除外。泄露内幕信息而导致内幕交易发生的，不得成为激励对象。

（3）监事会应当对激励对象名单进行审核，充分听取公示意见，并在股东大会审议本计划前 5 日披露监事会对激励对象名单审核及公示情况的说明。

16.5 本计划所涉及标的股票来源和数量

【问】上市公司实施股权激励计划时，涉及的标的股票从哪里获得？授予的权益总量有多少？每个激励对象可获授的权益数量是多少？授予总量、个人授予数量应控制在多少比例内？

宝钢股份本期规定如下。

1．标的股票来源

本计划采用限制性股票作为激励工具，标的股票来源为宝钢股份向激励对象定向发行 A 股普通股股票。

2．标的股票的数量

本计划拟向激励对象授予 17 764.46 万股限制性股票，约占公司董事会审议通过本计划时公司股本总额 2 210 265.69 万股的 0.803 7%。其中，首次授予 1 676.46 万股，预留 1 000 万股。

预留约占本计划授予权益总量的 5.6%，授予后续符合激励条件的激励对象及新任职核心骨干。

本计划中任何一名激励对象所获授限制性股票数量，未超过本计划提交股东大会审议之前公司股本总额的 1%。依据本计划授予的限制性股票及公司其他有效的股权激励计划累计涉及的公司标的股票总量，未超过公司股本总额的 10%。

分析：

《国有控股上市公司（境内）实施股权激励试行办法》规定，“上市公司首次实施股权激励计划授予的股权数量原则上应控制在上市公司股本总额的 1%以内。”因此，宝钢股份限制性股票首期授予方案须受此限制，而宝钢股份第二期限制性股票计划则不受此限制。

《宝钢股份 A 股限制性股票首期授予方案（草案修订稿）》拟授予的股票数量不超过 4 745.82 万股，占当时公司股本总额 1 647 102.602 4 万股的 0.29%，符合上述限制规定。

16.6 限制性股票的分配情况

【问】上市公司股权激励计划，本次授予总量分配，激励对象拟获授的标的股票数量和比例是多少？

宝钢股份本期规定如下。

本计划首次授予的激励对象 1 080 名中，董事和高级管理人员 8 名，获授限制性股票 268.8 万股，占本期首次授予总量的 1.51%；其他核心管理、技术、业务、技能骨干 1 072 名，获授限制性股票 16 495.66 万股，占本期首次授予总量的 92.86%；预留 1 000 万股，占本期授予总量的 5.63%。

授予的限制性股票在各激励对象间的分配情况如表 16.1 所示。

表 16.1　宝钢股份第二期限制性股票在各激励对象间的授予分配情况

序号	姓名	职务	获授限制性股票数量（万股）	占授予总数比例（%）	占公司股本总额比例（%）
1	诸骏生	执行董事	35.7	0.20	0.001 6
2	储双杰	副总经理	33.3	0.19	0.001 5
3	刘安	副总经理	33.3	0.19	0.001 5
4	盛更红	副总经理	33.3	0.19	0.001 5
5	王静	副总经理	33.3	0.19	0.001 5
6	智西巍	副总经理	33.3	0.19	0.001 5
7	吴琨宗	财务总监	33.3	0.19	0.001 5
8	吴一鸣	董事会秘书	33.3	0.19	0.001 5
9	其他核心管理、技术、业务、技能骨干		16 495.66	92.86	0.746 3
10	预留		1 000	5.63	0.045 2
11	合计		17 764.46	100.00	0.803 7

注：

（1）本计划激励对象未参与两个或两个以上上市公司股权激励计划，激励对象中没有持有公司 5%以上股权的主要股东或实际控制人及其配偶、直系近亲属。

（2）在本计划效期内，高级管理人员个人股权激励预期收益水平，应控制在其 2 年薪酬总水平（含预期的股权收益）的 30%以内。高级管理人员薪酬总水平应参照国有资产监督管理机构或部门的原则规定，依据公司绩效考核与薪酬管理办法确定。

（3）预留部分拟授予后续符合激励条件的激励对象及新任职核心骨干，具体对象由公司董事会确定，并应当在股权激励计划经股东大会审议通过后 12 个月内予以明确。

16.7　本计划的时间安排

【问】上市公司限制性股票激励计划，有效期多长？公司向激励对象授予限制性股票的授予日怎么确定？激励对象不能转让的限售期怎么规定？激励对象可解除限售的期间怎么规定？激励对象解除限售后的股票的禁售期间怎么规定？

宝钢股份本期规定如下。

1. 本计划有效期

本计划有效期为自限制性股票授予之日起的 6 年时间。

2. 本计划的授予日

授予日必须为交易日，授予日由公司董事会在本计划提交公司股东大会审议通过后确定。自公司股东大会审议通过本计划且授予条件成就之日起 60 日内，公司将按相关规定召开董事会对本次授予的激励对象进行授予，并完成登记、公告等相关程序。公司未能在 60 日内完成上述工作的，终止实施本计划。

公司在下列期间不得向激励对象授予限制性股票。

（1）公司定期报告公告前三十日内，因特殊原因推迟定期报告公告日期的，自原预约公告日前三十日起算至公告前一日。

（2）公司业绩预告、业绩快报公告前十日内。

（3）自可能对公司股票及其衍生品种交易价格产生较大影响的重大事件发生之日或者进入决策程序之日，至依法披露后二个交易日内。

（4）中国证监会及交易所规定的其他时间。

上述公司不得授出限制性股票的期间不计入 60 日期限之内。

3. 本计划的限售期

自激励对象获授限制性股票完成登记之日起 24 个月内为限售期。在限售期内，激励对象根据本计划获授的限制性股票予以限售，不得转让、不得用于担保或偿还债务。激励对象因获授的尚未解除限售的限制性股票而取得的资本公积转增股本、派发股票红利、股票拆细等股份同时按本计划进行锁定。解除限售后，公司为满足解除限售条件的激励对象办理解除限售事宜，未满足解除限售条件的激励对象持有的限制性股票由公司回购。

4. 本计划的解除限售期

本计划授予的限制性股票解除限售安排如表 16.2 所示。

表 16.2　宝钢股份第二期限制性股票解除限售安排

解除限售安排	解除限售时间	可解除限售数量占获授权益数量比例
第一个解除限售期	自授予完成登记之日起 24 个月后的首个交易日起至授予完成登记之日起 36 个月内的最后一个交易日当日止	1/3
第二个解除限售期	自授予完成登记之日起 36 个月后的首个交易日起至授予完成登记之日起 48 个月内的最后一个交易日当日止	1/3
第三个解除限售期	自授予完成登记之日起 48 个月后的首个交易日起至授予完成登记之日起 60 个月内的最后一个交易日当日止	1/3

分析：

为什么计划有效期 6 年，而限售期 2 年+解除限售期 3 年合计只有 5 年？

这是因为首次授予是在第 1～5 年内安排的限售期 2 年+解除限售期 3 年，而预留授予是在第 2～6 年内安排的限售期 2 年+解除限售期 3 年。

5．本计划的禁售规定

本计划的禁售规定按照《公司法》《证券法》等相关法律、法规、规范性文件和《公司章程》执行，具体规定如下。

（1）激励对象为公司董事和高级管理人员的，其在任职期间每年转让的股份不得超过其所持有本公司股份总数的 25%；在离职后半年内，不得转让其所持有的本公司股份。

（2）在本计划最后一批限制性股票解除限售时，担任公司高级管理职务的激励对象获授限制性股票总量的 20%限售至任职（或任期）期满后，根据其担任高级管理职务的任期考核或经济责任审计结果确定是否解除限售。

（3）激励对象为公司董事和高级管理人员的，将其持有的本公司股票在买入后 6 个月内卖出，或者在卖出后 6 个月内又买入，由此所得收益归本公司所有，本公司董事会将收回其所得收益。

（4）激励对象在本计划有效期内实际兑现的限制性股票收益原则上不超过激励对象限制性股票授予时薪酬总水平（含股权激励收益）的 40%，激励对象超出调控水平的收益上交公司。

（5）在本计划有效期内，如果《公司法》《证券法》等相关法律、法规、规范性文件和《公司章程》中对公司董事和高级管理人员持有股份转让的有关规定发生了变化，则这部分激励对象转让其所持有的公司股票应当在转让时符合修改后的《公司法》《证券法》等相关法律、法规、规范性文件和《公司章程》的规定。

16.8 限制性股票的授予价格及其确定方法

【问】上市公司限制性股票激励计划，公司向激励对象授予限制性股票，激励对象按授予价格出资购买股票，该授予价格怎么确定？

宝钢股份本期规定如下。

1．授予价格的确定方法

限制性股票的授予价格的定价基准日为本计划公布日。授予价格不得低于股票票面金额（即 1 元/股），且不得低于下列价格较高者。

（1）本计划公布前 1 个交易日的公司股票交易均价的 50%，即 3.99 元/股。

（2）本计划公布前 120 个交易日均价的 50%，即 3.77 元/股。

2．授予价格

根据本计划授予价格的确定方法，本计划限制性股票的授予价格为每股

3.99元。即满足授予条件后，激励对象可以按每股3.99元的价格购买公司向激励对象增发的限制性股票。

激励对象获授限制性股票所需资金以自筹方式解决，公司不得为激励对象依据本计划获得的有关权益提供贷款以及其他任何形式的财务资助。

分析：

《上市公司股权激励管理办法》规定，限制性股票的授予价格可以打5折，即不低于定价基准日股票价格的50%。

16.9 激励对象的获授条件及解除限售条件

【问】上市公司限制性股票激励计划，公司向激励对象授予限制性股票要满足哪些条件？激励对象获授的限制性股票解除限售要满足哪些条件？

宝钢股份本期规定如下。

1. 本计划的授予条件

公司必须满足下列条件，方可依据本计划向激励对象进行限制性股票的授予。

（1）公司未发生如下任一情形。

公司负面清单（公司5类情形）。

（2）激励对象前一年度个人业绩考核为B及以上，且未发生以下任一情形。

激励对象负面清单（个人6类情形）。

（3）公司业绩考核条件达标，即达到以下条件。

① 2016年度吨钢EBITDA不低于同期国内对标钢铁企业50分位值且位列同期全球对标钢铁企业前五名。

② 完成国资委下达中国宝武分解至宝钢股份的2016年度EVA考核目标。

③ 利润总额较2013—2015年平均利润总额的定比增长率不低于15%，且当年利润总额较“国内8家对标钢铁企业”利润总额均值的倍数不低于2.8倍。

上述授予业绩条件指标的计算包含原上市公司“武钢股份”的数据，其2015年利润总额按0计算。

若公司未达到授予条件，则公司当期不得依据本方案授予任何限制性股票；若激励对象未达到授予条件，则公司当期不得依据本方案向该激励对象授予任何限制性股票。

预留限制性股票的授予条件同本次授予限制性股票的授予条件。

2. 本计划的解除限售条件

公司必须满足下列条件，方可依据本计划对授予的限制性股票进行解除限售。

（1）公司未发生如下任一情形。

公司负面清单（公司 5 类情形）。

（2）激励对象未发生以下任一情形。

激励对象负面清单（个人 6 类情形）。

公司发生上述第（1）条规定情形之一的，所有激励对象根据本计划已获授但尚未解除限售的限制性股票应当由公司按规定回购；激励对象发生上述第（2）条规定情形之一的，该激励对象根据本计划已获授但尚未解除限售的限制性股票应当由公司按规定回购。

（3）公司业绩考核要求。

本计划授予的限制性股票，在解除限售期的 3 个会计年度中，分年度进行绩效考核并解除限售，以达到绩效考核目标作为激励对象的解除限售条件。

① 按本计划授予的限制性股票解除限售业绩考核具体目标如表 16.3 所示。

表 16.3 宝钢股份第二期限制性股票解除限售的业绩考核目标

解除限售期	业绩考核目标
第一个解除限售期	① 2018 年度吨钢 EBITDA 不低于同期国内对标钢铁企业 75 分位值且位列同期全球对标钢铁企业前四名
	② 完成国资委下达中国宝武分解至宝钢股份的 EVA 考核目标
	③ 利润总额较基期（2014—2016 年）平均利润总额的复合增长率不低于 24%，且当年利润总额较"国内 8 家对标钢铁企业"利润总额均值的倍数不低于 3.2 倍
	④ 若对应解除限售考核年度“国内 8 家对标钢铁企业”利润总额合计数同比上年跌幅超过 50%时，公司当年利润总额不低于对标企业的 90 分位值，利润总额复合增长率指标视为考核合格
	⑤ 宝武协同效益定比 2016 年不低于 20 亿元
第二个解除限售期	① 2019 年度吨钢 EBITDA 不低于同期国内对标钢铁企业 75 分位值且位列同期全球对标钢铁企业前三名
	② 完成国资委下达中国宝武分解至宝钢股份的 EVA 考核目标
	③ 利润总额较基期（2014—2016 年）平均利润总额的复合增长率不低于 18%，且当年利润总额较“国内 8 家对标钢铁企业”利润总额均值的倍数不低于 3.5 倍
	④ 若对应解除限售考核年度“国内 8 家对标钢铁企业”利润总额合计数同比上年跌幅超过 50%时，公司当年利润总额不低于对标企业的 90 分位值，利润总额复合增长率指标视为考核合格
	⑤ 宝武协同效益定比 2016 年不低于 30 亿元

续上表

解除限售期	业绩考核目标
第三个解除限售期	① 2020年度吨钢EBITDA不低于同期国内对标钢铁企业75分位值且位列同期全球对标钢铁企业前三名
	② 完成国资委下达中国宝武分解至宝钢股份的EVA考核目标
	③ 利润总额较基期（2014—2016年）平均利润总额的复合增长率不低于15%，且当年利润总额较“国内8家对标钢铁企业”利润总额均值的倍数不低于4倍
	④ 若对应解除限售考核年度“国内 8 家对标钢铁企业”利润总额合计数同比上年跌幅超过 50%时，公司当年利润总额不低于对标企业的 90 分位值，利润总额复合增长率指标视为考核合格
	⑤ 宝武协同效益定比2016年不低于30亿元

上述解除限售业绩条件指标的计算包含原上市公司“武钢股份”的数据，其2015年利润总额按0计算。如涉及上级有权部门决定的重大资产重组或企业响应国家供给侧改革号召实施去产能等战略举措对相关业绩指标带来影响，造成指标不可比情况，则授权公司董事会对相应业绩指标的实绩值进行还原，但需报国资委备案。

② 授予、解除限售考核对标企业的选取。

对标企业从全球钢铁行业及国内同行上市公司中，选取综合实力、盈利能力、营收规模、产量规模等方面排名领先，以及产品结构、业务结构、工艺流程与公司相近的企业。

利润倍数对标企业为截至2016年12月31日申万行业分类“申银万国一级行业指数—钢铁”中年报口径营业总收入排名前8位的代表性上市钢企（不包括“宝钢股份”），具体如下。

1～4：河钢股份（000709）、新兴铸管（000778）、太钢不锈（000825）、鞍钢股份（000898）

5～8：华菱钢铁（000932）、首钢股份（000959）、山东钢铁（600022）、马钢股份（600808）。

吨钢EBITDA全球对标企业为阿塞洛米塔尔钢铁、韩国浦项制铁、日本新日铁住金株式会社、印度塔塔钢铁、美国钢铁、俄罗斯耶弗拉兹钢铁、巴西盖尔道钢铁、河钢股份、鞍钢股份以及山东钢铁等10家具有全球代表性的上市钢企。吨钢EBITDA国内对标企业为截至2016年12月31日申万行业分类“申银万国一级行业指数—钢铁”中年度报告披露粗钢产量数据的24家代表性上市钢企（不包括“宝钢股份”），具体如下。

1～4：河钢股份（000709）、鞍钢股份（000898）、太钢不锈（000825）、大冶特钢（000708）、

5～8：山东钢铁（600022）、华菱钢铁（000932）、马钢股份（600808）、

首钢股份（000959）、

9～12：酒钢宏兴（600307）、西宁特钢（600117）、八一钢铁（600581）、重庆钢铁（601005）、

13～16：新钢股份（600782）、本钢板材（000761）、柳钢股份（601003）、南钢股份（600282）、

17～20：安阳钢铁（600569）、杭钢股份（600126）、凌钢股份（600231）、三钢闽光（002110）:、

21～24：韶钢松山（000717）、宝钢股份（600010）、沙钢股份（002075）、方大特钢（600507）。

若在年度考核过程中，对标企业出现主营业务重大变化或出现偏离幅度过大的样本极值，则授权公司董事会根据实际情况剔除或更换样本。公司董事会可根据公司战略、市场环境等因素，对上述业绩指标和水平进行调整，但相应调整需报国资委备案。

（4）激励对象个人层面考核。

激励对象个人考核按照《宝钢股份第二期 A 股限制性股票计划实施考核管理办法》分年进行，绩效评价结果（S）划分为五个档次。根据个人的绩效评价结果确定当年度的解除限售比例，个人当年实际解除限售额度＝标准系数×个人当年计划解除限售额度，绩效评价中的特殊情况由董事会裁定，如表 16.4 所示。

表 16.4 宝钢股份第二期限制性股票计划的个人绩效评价结果与系数

绩效评价结果	AAA	AA	A	B	C
标准系数	1			0.8	0

预留限制性股票的解除限售业绩条件同本计划首次授予限制性股票的解除限售业绩条件。

因公司层面业绩考核不达标或个人层面绩效考核导致当期解除限售的条件未成就的，对应的限制性股票不得解除限售或递延至下期解除限售，由公司按照授予价格回购处理。

16.10 限制性股票的调整方法和程序

【问】上市公司股权激励计划，出现各种调整事项如转增股、送红股、拆股、配股、缩股、派息等，激励对象的标的权益数量应怎么调整？

宝钢股份本期规定如下。

1. 限制性股票数量的调整方法

若在本计划公告当日至激励对象完成限制性股票股份登记期间，公司有

资本公积转增股本、派送股票红利、股份拆细、配股、缩股等事项，应对限制性股票数量进行相应的调整。

2．限制性股票授予价格的调整方法

若在本计划公告当日至激励对象完成限制性股票股份登记期间，公司有资本公积转增股本、派送股票红利、股份拆细、配股或缩股等事项，应对限制性股票的授予价格进行相应的调整。

数量、价格的具体调整方法可参考本书第 10 章。

3．本计划调整的程序

公司股东大会授权公司董事会，当出现前述情况时由公司董事会决定调整授予价格、限制性股票数量。律师应当就上述调整是否符合《上市公司股权激励管理办法》《公司章程》和本计划的规定出具专业意见。

16.11 限制性股票会计处理

【问】上市公司实施限制性股票激励计划，如何进行相应的会计处理？产生的总激励成本是多少？总激励成本分摊到每个年度的激励成本是多少？

宝钢股份本期规定如下。

1．限制性股票会计处理方法

按照《企业会计准则第 11 号—股份支付》的规定，公司将在限售期的每个资产负债表日，根据最新取得的可解除限售人数变动、业绩指标完成情况等后续信息，修正预计可解除限售的限制性股票数量，并按照限制性股票授予日的公允价值，将当期取得的服务计入相关成本或费用和资本公积。

（1）授予日的会计处理：根据公司向激励对象定向发行股份的情况确认股本和资本公积。

（2）限售期内的会计处理：根据会计准则规定，在限售期内的每个资产负债表日，将取得职工提供的服务计入成本费用，同时确认所有者权益或负债。

（3）解除限售日的会计处理：如果达到解除限售条件，可以解除限售；如果全部或部分股票未被解除限售而失效或作废，按照会计准则及相关规定处理。

2．限制性股票公允价值的确定方法

限制性股票根据授予日市价、激励对象的认购价格因素确定其公允价值。

3．股份支付费用对公司业绩的影响

本计划公告时，首次授予的限制性股票总成本估计约为 39 688.18 万元，该成本将在本计划限售期、解除限售期内进行摊销，在管理费用中列支。假设 2017 年 12 月授予，每年摊销金额，如表 16.5 所示。

表 16.5 宝钢股份第二期限制性股票的激励成本摊销

授予数量（万股）	总成本（万元）	2017 年（万元）	2018 年（万元）	2019 年（万元）	2020 年（万元）
16 764.46	39 688.18	2 024.08	24 288.96	9 470.21	3 904.94

限制性股票授予后，公司将在年度报告中公告经审计的限制性股票激励成本和各年度确认的成本费用金额。

预留限制性股票的会计处理同本计划首次授予限制性股票的会计处理。

16.12 公司授予权益、激励对象解除限售的程序

【问】上市公司股票期权激励计划，实施程序各环节怎么规定？

宝钢股份本期规定如下。

（1）本计划在获得国资委审批通过后提交公司股东大会审议，独立董事应当就本计划向所有的股东征集委托投票权，并且公司在提供现场投票方式时提供网络投票的方式。

（2）本计划经公司股东大会审议通过后，并且符合本计划的考核规定，公司在规定时间内向激励对象授予限制性股票。授予日必须为交易日，并符合规定。

（3）限制性股票的授予、激励对象的解除限售程序。

① 限制性股票的授予。

a）股东大会审议通过本计划后，公司与激励对象签署《限制性股票授予协议书》，以此约定双方的权利义务关系。公司董事会根据股东大会的授权办理具体的限制性股票授予事宜。

b）公司在向激励对象授出权益前，董事会应当就本计划设定的激励对象获授权益的条件是否成就进行审议并公告。

c）独立董事及监事会应当同时发表明确意见。律师事务所应当对激励对象获授权益的条件是否成就出具法律意见。

d）公司监事会应当对限制性股票授予日及激励对象名单进行核实并发表意见。

e）公司向激励对象授出权益与本计划的安排存在差异时，独立董事、监事会（当激励对象发生变化时）、律师事务所、财务顾问应当同时发表明确意见。

f）本计划经股东大会审议通过后，公司应当在 60 日内授予激励对象限

制性股票并完成公告、登记。公司董事会应当在授予的限制性股票登记完成后及时披露相关实施情况的公告。若公司未能在60日内完成上述工作，本计划终止实施，董事会应当及时披露未完成的原因且3个月内不得再次审议股权激励计划。

g）公司授予限制性股票前，应当向上海证券交易所提出申请，经上海证券交易所确认后，由证券登记结算机构办理登记结算事宜。

② 激励对象的解除限售程序。

a）在解除限售日前，公司应确认激励对象是否满足解除限售条件。董事会应当就本计划设定的解除限售条件是否成就进行审议，独立董事及监事会应当同时发表明确意见。律师事务所应当对激励对象解除限售的条件是否成就出具法律意见。对于满足解除限售条件的激励对象，由公司统一办理解除限售事宜，对于未满足条件的激励对象，由公司回购其持有的该次解除限售对应的限制性股票。

b）激励对象可对已解除限售的限制性股票进行转让，但公司董事和高级管理人员所持股份的转让应当符合有关法律、法规和规范性文件的规定。

16.13 公司/激励对象各自的权利义务

【问】上市公司股权激励计划，公司和激励对象各自享有的权利、承担的义务有哪些？

宝钢股份本期规定如下。

1. 公司的权利与义务

（1）若激励对象不能胜任所聘工作岗位或者考核不合格，经董事会薪酬委员会批准并报公司董事会审议通过后，公司有权回购激励对象尚未解除限售的限制性股票。

（2）若激励对象违反《公司法》《公司章程》等所规定的忠实义务，或因触犯法律、违反职业道德、泄露公司机密、失职或渎职等行为损害公司利益或声誉，未解除限售的限制性股票由公司回购，情节严重的，公司董事会有权追回其已解除限售获得的全部或部分收益。

（3）公司不得为激励对象依本计划获取有关限制性股票或解除限售提供贷款以及其他任何形式的财务资助，包括为其贷款提供担保。

（4）公司应当根据本计划及证监会、交易所、登记结算公司等的有关规定，办理限制性股票授予、解除限售、回购等有关事宜。但若因证监会、交易所、登记结算公司的原因造成激励对象未能办理并给激励对象造成损失的，公司不承担责任。

（5）法律、法规规定的其他相关权利义务。

2．激励对象的权利与义务

（1）激励对象应当按公司所聘岗位的要求，勤勉尽责、恪守职业道德，为公司的发展做出应有贡献。

（2）激励对象应当按照本计划规定限售其获授的限制性股票。

（3）激励对象的资金来源为激励对象自筹资金。

（4）激励对象所获授的限制性股票，经登记结算公司登记过户后便享有其股票应有的权利，包括但不限于该等股票的分红权、配股权等。在限制性股票解除限售之前，激励对象根据本计划获授的限制性股票不得转让、用于担保或用于偿还债务。

（5）激励对象因本计划获得的收益，应按国家税收法规缴纳个人所得税及其他税费。

（6）法律、法规规定的其他相关权利义务。

16.14 公司/激励对象发生异动的处理

【问】上市公司限制性股票激励计划，公司和激励对象各自发生异动情况时，激励对象的标的限制性股票怎么处理？

宝钢股份本期规定如下。

（1）公司出现下列情形之一时，本计划即行终止。

公司负面清单（公司5类情形）。

当公司出现终止本计划的上述情形时，激励对象已获授但尚未解除限售的限制性股票由公司按照本计划相关规定，以授予价格进行回购。

（2）公司出现下列情形之一时，按本计划的规定继续执行。

① 公司控制权发生变更。

② 公司出现合并、分立等情形。

（3）公司因信息披露文件有虚假记载、误导性陈述或者重大遗露，导致不符合限制性股票授出条件或解除限售安排的，未解除限售的限制性股票由公司统一回购处理，激励对象获授限制性股票已解除限售的，所有激励对象应当返还已获授权益。对上述事宜不负有责任的激励对象因返还权益而遭受损失的，可按照本计划相关安排，向公司或负有责任的对象进行追偿。

董事会应当按照前款规定和本计划相关安排收回激励对象所得收益。

（4）激励对象个人情况发生变化。

① 激励对象发生职务变更，但未与公司解除或终止劳动关系的，其获授的限制性股票按照职务变更前本计划规定的程序进行。

② 激励对象因死亡、退休、不受个人控制的岗位调动与公司解除或终止劳动关系的，激励对象可选择在最近一个解除限售期仍按原定的时间和条件解除限售，解除限售比例按激励对象在对应业绩年份的任职时限确定。剩余尚未达到可解除限售时间限制和业绩考核条件的限制性股票不再解除限售，由公司按照授予价格回购。

③ 激励对象因辞职或公司裁员而离职，激励对象根据本计划已获授但尚未解除限售的限制性股票由公司按照授予价格回购。激励对象成为独立董事或监事等不能持有公司限制性股票的人员时，激励对象根据本计划已获授但尚未解除限售的限制性股票由公司按照授予价格回购。

④ 激励对象出现以下情形的，激励对象应当返还其因股权激励带来的收益，已获授但尚未解除限售的限制性股票由公司回购，回购价格按照回购时市价与授予价格的孰低值确定。

a）出现违反国家法律法规、违反职业道德、失职或渎职等行为，严重损害公司利益或声誉，给公司造成直接或间接经济损失。

b）因违反公司规章制度，依据公司员工奖惩管理相关规定，因严重违纪，被予以辞退处分的。

c）公司有充分证据证明该激励对象在任职期间，存在受贿、索贿、贪污、盗窃、泄露经营和技术秘密等违法违纪行为，直接或间接损害公司利益。

d）因犯罪行为被依法追究刑事责任。

e）违反有关法律法规或公司章程的规定，给公司造成不当损害。

f）发生《管理办法》第八条规定的不得被授予限制性股票的情形。

本条中“回购时市价”是指公司董事会审议回购该激励对象限制性股票当日的股票收盘价。

⑤ 其他未说明的情况由董事会认定，并确定其处理方式。

16.15 本计划的变更、终止

【问】上市公司限制性股票激励计划，变更、终止程序怎么规定？

宝钢股份本期规定如下。

（1）公司在股东大会审议本计划之前拟变更本计划的，需经董事会审议通过。

（2）公司在股东大会审议通过本计划之后变更本计划的，应当由股东大会审议决定（股东大会授权董事会决议的事项除外），且不得包括下列情形：导致提前解除限售的情形；降低授予价格的情形。

（3）公司在股东大会审议本计划之前拟终止实施本计划的，需经董事会审议通过。

（4）公司在股东大会审议通过本计划之后终止实施本计划的，应当由股东大会审议决定。

16.16 限制性股票回购原则

【问】上市公司限制性股票激励计划，回购怎么处理？

宝钢股份本期规定如下。

公司按本计划规定回购限制性股票的，回购价格按照本计划上述相关规定确定，但根据本计划需对回购价格进行调整的除外。

1．回购价格的调整方法

若在授予日后公司实施公开增发或定向增发，且按本计划规定应当回购限制性股票的，回购价格不进行调整。

若公司发生资本公积转增股本、派送股票红利、股份拆细、配股或缩股等事项，公司应对尚未解除限售的限制性股票的回购价格做相应的调整。调整方法略。

2．回购价格的调整程序

（1）公司股东大会授权公司董事会依上述已列明的原因调整限制性股票的回购价格。董事会根据上述规定调整回购价格后，应及时公告。

（2）因其他原因需要调整限制性股票回购价格的，应经董事会做出决议并经股东大会审议批准。

3．回购的程序

（1）公司发生本计划规定的需要回购情形，及时召开董事会审议回购股份方案，并将回购股份方案提交股东大会批准。

（2）公司按照本计划的规定实施回购时，应按照《公司法》的规定进行处理。

16.17 其他重要事项

【问】上市公司限制性股票激励计划，其他事项怎么规定？

宝钢股份本期规定如下。

（1）本计划中的有关条款，如与国家有关法律、法规及行政规章、规范性文件相冲突，则按照国家有关法律、法规及行政性规章制度执行。本计划中未明确规定的，则按照国家有关法律、法规及行政规章、规范性文件执行。

（2）公司与激励对象发生争议，按照本计划和《限制性股票授予协议书》

的规定解决；规定不明的，双方应按照国家法律和公平合理原则协商解决；协商不成，应提交公司住所所在地有管辖权的人民法院诉讼解决。

（3）若激励对象违反本计划、《公司章程》或国家有关法律、法规及行政规章及规范性文件，出售按照本计划所获得的股票，其收益归公司所有，由公司董事会负责执行。

（4）公司特提醒广大投资者注意，本计划尚需完成如下法定程序之后才可实施。

① 国资委审核批准本计划。

② 股东大会批准本计划。

（5）董事会授权薪酬与考核委员会制订本计划管理办法。

（6）本计划的解释权归公司董事会。

宝山钢铁股份有限公司

董事会

2017 年 11 月 6 日

第17章

上市公司股票增值权激励计划案例–顺丰控股

顺丰控股股份有限公司（顺丰控股，002352），系深交所中小板上市公司。2016 年营收 575 亿元，净利润 43.6 亿元。

注：2017 年 2 月顺丰控股通过鼎泰新材（002352）借壳上市。

2017 年，顺丰控股总共实施了两期股权激励计划。

2017 年 11 月 30 日，公司股东大会分别审议通过：《顺丰控股 2017 年限制性股票激励计划（草案）》《顺丰控股 2017 年股票增值权激励计划（草案）》。

如果要想了解如何起草设计一份上市公司股票增值权激励计划，而且符合《上市公司股权激励管理办法》的规定，那么以《顺丰控股 2017 年股票增值权激励计划（草案）》为例是恰当的：因为它正好是一般上市公司（非国有控股），激励形式为股票增值权，批准实施时间已在 2016 年 8 月 13 日之后。

本计划草案内容包含如下 9 章。

第 1～5 章：释义，实施激励计划的目的，本计划的管理机构，激励对象的确定依据和范围，激励计划具体内容。

第 6～9 章：本计划的相关程序，公司/激励对象各自的权利义务，公司/激励对象发生异动的处理，附则。

在参考本案例时，有以下几点需要注意。

（1）如果是国有控股上市公司要制订股票增值权激励计划，还要注意增加国有控股上市公司实施股权激励的相关规定。

（2）如果是一般上市公司要制订限制性股票或股票期权激励计划，要注意以限制性股票或股票期权替换股票增值权的相关规定表述。

（3）如果准备参考以前的上市公司股票增值权激励计划（2016 年 8 月 13 日之前批准实施），则要注意对照《上市公司股权激励管理办法》进行必要修改。

（4）如果新三板挂牌公司要起草一份股票增值权激励计划，或非上市公司（有限公司、股份公司）要起草一份股权增值权激励计划，应考虑必要的简化。

（5）与宝钢股份、星辉娱乐的激励计划相比，顺丰控股本期股票增值权计划的形式和内容有所不同：内容上，没有说明股票增值权的会计处理；形式上，把股票来源和数量、分配情况、时间安排、行权价格及确定方法、授予与行权条件、调整方法和程序等都归在本计划草案的第 5 章“激励计划具体内容”中。

另外，要搞清楚顺丰控股为什么要采用股票增值权为激励工具。如果全部采用限制性股票，或全部采用股票期权，或限制性股票+股票期权的组合形式，不行吗？

这与激励对象范围有关。2016 年 8 月 13 日前，按《上市公司股权激励管理办法（试行）》规定，外籍员工无法在境内开通专用证券账户，因此无法采用限制性股票和股票期权，只能采用股票增值权。

2016 年 8 月 13 日后，按《上市公司股权激励管理办法》规定，外籍员工分两种情况，区别对待：①在境内工作的外籍员工，允许在境内开通证券专用账户，可以参加限制性股票或股票期权激励计划；②在境外工作的外籍员工，不允许在境内开通证券专用账户，只能继续采用股票增值权激励工具。

顺丰控股本次采用股票增值权为激励工具，其激励对象就是在境外工作的外籍员工。

注意：2018 年 9 月 15 日起，按修改后的《上市公司股权激励管理办法》（证监会〔第 148 号令〕），激励对象包括外籍员工，并可在 A 股开设证券账户。今后，对于激励对象属于在境内、外工作的外籍员工，也可以采用限制性股票、股票期权作为激励工具了。

17.1 本期股权激励计划简述

本激励计划规定如下。

（1）本计划采用股票增值权为激励工具，在满足行权条件的前提下，激励对象获授的每一份股票增值权拥有在有效期内以行权价格执行 1 次增值权的权利。

（2）股票来源不涉及实际股票、仅以顺丰控股股票作为虚拟标的股票，由公司以现金方式支付行权价格与兑付价格之间的差额，该等差额即激励额度。

（3）公司拟向 20 名激励对象授予 5.94 万份股票增值权，占当时公司股本总额 441 101.55 万股的 0.00 1%。

（4）激励对象为公司外籍核心人才，且属于在境外工作的外籍员工。

（5）授权日待定（经股东大会审议通过本计划后由董事会确定），股票增值权的行权价格 29.32 元/股。

（6）本计划有效期 48 个月，等待期 1 年，此后 2 年分 2 期行权，各期行权比例 50%、50%，每期行权期 12 个月。

（7）行权条件包括业绩条件，公司要求完成设定的净利润增长率，激励对象要求上一年度考核结果达标。

17.2 实施激励计划的目的

【问】上市公司实施股票增值权激励计划，要达到什么目的？要遵循哪些设计原则和制订依据？

顺丰控股本期规定如下。

本激励计划主要有：

（1）为了进一步建立、健全公司长效激励机制，吸引和留住优秀人才，充分调动公司核心人才的积极性，有效地将股东利益、公司利益和核心人才个人利益结合在一起，使各方共同关注公司的长远发展。

（2）实现对计划对象的长期奖励与约束，充分调动其激励性和创造性，使其利益与公司长远发展更紧密的结合，防止人才流失，实现企业可持续发展。

（3）体现公平性，使得满足条件的外籍员工一定程度上可与中国籍员工享有同等的公司股票收益。

本计划主要针对受政策限制，顺丰控股无法纳入《顺丰控股 2017 年限制性股票激励计划（草案）》的公司员工。

本计划采用的激励工具股票增值权是一种虚拟的股票，是公司给予计划参与人的一种权利，不实际买卖股票，仅通过模拟股票市场价格变化的方式，在规定时段内，获得由公司支付行权价格与兑付价格之间的差额。

股票增值权的实质就是股票的现金结算，比照实施限制性股票激励计划可获得的收益，由公司以现金形式支付给激励对象。

17.3 本计划的管理机构

【问】上市公司实施股票增值权激励计划，需要哪些机构对此进行管理？股东大会、董事会、薪酬与考核委员会、监事会、独立董事等分别要担负哪些职责？

顺丰控股本期规定如下。

1. 股东大会

股东大会作为公司的最高权力机构，负责审议批准本计划的实施、变更和终止。股东大会可以在其权限范围内将本次计划相关的部分事宜授权董事会办理。

2. 董事会

董事会是本计划的执行管理机构，下设薪酬与考核委员会，负责拟订和修订本计划并报董事会审议，董事会对本计划审议通过后，报股东大会审议。董事会在股东大会授权范围内办理本计划的相关事宜。

3. 监事会

监事会是本计划的监督机构，负责审核激励对象的名单。监事会就本计划是否有利于公司的持续发展，是否存在明显损害公司及全体股东利益的情形发表意见；并对本计划的实施是否符合相关法律、行政法规、部门规章和证券交易所业务规则进行监督。

4. 独立董事

独立董事应当就本计划是否有利于公司的持续发展，是否存在明显损害公司及全体股东的利益发表独立意见，并就本计划向所有股东征集委托投票权。

17.4 激励对象的确定依据和范围

【问】上市公司制订股票增值权激励计划时，要确定哪些人成为本期计划的激励对象。那么确定激励对象的依据是什么？从哪些范围中筛选？由谁核实名单的真实性？

顺丰控股本期规定如下。

本计划激励对象的确定依据和范围为受政策限制无法纳入限制性股票激励计划的公司外籍核心人才，共计 20 人。以上激励对象中，所有激励对象均须在公司授予股票增值权时以及在本计划的考核期内与公司或公司的分、子公司具有聘用或劳动关系。

分析：

受政策限制无法纳入限制性股票激励计划的公司外籍核心人才，指在境外工作的外籍员工，尚无法在境内开设证券专用账户。

17.5 激励计划具体内容

【问】上市公司实施股票增值权激励计划时，涉及的标的股票从哪里获得？授予的权益总量有多少？每个激励对象可获授的权益数量是多少？授予总量、个人授予数量应控制在多少比例内？

顺丰控股本期规定如下。

17.5.1 激励计划的股票来源、数量和分配

由于股票增值权计划不涉及到实际股票，以顺丰控股股票作为虚拟股票标的。

本计划拟向激励对象授予 5.94 万份股票增值权，约占本计划草案公告时公司股本总额 441 101.55 万股的 0.001%。

本计划授予的股票增值权在各激励对象间的分配情况如表 17.1 所示。

表 17.1　顺丰控股 2017 年股票增值权的授予分配情况

激励计划分配情况	获授的股票增值权数量（万份）	占授予股票增值权总数的比例（%）	占目前总股本比例（%）
公司外籍核心人才（合计 20 人）	5.94	100.00	0.001

注：

（1）公司持股 5%以上的主要股东或实际控制人及其配偶、父母、子女未参与本激励计划。

（2）上述任何一名激励对象通过全部有效的股权激励计划获授的本公司股票均未超过本计划提交股东大会时公司股本总额的 1%。公司全部有效的激励计划所涉及的标的股票总数累计不超过本计划提交股东大会时公司股本总额的 10%。

（3）激励对象的姓名、职务信息将以公告另行披露。

17.5.2　激励计划的有效期、授予日、等待期、行权安排、可行权日

【问】上市公司股票增值权激励计划，有效期多长？公司向激励对象授予股票增值权的授予日怎么确定？激励对象不能行权的等待期怎么规定？激励对象可行权的期间怎么规定？激励对象行权后的股票的禁售期间怎么规定？

顺丰控股本期规定如下。

1．有效期

本计划有效期为股票增值权授予完成登记之日起至所有股票增值权行权或注销完毕之日止，最长不超过 48 个月。

2．授予日

授予日在本计划经公司股东大会审议通过后由公司董事会确定。公司在股东大会审议通过后 60 日内，公司按相关规定召开董事会对激励对象进行授予，并完成公告、登记。公司未能在 60 日内完成上述工作，披露未完成的原因并终止实施本计划。

授予日必须为交易日，且不得为下列区间日（4 种情况，略），参考本书第 15、16 章的类似表述。

上述公司不得授出股票增值权的期间不计入 60 日期限之内。

3．等待期

指股票增值权授予完成登记之日至股票增值权可行权日之间的期限，本计划等待期为 1 年。

4．行权安排

本计划授予的股票增值权自本期激励计划授予完成登记之日起满 12 个月后，激励对象应在未来 24 个月内分两期行权。本次授予增值权行权期及各

期行权时间安排如表 17.2 所示。

表 17.2　顺丰控股 2017 年股票增值权各期行权安排

行权期	行权时间	行权比例
第一个行权期	自授予完成登记之日起 12 个月后的首个交易日起至授予完成登记之日起 24 个月内的最后一个交易日当日止	50%
第二个行权期	自授予完成登记之日起 24 个月后的首个交易日起至授予完成登记之日起 36 个月内的最后一个交易日当日止	50%

本计划有效期结束后，已获授但尚未行权的股票增值权不得行权，未行权的该部分增值权由公司作废注销。

5．可行权日

在本计划通过后，授予的股票增值权自授予完成登记之日起满 12 个月后可以开始行权。可行权日必须为交易日，但不得在下列期间内行权（4 种情况，略），参考第 15 章相应表述。

激励对象必须在股票增值权有效期内行权完毕，计划有效期结束后，已获授但尚未行权的股票增值权不得行权。

17.5.3　股票增值权的行权价格和行权价格的确定方法

【问】上市公司股票期权激励计划，激励对象行权时购买股票的行权价格是多少，该行权价格怎么确定？

顺丰控股本期规定如下。

1．股票增值权的行权价格

本次授予的股票增值权的行权价格为 29.32 元/股，此价格与《顺丰控股 2017 年限制性股票激励计划（草案）》中限制性股票购买价格为同一价格。

2．股票增值权行权价格的确定方法

依据《顺丰控股 2017 年限制性股票激励计划（草案）》公告前 1 个交易日公司股票交易均价和前 20 个交易日公司股票交易均价的较高者的 50%确定，为 29.32 元/股。股票交易均价=前 n 个交易日股票交易总额÷前 n 个交易日股票交易总量。

在本计划下授予的股票增值权有效期内发生派息、资本公积转增股本、派发股票红利、股份拆细或缩股、配股等事宜，行权价格将根据本计划相关规定进行调整。

17.5.4 股票增值权的授予与行权条件

【问】上市公司股票增值权激励计划，公司向激励对象授予股票增值权要满足哪些条件？激励对象获授的股票增值权行权要满足哪些条件？

顺丰控股本期规定如下。

股票增值权的授予条件，不要求满足业绩条件，而股票增值权的行权条件只要求满足业绩条件（对公司和个人负面清单未作要求）。

1．股票增值权的授予条件

激励对象只有在同时满足下列条件时，才能获授股票增值权。

（1）公司未发生以下任一情形。

公司负面清单（公司5类情形）。

（2）激励对象未发生以下任一情形。

激励对象负面清单（个人6类情形）。

2．股票增值权的行权条件

本计划在2017—2018年的2个会计年度中，分年度对公司业绩指标和个人绩效指标进行考核，以达到考核目标作为激励对象当年度的行权条件。

（1）公司业绩考核要求。

本计划授予的股票增值权各年度业绩考核目标，如表17.3所示。

表17.3 顺丰控股2017年股票增值权各年度业绩考核目标

行权期	业绩考核目标
第一个行权期	以2016年公司净利润为基数，2017年净利润增长率不不低于15%
第二个行权期	以2016年公司净利润为基数，2018年净利润增长率不不低于40%

注：上述净利润指公司归属于上市公司股东的扣除非经常性损益的净利润。

由本次股权激励产生的激励成本将在经常性损益中列支。如公司业绩考核达不到上述条件，则激励对象相对应行权期所获授的可行权数量由公司注销。

（2）个人绩效考核要求。

激励对象的个人层面的考核按照公司相关规定组织实施，如表17.4所示。

表17.4 顺丰控股2017年股票增值权激励对象个人考核系数

个人层面上一年度考核结果	个人层面系数
合格	1
不合格	0

若各年度公司层面业绩考核达标，激励对象个人当年实际行权额度=个人当年计划行权额度×个人层面系数。

激励对象在行权年度的上一年度考核结果为“合格”，方可行权；激励对象考核结果为“不合格”，则其相对应行权期所获授的但尚未行权的股票增值权即被取消作废。

（3）考核指标设定的科学性和合理性说明。

通过参考公司重组上市的业绩承诺、结合公司未来的发展规划、快递市场的发展空间，采用除非经常性损益后归属于上市公司股东的净利润作为公司层面的业绩考核指标，以 2016 年为基数，设定 2017、2018 年的净利润增长率不低于 15%、40%。

而同时，本计划不仅设定了公司层面的业绩考核，同时设定了个人层面的绩效考核指标。

只有在两个指标同时达成的情况下，激励对象才能行权，获得收益。

17.5.5 股票增值权激励计划的调整方法和程序

【问】上市公司股票增值权激励计划，出现各种调整事项如转增股、送红股、拆股、配股、缩股、派息等，激励对象的标的权益数量应怎么调整？

顺丰控股本期规定如下。

1．股票增值权数量的调整方法

若在行权前公司有资本公积转增股本、派送股票红利、股票拆细、配股或缩股等事项，应对股票增值权数量进行相应的调整。

2．行权价格的调整方法

若在行权前有派息、资本公积转增股本、派送股票红利、股票拆细、配股或缩股等事项，应对行权价格进行相应的调整。

调整方法略，可参考本书第 10 章。

3．股票增值权激励计划调整的程序

公司股东大会授权公司董事会，当出现前述情况时由公司董事会决定调整股票增值权数量、行权价格。律师事务所应当就上述调整是否符合《管理办法》《公司章程》和本计划的规定出具专业意见。

17.6 本计划的相关程序

【问】上市公司股票增值权激励计划，实施程序各环节怎么规定？

顺丰控股本期规定如下。

实施程序包含：本计划的批准程序、股票增值权的授予程序、股票增值权的行权程序、本计划的变更及终止程序。

（1）本计划经公司股东大会审议通过后方可实施，公司股东大会在对股票增值权激励计划进行投票表决时，独立董事应当就股票增值权激励计划向所有的股东征集委托投票权，并且公司在提供现场投票方式时提供网络投票的方式。

（2）本计划经公司股东大会审议通过，且符合本计划相关规定后，公司在规定时间内向激励对象授予股票增值权。授予日必须为交易日。

（3）股票增值权的授予及激励对象的行权程序。

① 股票增值权的授予。

a）股东大会审议通过本计划后，公司与激励对象签署《2017 年股票增值权授予协议书》，以此约定双方的权利义务关系。公司董事会根据股东大会的授权办理具体的股票增值权授予事宜。

b）公司在向激励对象授出权益前，董事会应当就本计划设定的激励对象获授权益的条件是否成就进行审议并公告。

c）独立董事及监事会应当同时发表明确意见。律师事务所应当对激励对象获授权益的条件是否成就出具法律意见。

d）公司监事会应当对股票增值权授予日及激励对象名单进行核实并发表意见。

e）公司向激励对象授出权益与本计划的安排存在差异时，独立董事、监事会（当激励对象发生变化时）、律师事务所、独立财务顾问应当同时发表明确意见。

② 股票增值权行权程序。

在行权日前，公司应确认激励对象是否满足行权条件，对于满足行权条件的激励对象，由公司统一办理行权事宜，对于未满足条件的激励对象，由公司按照本计划的规定办理注销事宜。

（4）本计划的变更、终止程序。

① 本计划的变更程序。

a）公司在股东大会审议本计划之前拟变更本计划的，需经董事会审议通过。

b）公司在股东大会审议通过本计划之后变更本计划的，应当由股东大会审议决定，且不得包括下列情形：导致提前行权的情形；降低行权价格的情形。

② 本计划的终止程序。

a）公司在股东大会审议本计划之前拟终止实施本计划的，需经董事会审议通过。

b）公司在股东大会审议通过本计划之后终止实施本计划的，应当由股东大会审议决定。

17.7 公司/激励对象各自的权利义务

【问】上市公司股票增值权激励计划，公司和激励对象各自享有的权利、承担的义务有哪些？

顺丰控股本期规定如下。

1．公司的权利与义务

（1）公司具有对本计划的解释和执行权，对激励对象进行绩效考核，并监督和审核激励对象是否具有继续行权的资格。若激励对象出现本计划规定的影响行权条件之一的，经公司董事会批准，可以保留、取消激励对象尚未行权的股票增值权或要求返还股票增值权收益。

（2）公司根据国家税收法律法规的规定，代扣代缴激励对象应缴纳的个人所得税及其他税费。

（3）公司应及时按照有关规定履行股票增值权激励计划申报、信息披露等义务。

（4）公司应当根据股票增值权激励计划及中国证监会、证券交易所、中国证券登记结算有限责任公司等的有关规定，积极配合满足行权条件的激励对象按规定行权。但若因中国证监会、证券交易所、中国证券登记结算有限责任公司的原因造成激励对象未能按自身意愿行权并给激励对象造成损失的，公司不承担责任。

（5）法律、法规规定的其他相关权利义务。

2．激励对象的权利与义务

（1）激励对象应当按公司所聘岗位的要求，勤勉尽责、恪守职业道德，为公司的发展做出应有贡献。

（2）激励对象可以选择行使增值权或者不行使增值权，在被授予的可行权额度内，自主决定行使增值权的数量。

（3）激励对象有权且应当按照本激励计划的规定行权。

（4）在行权期内，激励对象应当分次行权，且须及时向公司提交《行权申请书》。

（5）激励对象获授的股票增值权不得转让、用于担保或偿还债务。

（6）激励对象因激励计划获得的收益，应按国家税收法律法规缴纳个人所得税及其他税费。

17.8 公司/激励对象发生异动的处理

【问】上市公司股票增值权激励计划，公司和激励对象各自发生异动情况时，激励对象的标的股票增值权怎么处理？

顺丰控股本期规定如下。

1. 公司发生异动的处理

（1）出现下列情形之一时，本计划即行终止，激励对象已获授但尚未行权的股票增值权不得行权，由公司按本计划的规定注销：公司负面清单（公司5类情形）。

（2）出现下列情形之一时，本计划不做变更：公司控制权发生变更；公司出现合并、分立等情形。

（3）公司因信息披露文件有虚假记载、误导性陈述或者重大遗漏，导致不符合股票增值权授予条件或行权条件的，未行权的股票增值权由公司统一注销处理，激励对象获授股票增值权已行权的，所有激励对象应当返还已获授权益。对上述事宜不负有责任的激励对象因返还权益而遭受损失的，可向公司或负有责任的对象进行追偿。

2. 激励对象个人情况发生变化

（1）激励对象发生职务变更，但仍在公司内，或在公司下属分、子公司内任职的，其获授的股票增值权完全按照职务变更前本计划规定的程序进行。但是，激励对象因触犯法律、违反执业道德、泄露公司机密、失职或渎职等行为损害公司利益或声誉而导致的职务变更，或因前列原因导致公司解除与激励对象劳动关系的，自情况发生之日，激励对象根据本计划已获授但尚未获准行权的股票增值权作废。

（2）激励对象因辞职、公司裁员（非因前述第（1）项原因导致与公司解除与激励对象劳动关系）而离职，自情况发生之日，激励对象根据本计划已获授但尚未获准行权的股票增值权作废。

（3）激励对象因退休而离职，自情况发生之日，激励对象已获授股票增值权可以按照退休前本计划规定的程序进行，且董事会可以决定其个人绩效考核条件不再纳入行权条件。

（4）激励对象因丧失劳动能力而离职，应分以下两种情况处理。

① 当激励对象因工伤丧失劳动能力而离职时，其获授的股票增值权将完全按照丧失劳动能力前本计划规定的程序进行，且董事会可以决定其个人绩效考核条件不再纳入行权条件。

② 当激励对象非因工伤丧失劳动能力而离职时，董事会可以决定对激励对象根据本计划已获授但尚未行权的股票增值权作废。

（5）激励对象若因执行职务而死亡，其获授的股票增值权将由其指定的财产继承人或法定继承人继承，并按照死亡前本计划规定的程序进行，且董事会可以决定其个人绩效考核条件不再纳入行权条件；若因其他原因而死亡，董事会可以决定对激励对象根据本计划已获授但尚未行权的股票增值权作废，并由公司注销。

（6）其他未说明的情况由董事会薪酬与考核委员会认定，并确定其处理方式。

3. 公司与激励对象之间争议的解决

若公司与激励对象发生争议，双方首先应友好协商解决；协商不成，可提交公司住所所在地有管辖权的人民法院诉讼解决。

17.9 附则

【问】上市公司股票增值权激励计划，批准权和解释权归谁？

顺丰控股本期规定如下。

（1）本计划在公司股东大会审议通过后生效。

（2）本计划由公司董事会负责解释。

顺丰控股股份有限公司

董事会

2017 年 10 月 26 日

第18章

新三板挂牌公司股权激励计划案例

本章介绍新三板挂牌公司股权激励计划案例，包括：华财会计限制性股票激励计划、钢银电商股票期权激励计划。

18.1 【案例】华财会计：限制性股票激励计划

北京华财会计股份有限公司（华财会计，830769），系新三板挂牌公司。

2017 年 12 月 1 日，公司股东大会审议通过《华财会计股权激励计划管理办法》。

本办法内容共有 12 章。

第 1～5 章：释义，本激励计划的目的及意义，本激励计划的管理机构，本激励计划激励对象的确定依据和范围，股权激励计划具体内容。

第 6～10 章：公司授予限制性股票的程序，公司与激励对象各自的权利义务，公司发生异动的处理，本次激励计划的退出方式，调整事项。

第 11～12 章：相关税费，附则。

以下是《华财会计股权激励计划管理办法》的具体规定。

18.1.1 本期股权激励计划简述

本期股权激励计划规定如下。

（1）采用的激励工具为限制性股票。

（2）股票来源为公司现有股东通过持股平台持有的本公司股份。激励对象通过出资购买直接持有持股平台的份额，从而间接持有华财会计的股票。公司拟向激励对象授予限制性股票 169 万股，占当时公司股本总额的 8.42%。

（3）拟激励对象 40 人，其中董事和高级管理人员 4 人，其他激励对象 36 人。

（4）授予日为 2017 年 12 月 2 日，授予价格 3 元/股。

（5）本计划有效期从授予日起到本计划涉及的限制性股票全部解除限售或回购注销为止的期间，自授予日起锁定，于 2017—2019 三年度年报公告后分三批解除限售，每年可解除限售的份额为 1/3。

（6）解除限售条件应满足 2017—2019 三个考核年度的公司整体业绩、部门业绩指标完成情况，完成及格线以上按比例解锁，及格线以下当年份额做回购处理。

18.1.2 本激励计划的目的及意义

制订实施首期中长期激励计划的主要目的是完善公司激励机制，进一步提高员工的积极性、创造性，促进公司业绩持续增长，使员工能够分享公司发展带来的增值利益，使公司成为优秀员工的创富平台。将激励对象利益与股东价值紧密联系起来，使激励对象的行为与公司的战略目标保持一致，促进公司可持续发展；进一步完善公司的绩效考核体系和薪酬体系，吸引、保留和激励实现公司战略目标所需要的人才；激励员工与公司共同奋斗、共同成长，成为公司的主人。

18.1.3 本激励计划的管理机构

（1）公司股东大会作为公司的最高权力机构，负责审议批准管理本计划的实施、变更和终止。

（2）公司董事会是制订本计划、执行本计划的管理机构，负责制订关于激励对象权益的授出、业绩考核等相关事宜的总体实施方案。

（3）公司董事会下设“日常管理工作小组”是本计划的常务执行机构。

18.1.4 本激励计划激励对象的确定依据和范围

1．激励对象的确定依据

本计划激励对象根据《公司法》《证券法》等有关法律及其他有关法律、法规、规范性文件和《公司章程》的相关规定，结合公司实际情况而确定。

本股权激励计划针对全体公司员工，获得提名的激励对象应为与公司（含下属分、子公司）签订劳动合同的正式员工，并满足以下条件：①拟激励对象获得提名时试用期已满；②拟激励对象获得提名时无负面事项。

2．激励对象的范围

本计划确定首次授予的激励对象共计 40 人，未来拟激励对象包括：公司中高层管理人员及核心骨干。

3．激励对象的确定程序

经总经理提名，董事会决议确定。

18.1.5 股权激励计划具体内容

1．标的股票来源

本激励计划用于授予激励对象的股份来源为公司现有股东持股平台持有的公司股份。激励对象通过出资购买持股平台份额而直接持有持股平台的份额，并以此间接持有公司股票。

2．授出股份数量

持股平台所持股份共占公司总股本的 8.42%，本激励计划首次确定授予的限制性股票份额占“持股平台”的 52.66%，即涉及的股份占公司股份总量的 4.43%。

3．激励对象名单及获授个量

综合考虑全体员工的岗位职级、重要性及服务年限等因素，本激励计划首次确定授予的激励对象为 40 人，各激励对象及其获授份额如表 18.1 所示。

表 18.1 华财会计限制性股票授予分配情况

序号	姓名	职务	获授份额（万股）	占目前总股本比例（%）	占本期授予总量的比例（%）
1	孙丽虹	董事	4	0.20	2.37
2	潘瑜青	董事	4	0.20	2.37
3	林红	财务总监	4	0.20	2.37
4	杨孟怡	董事会秘书	4	0.20	2.37
5	其他激励对象共计 36 人	中高层管理人员、核心骨干及外聘顾问	73	3.64	43.20
6	首次授予小计		89	4.43	52.66
7	预留		80	3.98	47.34
8	总计		169.00	8.42	100.00

4．激励对象获授股份价格

本次授予激励对象限制性股票价格为 3 元/股。

5．本计划的限售安排

（1）授予日。

首次授予限制性股票的授予日为本激励计划经公司股东大会审议通过后由公司董事会确定。

本激励计划拟授予的限制性股票的授予日经公司股东大会审议通过后由公司董事会确定，由公司按相关规定召开董事会对激励对象进行授予，并完成相关程序。

（2）限售期安排。

激励对象获授的限制性股票自授予日起锁定，分批次解除限售。

（3）解除限售期安排。

① 限制性股票于 2017—2019 三年度年报公告后分三批次解除限售，每年可解除限售的份额为激励对象获授份额的 1/3。

② 限售期内如发生激励对象退出公司的情形，激励对象按照前述约定价格退出。

（4）禁售期安排。

禁售期是指对激励对象所获股票进行售出限制的时间段。

本激励计划的禁售规定按照《公司法》《证券法》等相关法律、法规、规范性文件和《公司章程》执行。

在本激励计划的有效期内，如《公司法》《证券法》等相关法律、法规、规范性文件和《公司章程》中对公司董事和高级管理人员持有股份转让的有关规定发生了变化，则这部分激励对象转让其所持有的公司股票应当在转让时符合修改后《公司法》《证券法》等相关法律、法规、规范性文件和《公司章程》的规定。

6. 激励对象的解除限售

激励计划中激励对象获授限制性股票每个解锁期能否解除限售及解除限售份额分别对应2017—2019三个考核年度公司整体业绩、部门业绩指标完成情况。

每年设置业绩完成及格线，及格线以上有权利根据完成比例解锁，及格线以下当年份额做回购处理，由于业绩不达标未能解除限售部分由合伙平台GP或其指定第三方按照原价回购。

各考核年度业绩指标及可解除限售比例由公司董事会在每个考核年度当年度上半年分别确认。

公司每年4月30日前对前一年度公司的经营情况进行审计，根据结果确定激励对象是否达到以上解除限售条件及激励对象可解除限售股份数量。

18.1.6 公司授予限制性股票的程序

（1）公司董事会审议本计划后提交至公司股东大会审议。

（2）本计划经公司股东大会审议通过后，授权公司董事会办理授予及其他相关事宜。

（3）公司董事会确定授予日，并向激励对象授予限制性股票。

（4）限制性股票授予、激励对象解除限售程序。

① 限制性股票的授予。

授予日确定后，公司与激励对象签署《股权激励计划协议书》，以此约定双方的权利义务关系。

② 限制性股票购买程序。

a）激励对象获授限制性股票需在自授予日起15个自然日内，以其签署的《股权激励计划协议书》中确认的数量和价格向“持股平台”原合伙人支付交易款项，否则作废。

b）公司在对激励对象的获授数量及缴款情况做出核实和认定后，将“持股平台”内的股份转让给激励对象，激励对象需配合公司完成工商变更等相关程序，“持股平台”全部合伙人应配合完成相关工商变更事宜。

18.1.7 公司与激励对象各自的权利义务

1．公司的权利与义务

（1）公司董事会具有对本计划的解释和执行权，若激励对象未达到本计划所确定的解除限售条件，公司将按本计划的规定处理。

（2）公司承诺不为激励对象依股权激励计划提供贷款以及其他任何形式的财务资助，包括为其贷款提供担保。

（3）公司应及时按照有关规定履行股权激励计划信息披露等义务。

（4）公司应当根据股权激励计划及有关部门的规定，积极配合满足解除限售条件的激励对象按规定解除限售。但若因有关部门或激励对象自身的原因造成激励对象未能按自身意愿解除限售并造成损失的，公司不承担责任。

2．激励对象的权利与义务

（1）激励对象应当按公司所聘岗位的要求，勤勉尽责、恪守职业道德，为公司的发展做出应有贡献。

（2）激励对象应当按照本计划约定处置其获授的限制性股票。

（3）激励对象的资金来源为激励对象自筹资金。

（4）激励对象获授的限制性股票不得违规转让或用于担保、偿还债务。

（5）激励对象因激励计划获得的收益，应按国家税收法规交纳个人所得税及其他税费。

（6）激励对象在其持有的限制性股票解除限售后离职的，离职后 1 年内不得在公司竞争对手处从事相同或类似相关工作，否则应当将其因限制性股票解除限售所得的财产收益返还给公司，给公司造成损失的，还应同时向公司承担赔偿责任。

（7）法律、法规规定的其他相关权利义务。

18.1.8 公司发生异动的处理

（1）公司出现下列情形之一时，本计划即行终止。

① 公司出现合并、分立、注销等情形。

② 最近一个会计年度财务会计报告被注册会计师出具否定意见或者无法表示意见的审计报告。

③ 最近一年内因重大违法违规行为被有关部门予以行政处罚。

④ 国家法律法规等规范性文件规定、国家相关行政机关认定的其他情形。

当公司出现终止本计划的上述情形时，激励对象已获授但尚未解除限售的限制性股票的处理由董事会特别决议决定；已解除限售的股票按原规定执行。

（2）导致本次激励计划终止情形发生后，董事会将负责制订相关限制性股票的承接方案，并全力维护激励对象的合法利益不受损失。

（3）在本计划有效期内，如公司根据经营需要拟提前进行中国境内首次公开发行股票并上市（IPO）或者与上市公司进行重大资产重组或者相关法律法规发生变化影响本激励计划实施等情况的，公司董事会可依据《公司法》《证券法》、股转公司规范性文件的要求或有关法律、法规、规范性文件的要求就本计划提出调整方案。

18.1.9 本次激励计划的退出方式

1．退出的总体原则

（1）激励对象原则上不得在离职后带走所持有的股份。

（2）除非发生激励对象离职（不包含退休，下同）的情形，激励对象原则上不得要求退出，特殊情况经公司董事会同意的除外。

（3）限售期满后，激励对象离职的，已解除限售的股票（以下简称“可售股份”）需根据实际情况参照本计划规定退出。

（4）未解除限售的实股，必须在离职前向公司董事会指定方转让其持有的所有股份，转让价格根据激励对象离职分类参照本计划执行。

（5）其他未说明的情况由董事会认定，并确定其处理方式。

2．正常退出

激励对象所持“可售股份”在激励对象仍在公司任职的情况下，可采取以下几种可选方式退出变现。

（1）未来公司股票可以实现在二级市场自由交易的前提下，工作小组每年至少设置两个退出窗口期，激励对象可以将其间接持有的股份于每个考核年度年报披露后向工作小组提出出售申请。工作小组统计激励对象申请情况并配合激励对象在每个窗口期将该半年度激励对象拟出售的可售股份在公开市场出售，并完成持股平台工商变更。

（2）公司引进外部投资人时，若投资人同意以一定价格回购员工所持可售股份，工作小组设立临时窗口期实现员工股份退出。

（3）经持股平台普通合伙人同意，激励对象可将其所持“可售股份”的合伙份额按双方协议价格转让给持股平台内其他有限合伙人，工作小组定期配合激励对象所持“可售股份”的交易并完成持股平台工商变更。

（4）持股平台客观上无法在公开市场出售或转让公司股票的，且激励对象无法将合伙份额转让给持股平台内其他有限合伙人时，在回购方同意回购的前提下，按本计划非负面离职已解锁股份回购处理方式由 GP 或其指定方回购。

3．非正常退出

激励对象发生离职或退出等情形的，激励对象按照下述价格安排退出如表 18.2 所示。

表 18.2 华财会计股权激励非正常退出安排

退出时点	非负面离职	负面离职
未解除限售的限制性股票	①持股平台内部可自由转让，价格可双方协定；②如持股平台内部未完成自由转让，由 GP 或其他指定 LP 回购；入股价格+年化 3%收益率	由 GP 或其他指定 LP 回购：入股价格×80%；补偿公司损失
可售股份	①持股平台内部可自由转让，价格可双方协定；②如持股平台内部未完成自由转让，GP 有义务购买已解除限售股份；转让价格双方协定，或按照如下价格：入股价格+年化 10%收益率	由 GP 或其他指定 LP 回购：入股价格；补偿公司损失

注：

（1）年化收益率不计算复利，收益的计算包括持股期间激励对象获得的现金分红收益。

（2）若激励对象离职发生在持股平台份额无法转让的特殊限售期（如 IPO 申报排队等），需等限售期结束后实际完成工商变更。

（3）除 GP 指定等特殊情形外，LP 有权利主动申请购买其他 LP 申请退出的份额。

4．激励对象离职的分类

（1）非负面离职情形。

① 激励对象死亡、失踪或退休的。

② 激励对象丧失劳动能力而与公司终止劳动关系或聘用关系的。

③ 激励对象不能胜任工作的。

④ 激励对象的劳动合同、聘用合同期限届满的。

⑤ 其他激励对象非过错情形下由公司主动提出而激励对象同意离职的情形。

⑥ 因公司裁员而非激励对象过错导致激励对象离职的。

⑦ 激励对象非过错情形下主动提出离职的。

⑧ 董事会认定的其他非负面情形。

（2）负面离职情形。

① 激励对象违反国家有关法律、行政法规或《公司章程》的规定，给公司造成经济损失的。

② 激励对象因犯罪被追究刑事责任的。

③ 激励对象严重失职、渎职。

④ 公司有证据证明该激励对象在任职期间，由于受贿、索贿、侵占、盗窃、泄露经营和技术秘密、同业竞争等损害公司利益、声誉等违法违纪行为，给公司造成损失的。

⑤ 激励对象未经公司同意，擅自离职的。

⑥ 其他激励对象存在严重不称职行为导致被公司辞退的。

⑦ 其他公司解除劳动条款中 C 类违纪行为。

⑧ 董事会认定的其他负面情况。

5. 退出程序

（1）激励对象可以将其间接持有的股份于每年度设置的退出窗口期内向工作小组提出出售申请。工作小组统计申请情况，并选择合适时间、方式将激励对象拟出售的可售股份在公开市场出售，或参照本激励计划规定的其他形式安排退出；也可由董事会于公司资本运作事项期间择期设立临时窗口期并特别决议退出方式及退出价格。

（2）在公开市场出售可售股份所获得的价款由持股平台按照激励对象申请的出售数量的比例支付激励对象，产生的交易费用由激励对象承担，并根据法律、法规办理上述激励对象的减资、退伙及合伙平台工商变更等事宜。

18.1.10 调整事项

在本激励计划有效期内，如果公司根据经营需要拟提前进行中国境内首次公开发行股票并上市（IPO），或者与其他公司进行重大资产重组，或者相关法律法规发生变化影响本激励计划实施等情况的，公司董事会有权依据《公司法》《证券法》、股转公司规范性文件的要求或有关法律、法规、规范性文件的要求就本计划提出调整方案。调整方案经由公司股东大会审议通过执行。

18.1.11 相关税费

各激励对象应根据中国法律之规定，对其因参与本计划或行使本计划项下的权利而取得的任何形式的收益，向相关税务机关缴纳个人所得税。

18.1.12 附则

（1）本计划经股东大会通过后生效。

（2）本计划中一切未尽事项由董事会表决通过。

（3）本计划由公司董事会负责解释。

北京华财会计股份有限公司 董事会
2017 年 11 月 15 日

18.2 【案例】钢银电商：股票期权激励计划

上海钢银电子商务股份有限公司（钢银电商，835092），系新三板挂牌公司、创业板上市公司上海钢联（300226）子公司。2016 年营收 411 亿元，净利润 0.18 亿元。

2016—2017 年，钢银电商总共实施了 1 期股权激励计划、1 期员工持股计划。

2016 年 8 月 15 日，公司股东大会审议通过：①《钢银电商股票期权激励计划（修订稿）》；②《钢银电商员工持股计划（草案）》。

现以《钢银电商股票期权激励计划（修订稿）》为例，介绍新三板挂牌公司股票期权激励计划。本计划修订稿内容包含如下 7 章。

第 1～5 章：股票期权激励计划的目的，本激励计划的管理机构，股票期权激励对象的确定依据和范围，股票期权激励计划具体内容，公司与激励对象各自的权利义务。

第 6～7 章：公司与激励对象发生异动的处理，附则。

18.2.1 本期股权激励计划简述

本期股权激励计划规定如下。

（1）采用的激励工具为股票期权，在满足行权条件的前提下，激励对象获授的每一份股票期权拥有在有效期内以行权价格购买 1 股公司股票的权利。

（2）持股方式。

在符合届时政策法规的前提下，激励对象优先以间接持有钢银电商股份的方式进行行权，具体方式由股东大会确定或根据股东大会的授权由公司董事会确定。

（3）股票来源为公司向激励对象或间接持股平台定向发行的公司股票。公司拟向激励对象授予股票期权总数 3 210.70 万份，占本激励计划签署时公司股本总额 78 585.000 2 万股的 4.09%。

（4）首次授予股票期权不超过 642.14 万份，拟激励对象不超过 150 人。

（5）授予日为 2015 年 8 月 11 日，行权价格 1.5 元/份。

（6）本计划有效期 10 年，自首次授予日起算，等待期 12 个月，此后 4 年分 4 次行权，各次行权比例 20%、25%、30%、25%，每个行权期 12 个月。

（7）本计划特殊之处：行权后的股票期权，还需要进行锁定和解锁安排。锁定期 12 个月，此后 3 年分 3 次解锁，各期解锁比例均为 1/3，每个解锁期 12 个月。

（8）授予条件须满足公司和激励对象个人未发生规定的负面情形。行权条件除须满足公司和激励对象个人未发生规定的负面情形，还须满足公司层面和个人层面的业绩条件达标，公司层面的考核指标包括钢银交易量、税后净利润。解锁条件须满足公司和激励对象个人未发生规定的负面情形。

下面详细介绍《钢银电商股票期权激励计划（修订稿）》的具体规定。

18.2.2　股票期权激励计划的目的

为进一步完善钢银电商的法人治理结构，建立公司长期激励机制，充分调动公司中、高级管理人员的积极性，有效地将股东利益、公司利益和经营者个人利益结合在一起，使各方共同关注公司的长远发展，根据《公司法》《证券法》以及其他法律、法规、规范性文件和《公司章程》，制订本股票期权激励计划。

18.2.3　本激励计划的管理机构

（1）股东大会作为公司的最高权力机构，负责审议批准本计划的实施、变更和终止。

（2）董事会是本激励计划的执行管理机构，负责拟订和修订本激励计划，报公司股东大会审批和主管部门审核，并在股东大会授权范围内办理本计划的相关事宜。

（3）公司监事会是本激励计划的监督机构，负责审核激励对象的名单，对本计划的实施是否符合相关法律、行政法规、部门规章和全国中小企业股份转让系统业务规则进行监督。

18.2.4　股票期权激励对象的确定依据和范围

1．激励对象的确定依据

（1）激励对象确定的法律依据。

本计划激励对象根据《公司法》《证券法》《非上市公众公司监督管理办法》《全国中小企业股份转让系统业务规则（试行）》等有关法律及其他有关

法律、法规和规范性文件以及《公司章程》的规定，结合公司实际情况而确定。

（2）激励对象确定的职务依据。

本计划的激励对象为对公司业绩有重大影响的经理/核心业务骨干及以上岗位人员。

2．激励对象的范围

本激励计划根据岗位确定激励对象，聘至公司经理/核心业务骨干及以上岗位的员工在岗半年以上且满足绩效考核要求，即可纳入激励对象范围。

18.2.5 股票期权激励计划具体内容

1．激励对象持股方式

在符合届时政策法规的前提下，激励对象优先以间接持有钢银电商股份的方式进行行权，具体方式由股东大会确定或根据股东大会的授权由公司董事会确定。

2．标的股票来源

本计划的股票来源为公司向激励对象或激励对象间接持股平台定向发行的公司股票。

3．股票期权的数量

本计划拟授予不超过 3 210.70 万份股票期权，涉及的标的股票种类为公司普通股，约占本激励计划签署时公司股本总额 78 585.000 2 万股的 4.09%。

4．股票期权激励计划的时间安排

（1）有效期。

本计划有效期为自股票期权首次授予日起十年。

（2）授予日。

本计划股票期权授予日为公司股东大会审议通过本计划后的第一个交易日即 2015 年 8 月 11 日。

（3）等待期。

指股票期权授予日至可行权日之间的时间。本计划授予的股票期权自确定的授予日起 12 个月为等待期。

（4）可行权日。

本计划授予的股票期权自授予日起满 12 个月后分 4 次行权，激励对象应按本激励计划规定的安排分期行权，可行权日必须为行权期内的交易日，但不得在下列期间内行权。

① 公司定期报告公告前 30 日，因特殊原因推迟定期报告公告日期的，

自原预约公告日前30日起算。

② 公司业绩预告、业绩快报公告前10日（如有）。

③ 重大交易或重大事项决定过程中至该事项公告后2个交易日。

④ 其他可能影响股价的重大事件发生之日起至公告后2个交易日。

上述“重大交易”、“重大事项”以及“可能影响股价的重大事件”，为公司根据《深圳证券交易所股票上市规则》《全国中小企业股份转让系统股票转让细则（试行）》《全国中小企业股份转让系统业务规则（试行）》及其他相关法律、法规、规范性文件的规定应当披露的交易或其他重大事项。

钢银电商股票期权的各期行权时间安排如表18.3所示。

表18.3 钢银电商股票期权行权时间安排

行权安排	行权年份	可行权股票期权份额（万份）	占授予总量的比例	占目前总股本的比例
第一次行权	2016年	642.14	20%	0.82%
第二次行权	2017年	802.68	25%	1.02%
第三次行权	2018年	963.21	30%	1.23%
第四次行权	2019年	802.68	25%	1.02%
合计		3 210.70	100%	4.09%

激励对象必须在股票期权行权有效期内行权完毕，股票期权行权期过后，已授予但尚未行权的股票期权不得行权。

（5）锁定期。

激励对象自股票期权行权之日起12个月内为锁定期。在锁定期内，激励对象根据本计划行权获得的公司股票（包含因该等股票取得的股票股利）予以锁定，不得转让、不得用于担保或偿还债务。

（6）解锁期。

锁定期满，激励对象根据本计划行权获得的公司股票解锁安排如表18.4所示。

表18.4 钢银电商行权后的股票解锁安排

解锁安排	解锁时间	解锁比例
第一次解锁	自股票期权行权之日起12个月后的首个交易日起至股票期权行权之日24个月内的最后一个交易日当日止	1/3
第二次解锁	自股票期权行权之日起24个月后的首个交易日起至股票期权行权之日36个月内的最后一个交易日当日止	1/3
第三次解锁	自股票期权行权之日起36个月后的首个交易日起至股票期权行权之日48个月内的最后一个交易日当日止	1/3

（7）禁售期。

禁售期是指对激励对象行权后所获股票解锁后进行售出限制的时间段。本激励计划的禁售规定按照《公司法》《证券法》等相关法律、法规、规范性文件和《公司章程》执行。

在本激励计划的有效期内，如果《公司法》《证券法》等相关法律、法规、规范性文件和《公司章程》中对公司董事、监事和高级管理人员持有股份转让的有关规定发生了变化，则这部分激励对象转让其所持有的公司股票应当在转让时符合修改后的《公司法》《证券法》等相关法律、法规、规范性文件和《公司章程》的规定。

5. 股票期权的行权价格

本激励计划授予股票期权的第一次行权价格定为 1.5 元/份，后续行权价格按照届时经审计每股净资产值与第一次行权价格 1.5 元/份孰高原则确定。

6. 股票期权的分配

（1）分配原则。

本计划拟根据岗位确定激励对象，具体来说，聘至公司经理、核心业务骨干及以上岗位的员工在岗半年以上且满足绩效考核要求，可根据行权计划，按其岗位获授当期岗位股票期权份额行权。

本计划股票期权每次行权完毕后，当次已授予未行权的股票期权作废。

（2）第一次行权权益份额的分配。

参与本计划第一次行权的激励对象不超过 150 人，涉及股票期权数量不超过 642.14 万份，具体分配情况如表 18.5 所示。

表 18.5　华财会计股票期权分配情况表

序号	岗位	份额（万份）	涉及人数	小计份额（万份）
1	总经理	57	1	57
2	副总经理、总助、CHO、CFO	23	8	184
3	业务端总经理（正、副职）、职能端总监（正、副职）	4.8	41	196.8
4	业务端高级经理、职能端高级专家（部门经理、专业类经理、架构师）	3	34	102
5	业务端一般经理（正、副职）、职能端专家（采购总监、高级技术人员）	1.5	66	99
6	合计		150	638.8

7. 授予条件

只有在同时满足下列条件时，才能授予激励对象股票期权。

（1）本公司未发生如下任一情形。

① 最近一个会计年度财务会计报告被注册会计师出具否定意见或者无法表示意见的审计报告。

② 最近一年内因重大违法违规行为被中国证监会、全国中小企业股份转让系统（“股转系统”）予以行政处罚。

③ 中国证监会、股转系统认定的其他影响股票期权授予的情形。

（2）激励对象未发生如下任一情形。

① 最近三年内被股转系统公开谴责或宣布为不适当人选的。

② 最近三年内因重大违法违规行为被中国证监会、股转系统予以行政处罚的。

③ 具有《公司法》规定的不得担任公司董事、监事、高级管理人员情形的。

④ 公司董事会认定其他严重违反公司有关规定的。

8. 行权条件

本计划需满足如下条件，激励对象才能按其岗位获授当期岗位股票期权份额行权。

（1）本公司未发生如下任一情形。

① 最近一个会计年度财务会计报告被注册会计师出具否定意见或者无法表示意见的审计报告。

② 最近一年内因重大违法违规行为被中国证监会、股转系统予以行政处罚。

③ 中国证监会、股转系统认定的其他影响股票期权授予的情形。

（2）激励对象未发生如下任一情形。

① 最近三年内被股转系统公开谴责或宣布为不适当人选的。

② 最近三年内因重大违法违规行为被中国证监会、股转系统予以行政处罚的。

③ 具有《公司法》规定的不得担任公司董事、监事、高级管理人员情形的。

④ 公司董事会认定其他严重违反公司有关规定的。

除满足上述条件外，必须同时满足如下条件。

（3）公司层面业绩考核条件。

本计划授予的股票期权，需满足每个行权日的上一年度业绩考核目标才能行权。每年度公司符合下述考核方案的业绩要求，视为公司层面业绩考核达标。

公司业绩考核方案具体要求，如表 18.6 所示。

表 18.6　钢银电商股票期权公司层面业绩考核要求

年度	2015年度	2016年度	2017年度	2018年度
钢银交易量（万吨）	≥2 500	≥3 500	≥4 500	≥5 500
税后净利润（万元）	2015年下半年亏损额不超过上半年	2016年亏损额不超过5 000万元	2017年净利润≥3 000万元	2018年净利润≥10 000万元

以上“净利润”指：归属于挂牌公司股东的扣除非经常性损益后的净利润。

公司董事会有权根据公司实际经营情况上调上述考核方案的业绩考核指标。

（4）个人层面绩效考核要求。

激励对象个人绩效考核达60分以上才能按其岗位获授当期岗位股票期权份额全部或部分行权，如表18.7所示。

表 18.7　钢银电商股票期权个人层面绩效考核要求

绩效考核结果（S）	$S\geqslant 80$	$80>S\geqslant 60$	$S<60$
行权比例	100%	80%	0%

个人当年实际行权份额＝行权比例×岗位获授当期岗位股票期权份额。

激励对象的个人绩效考核参照公司现行薪酬与考核的相关规定组织实施。

9．解锁条件

只有在同时满足下列条件时，激励对象根据本计划行权获得的公司股票才能解锁。

（1）本公司未发生如下任一情形。

① 最近一个会计年度财务会计报告被注册会计师出具否定意见或者无法表示意见的审计报告。

② 最近一年内因重大违法违规行为被中国证监会、股转系统予以行政处罚。

③ 中国证监会、股转系统认定的其他情形。

（2）激励对象未发生如下任一情形。

① 最近三年内被股转系统公开谴责或宣布为不适当人选的。

② 最近三年内因重大违法违规行为被中国证监会、股转系统予以行政处罚的。

③ 具有《公司法》规定的不得担任公司董事、监事、高级管理人员情形的。

④ 公司董事会认定其他严重违反公司有关规定的。

10．股票期权激励计划的调整方法和程序

（1）股票期权数量的调整方法。

若在行权前公司有资本公积转增股本、派送股票红利、股票拆细、配股或缩股等事项，应对股票期权数量进行相应的调整。

（2）行权价格的调整方法。

若在行权前有派息、资本公积转增股本、派送股票红利、股票拆细、配股或缩股等事项，应对行权价格进行相应的调整。

调整方法略，参考本书第 10 章。

（3）公司在发生增发新股的情况下，股票期权的数量和行权价格不做调整。

（4）股票期权激励计划调整的程序。

公司股东大会授权公司董事会，当出现前述情况时由公司董事会决定调整行权价格、股票期权数量。

18.2.6 公司与激励对象各自的权利义务

1．公司的权利与义务

（1）公司具有对本计划的解释和执行权，并按本计划规定对激励对象进行绩效考核。若激励对象未达到本计划所确定的行权条件，公司将按本计划规定的原则注销股票期权。

（2）公司承诺不为激励对象依股票期权激励计划提供贷款以及其他任何形式的财务资助，包括为其贷款提供担保。

（3）公司应及时按照有关规定履行股票期权激励计划申报、信息披露等义务。

（4）公司应当根据股票期权激励计划及中国证监会、中国证券登记结算有限责任公司等有关部门的规定，积极配合满足行权条件的激励对象按规定行权。

但若因中国证监会、中国证券登记结算有限责任公司等有关部门或激励对象自身的原因造成激励对象未能按自身意愿行权并造成损失的，公司不承担责任。

2．激励对象的权利与义务

（1）激励对象应当按公司所聘岗位的要求，勤勉尽责、恪守职业道德，为公司的发展做出应有贡献。

（2）激励对象应当按照本计划规定锁定其已行权的股票期权。

（3）激励对象的资金来源为激励对象自筹资金。

（4）激励对象获授的股票期权在未行权、未解锁前不得转让、用于担保

或偿还债务。

（5）激励对象因激励计划获得的收益，应按国家税收法规交纳个人所得税及其他税费。

（6）法律、法规规定的其他相关权利义务。

18.2.7 公司、激励对象发生异动的处理

1．公司出现下列情形之一时，本计划即行终止

（1）最近一个会计年度财务会计报告被注册会计师出具否定意见或者无法表示意见的审计报告。

（2）最近一年内因重大违法违规行为被中国证监会、股转系统予以行政处罚。

（3）国家法律法规等规范性文件规定、国家相关行政机关认定的其他情形。

当公司出现终止本计划的上述情形时，激励对象已获准行权但尚未行使的股票期权终止行权，其未获准行权的股票期权作废，已行权但尚未解锁的股票不得解锁。

2．公司出现下列情形时，本计划正常进行

出现控制权发生变更、合并、分立等情况时，本计划正常进行。

3．激励对象个人情况发生变化

（1）如果激励对象发生离职情形，则已获准行权但尚未行使的股票期权终止行权，其未获准行权的股票期权作废。

（2）对于已行权已解锁的股票，按如下方式退出。

① 非负面离职。激励对象出现退休、丧失劳动能力、死亡、劳动合同到期、协商离职等非负面离职退出情况，激励对象可以继续持有已行权已解锁的公司股票。

② 负面离职。激励对象出现不能胜任岗位工作、违法违纪、贪污受贿、泄露机密、恶意离职、违反同业竞争协议、失职或渎职等负面离职退出情况，激励对象持有公司股票按照“本金”与“本金+期间损益”孰低原则强制转让给公司指定的具备参与本股票期权激励计划资格的受让人。

（3）对于已行权未解锁的股票，按如下方式退出。

① 非负面离职。激励对象出现退休、丧失劳动能力、死亡、劳动合同到期、协商离职等非负面离职退出情况，激励对象持有公司股票由公司按“本金+同期存款利率”原则强制转让给公司指定的具备参与本股票期权激励计划资格的受让人。

② 负面离职。激励对象出现不能胜任岗位工作、违法违纪、贪污受贿、

泄露机密、恶意离职、违反同业竞争协议、失职或渎职等负面离职退出情况，激励对象持有公司股票由公司按照“本金”与“本金+期间损益”孰低原则强制转让给公司指定的具备参与本股票期权激励计划资格的受让人。

（4）非负面离职具体包括如下情况。

① 到法定年龄退休且退休后不继续在公司任职的。

② 丧失劳动能力而与公司结束劳动关系。

③ 死亡或宣告死亡的。

④ 激励对象已经不适合继续任职，公司单方面提出解除或终止劳动合同。

⑤ 与公司协商一致，公司同意激励对象离职的。

⑥ 其他经公司认定的非负面退出情况。

（5）负面离职具体包括如下情况。

① 违反国家有关法律、行政法规或《公司章程》，给公司造成重大经济损失。

② 严重失职、渎职、营私舞弊、受贿、索贿、侵占、盗窃、泄露经营和技术秘密等违法违纪违规行为，给公司造成重大损害的。

③ 未经公司同意，个人单方面终止或解除合同、个人不再续签等恶意离职情形。

④ 在同行业任职，与公司存在同业竞争，损害公司利益。

⑤ 其他公司认定的负面退出情况。

（6）其他未说明的情况由董事会认定，并确定其处理方式。

18.2.8 附则

（1）本计划经公司股东大会审议通过后生效。

（2）本计划由公司董事会负责解释。

（3）全国中小企业股份转让系统公司发布关于股权激励的管理办法或实施细则等规范性文件后，公司将按照上述管理办法或实施细则调整公司的股权激励方案，以使公司的股权激励方案符合上述规范性文件的要求。

上海钢银电子商务股份有限公司 董事会

2016 年 7 月 26 日

第19章

非上市公司股权激励计划案例

本章介绍非上市公司股权激励计划案例，包括：①华海药业子公司员工持股激励框架方案；②英威腾子公司期权激励计划实施细则；③英威腾子公司期权授予实施；④网宿科技美国孙公司股份期权方案；⑤海王生物医药商业体系股权激励计划；⑥长春高新子公司的非上市股份公司股权激励方案。

19.1 【案例】华奥泰生物：华海药业子公司员工持股激励框架方案

浙江华海药业股份有限公司（华海药业，600521），系上交所主板上市公司。

上海华奥泰生物药业有限公司（简称：华奥泰生物），系华海药业子公司。

华奥泰生物成立于2013年9月10日，公司类型为有限责任公司，注册资本20 000万元。2017年3月末的净资产为13 587.44万元。

2017年8月11日止，华奥泰生物的股权结构如图19.1所示。

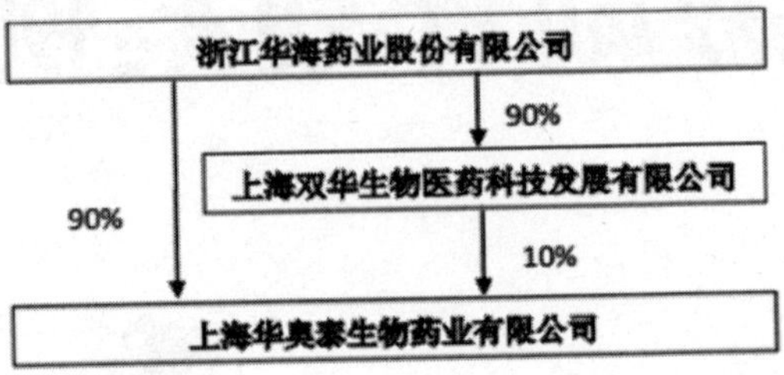

图19.1 华奥泰生物的股权结构

为完善华奥泰生物的治理机制，激发核心骨干团队的活力，更好地促进公司生物医药板块的发展，华海药业拟对华奥泰生物实施员工激励计划、并进行股份制改造。

2017年8月9日，华海药业董事会审议通过《关于子公司华奥泰生物员工股权激励框架方案及股份制改造的议案》。

具体方案内容如下。

注：本方案是由华海药业制订，激励主体为华奥泰生物，因此方案中的公司指华海药业。

1. 华奥泰生物员工股权激励框架方案的主要内容

（1）实施原则。

以激励华奥泰生物经营管理层和核心骨干团队与公司及华奥泰生物共同

成长为目的，以合法、合规、公平、公正、公开、自愿为原则，根据相关法律法规以及公司及华奥泰生物业务发展实际情况，制订和实施本次员工激励计划方案。

（2）激励对象确定的依据和范围。

① 激励对象依据《公司法》《证券法》和其他相关法律法规和规范性文件以及《公司章程》的相关规定，结合公司及华奥泰生物的实际情况，由公司经营管理层确定。

② 激励对象为在华奥泰生物任职的高级管理人员、核心骨干员工以及公司认为应当激励的其他员工。

③ 预留激励对象指未来新加入华奥泰生物且符合激励计划标准的员工、对华奥泰生物发展做出进一步突出贡献的原激励对象以及公司届时认为应该进行股权激励的其他对象。

预留激励对象及其获授股权激励份额，将根据持股平台运作机制决策、并报公司总经理批准后确定。

④ 有下列情形之一的，不能成为激励对象。

a）最近三年内被证监会公开谴责或宣布为不适当人选的；b）最近三年内因重大违法违规行为被证监会予以行政处罚的；c）具有《公司法》规定的不得担任董事、高级管理人员情形的。

在本次激励计划实施期间，激励对象如出现以上不得参与股权激励计划情形的，公司将终止其参与激励计划的权利。

（3）激励方式。

① 具体实施方式。

华海药业设立全资子公司华海药业企业管理有限公司（名称最终以工商登记为准，简称“管理公司”），作为华奥泰生物股权激励的管理平台。

管理公司作为普通合伙人，设立激励对象的持股平台（有限合伙）（简称“持股平台”），以持股平台直接持有华奥泰生物的股份。

持股平台向华海药业与上海双华生物医药科技发展有限公司合计受让华奥泰生物 15%的股权。

管理公司将其持有的持股平台的激励份额转让给各激励对象（有限合伙人）。未转让部分仍由管理公司继续持有，待预留激励对象确定时，再将份额部分转让给新确定的激励对象。

② 激励对象获授条件。

为了建立、健全华奥泰生物长效激励机制，激发员工的潜力和创造力，同时在充分保障公司利益的前提下，按照收益与贡献、权利与义务对等的原则，管理公司设定如下持股条件，包括但不限于：a）激励对象获授股份需要满足的服务年限；b）不同级别、岗位的激励对象获授激励股份后，仍需满足的服务年限；c）激励对象行权所需满足的绩效考核指标等。

③ 激励对象获利途径。

激励对象的获利途径包括但不限于以下几种：a）华奥泰生物盈利分红；b）满足一定条件后对外转让股权；c）华海药业在合适条件下收购持股平台持有的华奥泰生物股权；d）符合法律法规规定的其他方式。

本次华奥泰生物员工股权激励计划的具体方案（包括但不限于激励对象的选择、股份获授条件的制订、激励对象获授股权激励份额的确定、持股平台的运作机制、协议的制订及签署等与实施本次华奥泰生物员工股权激励计划相关的所有其他事项），已经由公司董事会授权，由公司经营管理层在有关法律法规范围内全权制订和实施，授权时限至本次股权激励计划全部完成为止。

2. 华奥泰生物股份制改造

华奥泰生物本次激励计划实施期间，将根据华奥泰生物实际发展现状，进行股份制改造。此外，为更好地整合公司生物药资源，优化组织结构，华奥泰生物将收购华博生物医药技术（上海）有限公司（注：华海药业全资子公司）成为其全资子公司。

上述方案实施后，华奥泰生物具体股权结构如图 19.2 所示。

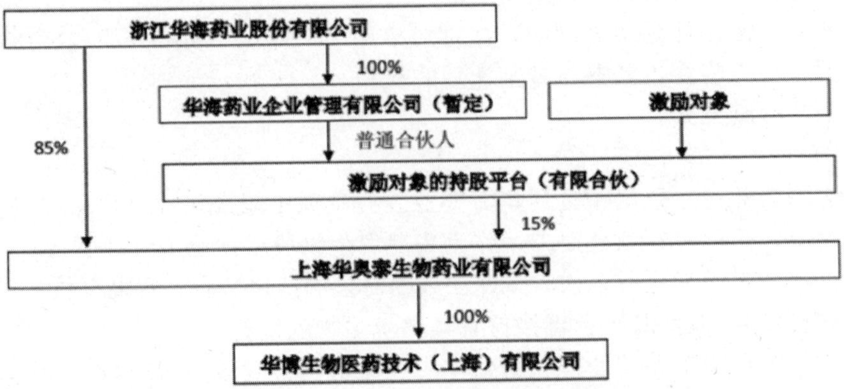

图 19.2　华奥泰生物股份制改造后的股权结构

华奥泰生物股份制改造相关事宜已经由公司董事会授权，由公司经营管理层在有关法律法规范围内全权办理。

3. 华奥泰生物股权激励计划及股份制改造方案审批程序

2017 年 8 月 9 日经公司董事会、监事会分别审议通过《关于子公司华奥泰生物实施员工股权激励方案及股份制改造的议案》。会议决议详见公司于 2017 年 8 月 10 日刊登在中国证券报、上海证券报、证券时报、证券日报及上海证券交易所网站上。

独立董事对该事项发表了独立意见。

（1）公司子公司华奥泰生物实施本次激励计划方案，有利于充分调动其经营管理层及核心员工的积极性，稳定管理团队，吸引高层次人才，同时有利于完善华奥泰生物的激励机制。

（2）华奥泰生物实施股份制改造，有利于规范公司法人治理结构，强化内部控制制度，为华奥泰生物建立健全法人治理机制夯实基础。因此，一致同意华奥泰生物实行本次激励计划并进行股份制改造。

华奥泰生物本次激励计划及股份制改造在董事会审批权限内，无须提交公司股东大会审议，也不构成《上市公司重大资产重组管理办法》规定的重大资产重组事项。

4. 风险提示

（1）华奥泰生物根据本框架方案制订，在实施过程中存在因实施进度缓慢或因不可抗因素导致无法实施的风险。

（2）华奥泰生物实施股权激励可能存在因股权激励费用而减少当期净利润的风险。

浙江华海药业股份有限公司董事会
2017年8月11日

19.2 【案例】英威腾：子公司期权激励计划实施细则

深圳市英威腾电气股份有限公司（英威腾，002334），系深交所中小板上市公司。

2014年9月29日，公司股东大会审议通过《英威腾子公司期权激励计划实施细则》。

实施细则内容共包括如下11章。

第1～5章：总则，组建有限合伙企业，方案要素，授予时点与程序，行权时点与程序。

第6～11章：期权动态管理，激励对象个体退出程序，期权份额的调整，分红机制，相关税费，附则。

具体细则内容如下。

第一章 总则

第一条 为了进一步建立、健全英威腾公司长效激励机制，吸引和留住子公司优秀人才，充分调动子公司核心骨干人员的积极性，有效地将股东利益、公司利益和经营者个人利益结合在一起，共同关注子公司的长远发展，特制订针对英威腾子公司核心骨干的期权激励计划。

第二条 本办法适用于英威腾下属各级处于成长阶段的子公司（不包括参股公司），且仅限在子公司任职的人员，不涉及英威腾控股股东、实际控制人、董事、监事、高级管理人员及英威腾总部人员。

第三条 期权激励模式。

子公司当期可按照一定价格授予子公司激励对象期权，该期权在子公司达到上市财务指标并启动A股上市计划时行权，激励对象届时可集体按照授予价格购买子公司股份；同时，在持有期权期间，若子公司股东会通过了年度分红方案，激励对象按其获授的期权份额享有对应比例的现金奖励。

第四条 期权激励方案涉及行权金额超过人民币5 000万元的，须提交公司股东大会审议通过后生效。除上述方案需报股东大会审议外，其他实施方案由公司董事会审议确定。

第五条 本文所述公司及英威腾指深圳市英威腾电气股份有限公司；子公司指英威腾下属控股子公司；总经理办公会指英威腾总经理办公会。

第六条 本实施细则依据《英威腾子公司管理层持股计划管理办法》制订，对其形成补充和细化。

第二章 组建有限合伙企业

第七条 期权份额由激励对象通过合伙企业认购，行权后间接持有子公司股份；若子公司已设立持股公司，期权份额均由激励对象通过原合伙企业间接持有。

第八条 有限合伙企业的组建工作由总经理办公会负责，子公司相关人员协办。

第九条 有限合伙企业由普通合伙人执行合伙事务，普通合伙人原则上由子公司总经理担任；除普通合伙人外其他激励对象作为有限合伙人不执行合伙事务，且不得对外代表有限合伙企业。

第十条 合伙人应根据《合伙企业法》的规定签署合伙协议。

第三章 方案要素

第十一条 定人。

参与本计划的人员范围为能对英威腾子公司产生重大影响的核心业务

（技术）骨干，原则上不超过40人。

第十二条 定量。

期权激励总量按照《英威腾子公司管理层持股计划管理办法》执行。后续子公司发生增资扩股的情形时，期权总量占子公司总股本比例将被稀释。即：

授出期权总量根据首次授予期权时点的子公司净资产值确定。计算公式：授出期权总量=首次授予期权时子公司净资产×授出比例，授出比例上限分别为10%、7.5%、5%，如表19.1所示。

表19.1 英威腾子公司授出期权总量比例

首次授予期权时子公司的净资产	2 000万元内	2 000～5 000万元内	5 000万元以上
授出期权总量占当时子公司股本数的比例上限	10%	7.5%	5%

由子公司核心经营团队拟定分配方案，须考虑骨干人员的岗位重要性、服务年限、不可替代性等因素，确定激励对象范围及个量，并提交公司总经理办公会审议确定。

行权前，若激励对象在子公司内部进行岗位调动的，授予期权份额按照新任职岗位的分配标准进行调整，经总经理办公会审议通过后实施：份额调增的，由预留部分追加；份额调减的，差额部分期权作为预留份额的来源之一。

第十三条 定价。

期权行权价格在原则上不低于"注册资本价格"和上一年度子公司"经审计的每股账面净资产值"的前提下，以子公司整体估值为基础，结合激励约束机制对等原则，由公司总经理办公会提出行权价格方案，并报董事会审批。

第四章 授予时点与程序

第十四条 期权须分期授出，授出间隔原则上不低于一年，每财务年度5月1日至6月30日内为子公司期权授出的窗口期，子公司授出期权须在窗口期内向公司人力资源部申请，经总经理办公会审议通过后实施。

第十五条 授予程序。

一、总经理办公会拟定期权授予总体方案和首次授予方案，提请英威腾有权机构审议，英威腾有权机构授权公司总经理办公会负责首次及后续方案的实施。

二、子公司核心经营团队配合总经理办公会拟定期权授予份额及分配方案草案，提请英威腾总经理办公会审议确定。

三、激励对象与子公司签署《期权激励协议书》。

第五章　行权时点与程序

第十六条　若子公司进行独立分拆上市，期权行权时点为子公司股份制改造前；若子公司通过被并购实现上市，期权行权时点为并购交易前。

第十七条　激励对象行权程序如下。

一、激励对象向公司人力资源部提出行权申请。

二、由英威腾总经理办公会审议确认激励对象是否满足行权条件。

三、激励对象以自有资金增加有限合伙企业的财产份额，有限合伙企业再对子公司进行增资。

四、期权行权后，公司总经理办公会指导事务处理机构负责经办有限合伙企业工商变更登记手续。

第六章　期权动态管理

第十八条　人力资源部应建立《期权名录》，包括所属公司、岗位激励对象、期权份额等要素。

第十九条　激励对象不再持有期权时，人力资源部应及时在《期权名录》中进行相应标注。

第二十条　人力资源部应定期对《期权名录》进行核对清查，对《期权名录》的变动情况进行详细记录，并于每年初向公司总经理办公会汇报。

第七章　激励对象个体退出程序

第二十一条　若激励对象在子公司达到上市财务指标并启动A股上市计划前因不再服务于子公司而发生退出情形的，期权即失效，且不再享有对应比例的现金奖励。

第二十二条　一旦激励对象发生退出情形，子公司向公司人力资源部提出期权失效申请，该部分期权作为预留股份的来源之一。

第八章　期权份额的调整

第二十三条　若在行权前子公司发生未分配利润转增股本等事项，调整方法如下：

$$Q = Q_0 \times (1 + n)$$

式中：Q_0为调整前的期权数量；n为每股的未分配利润转增股本；Q为调整后的期权数量。

第二十四条　原有股东或新引进股东对子公司进行增资扩股时，期权占子公司总股本比例将被稀释，但期权总份额不做变化调整。

第九章　分红机制

第二十五条　在持有期权期间，若子公司股东会通过了年度分红方案，激励对象按其获授的期权份额享有对应比例的现金奖励。

第二十六条　现金分红计入子公司当年的管理费用。

第十章　相关税费

第二十七条　各激励对象应根据中国法律之规定，对其因参与计划或行使本期权激励计划项下的权利而取得的任何形式的收益，向相关税务机关缴纳个人所得税。

第十一章　附则

第二十八条　本办法解释权归属英威腾董事会。

第二十九条　本办法自英威腾股东大会审议通过后起实施。

深圳市英威腾电气股份有限公司

2014年9月10日

19.3 【案例】无锡电梯控制公司：英威腾子公司期权授予实施

无锡英威腾电梯控制技术有限公司（简称：无锡英威腾），系上市公司英威腾的子公司。

2015年12月10日，上市公司披露《英威腾关于无锡英威腾管理层持股计划期权授予的公告》。

根据《英威腾子公司管理层持股计划管理办法》《英威腾子公司期权激励计划实施细则》及无锡英威腾股东会决议的相关规定，无锡英威腾对施行子公司管理层持股计划期权授予做如下规定。

1．履行的相关审批程序

（1）2014年9月10日，公司董事会审议通过了《英威腾子公司管理层持股计划管理办法》《英威腾子公司期权激励计划实施细则》等4项议案。公司独立董事就本激励计划是否有利于公司的持续发展及是否存在损害公司及全体股东利益的情形发表独立意见。

（2）2014 年 9 月 29 日，公司股东大会审议通过上述四项议案。确认由①公司董事会作为管理层持股计划的管理机构，负责制订各子公司受限制股份授予、期权授予与行权及股份奖励授出、业绩考核等相关事宜的总体实施方案；②总经理办公会作为本计划的常务执行机构，负责落实各子公司的方案实施。

2. 授予条件及授予条件确认

2015 年 12 月 8 日，公司董事会审议通过了《关于无锡英威腾管理层持股计划期权授予的议案》，根据期权激励适用范围、期权授予程序的规定，董事会认为无锡英威腾已满足期权的授予条件，参与本次期权激励计划已获得现阶段必要的批准和授权。

3. 期权授予情况

（1）本次无锡英威腾适用的激励模式为期权激励。

（2）根据表 19.1 规定，无锡英威腾向激励对象授予期权总份额占子公司股本总额的 7.5%，在达成行权条件后由激励对象通过合伙企业增资认购，行权后激励对象间接持有无锡英威腾的股权。其中首次授予 2.85%，预留 4.65%；各期授予时间间隔原则上不低于一年。

（3）期权的首次授予日为 2015 年 12 月 8 日。

（4）首次获授期权的激励对象共 17 名，为无锡英威腾核心骨干，不涉及英威腾控股股东、实际控制人，英威腾董事、监事、高级管理人员以及英威腾总部的其他人员，不构成关联交易。

（5）行权安排。

① 行权条件：无锡英威腾行权上一年度净利润不低于 2 500 万元，且连续两年净利润之和不低于 4 000 万元；或经英威腾董事会确认的其他条件。前述净利润指扣除非经常性损益后的净利润。

② 行权时点：公司依据管理办法及实施细则的有关规定，若无锡英威腾进行独立分拆上市，期权行权时点为子公司股份制改造前；若无锡英威腾通过被并购实现上市，期权行权时点为并购交易前。

③ 行权价格：行权价为 4 元/股。公司依据管理办法及实施细则的有关规定，期权行权价格在原则上不低于“注册资本价格”和上一年度子公司“经审计的每股账面净资产值”的前提下，以子公司整体估值为基础。

（6）董事会授权英威腾总经理办公会审议确定首期及预留各期期权的具体实施授予方案。

4．独立董事意见

公司独立董事对本次子公司管理层持股计划期权激励的授出事宜进行了认真审议，发表独立意见如下。

经核查，公司依据管理办法及实施细则的有关规定，对满足条件的子公司实施激励、落实履行，未侵犯公司特别是中小股东的合法利益，有利于进一步完善公司法人治理结构，增强子公司骨干员工对实现公司持续发展的责任感。

深圳市英威腾电气股份有限公司董事会
2015 年 12 月 8 日

19.4 【案例】Quantil：网宿科技美国子公司股份期权方案

网宿科技股份有限公司（网宿科技，300017），系深交所创业板上市公司。

Quantil,Inc.（原名 Mileweb,Inc），系网宿科技三级子公司。

2017 年 8 月 15 日公司董事会、2017 年 9 月 7 日公司股东大会先后审议通过《关于授予董事洪珂先生子公司股份期权暨关联交易的议案》。

1．Quantil 公司基本情况

Quantil 成立于 2012 年 7 月 23 日，注册资本 100 万美元，公司位于美国加州，为网宿科技的海外研发中心及销售中心。其控股股东为中国香港网宿科技有限公司（网宿科技子公司）。

Quantil 公司的股权结构为网宿科技通过香港网宿间接持股 96.43%，Quantil 员工持股 3.57%，如图 19.3 所示。

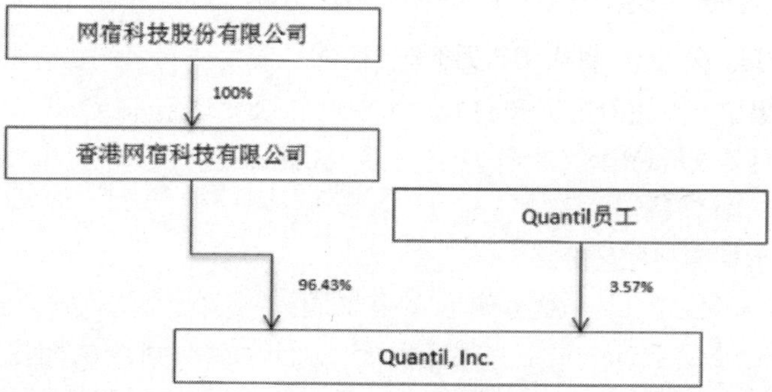

图 19.3　Quantil 股权结构

2. Quantil 激励计划基本情况

为吸引并留住高端人才，建立员工激励约束体系，促进其业务长远发展，Quantil 于 2014 年制订了《Quantil,Inc.2014 年度股权激励计划》。

本激励计划以 286.666 7 万份无投票权的 B 类普通股股份期权成立期权资源池，用于激励其核心人员，股份期权总额度占 Quantil 增发后股份的 10%。即 Quantil 当时公司股本总额约 2 580 万股，增发 B 类股 286.666 7 万股，增发后股本总额 2 886.667 万股。

（1）股票来源：以增发股份的方式对 Quantil 的核心员工进行股权激励。

（2）激励对象：Quantil 重要的技术人员、销售人员、管理人员，及对公司有特殊贡献的其他人员。

（3）期权数量：计划以 286.666 7 万份无投票权的 B 类普通股股份期权成立期权资源池，用于激励其核心人员，总额度占 Quantil 增发后股份的 10%。

（4）行权价格：根据授予时对 Quantil 股份评估的价格确定。

（5）有效期：自授予之日起 10 年。

（6）授予安排：根据公司核心人才的入职情况，每季度安排一次授予。

（7）行权安排：Quantil 期权首次授予的可行权时间及份额具体安排如表 19.2 所示。

表 19.2　Quantil 期权首次授予的行权安排

序号	可行权时间		增加的可行权数量占获授期权数量比例
1	入职 1 年后	自授予之日起 10 年有效，离职后 3 个月仍有效	25%
2	入职 2 年后		25%
3	入职 3 年后		25%
4	入职 4 年后		25%

注：这是首次授予的可行权时间。若第二次授予，可行权时间需再加 4 年。

3. 洪珂首次授予期权 86 万份

激励对象洪珂，2012 年 8 月加入 Quantil 公司，担任 Quantil 公司董事、CEO，全面负责 Quantil 的业务发展，系 Quantil 核心管理人员。同时担任网宿科技董事、副总裁。

首次授予期权 86 万份。

2015 年 3 月 12 日，公司董事会审议通过《关于董事洪珂先生参与网宿三级子公司美国 Mileweb 员工股权激励计划的议案》。同意从期权池 286.666 7 万份总量中，首次授予洪珂 86 万份无投票权的 B 类普通股股份期权，占期权总量 286.666 7 万份的 30%。

截止 2017 年 8 月 15 日，洪珂首次获授的 86 万份股份期权已行权完毕。

4．洪珂本次拟授予期权 86 万份

（1）授予数量：公司拟从期权池 200.666 7 万份存量中，第二次授予洪珂 86 万份 B 类普通股股份（无投票权）。

（2）行权价格：0.1 美元/股。

（3）行权价格的确认依据：根据 eShares Valuations LLC 公司采用 DCF 方式（Discounted Cash Flow 贴现现金流）对 Quantil, INC.以 2017 年 4 月 30 日为基准日的评估报告。

（4）可行权时间及份额：

Quantil 期权第二次授予的行权安排如表 19.3 所示。

表 19.3　Quantil 期权第 2 次授予的行权安排

序号	可行权时间		增加的可行权数量占获授期权数量比例
1	入职 5 年后	自授予之日起 10 年有效，离职后 3 个月仍有效	25%
2	入职 6 年后		25%
3	入职 7 年后		25%
4	入职 8 年后		25%

5．对公司的影响

Quantil 股权激励计划完成后，假如全部授予的期权完成行权，公司仍对其拥有绝对控制权。

Quantil 将采用 Black-Scholes 期权定价模型计算授予股份期权的公允价值，并进行成本摊销，经估算，本次拟授予洪珂先生的期权成本对公司净利润影响较小。

6．相关审核及批准程序

2017 年 8 月 15 日，公司董事会、监事会分别审议通过前述议案。

根据《深圳证券交易所创业板股票上市规则》及公司《关联交易管理制度》的规定，洪珂被认定为关联自然人，本事项构成关联交易，因此 2017 年 9 月 7 日经公司股东大会审议通过前述议案。

独立董事、保荐机构发表意见，无异议。

网宿科技股份有限公司董事会

2017 年 8 月 15 日

19.5 【案例】海王山东集团：海王生物医药商业体系的股权激励计划

深圳市海王生物工程股份有限公司（海王生物，000078），系深交所主板上市公司。

2016 年 8 月 19 日，公司董事会审议通过《关于投资设立六家区域医药集团公司及医药商业体系股权激励计划的议案》。

海王生物拟在五省（山东、河南、湖北、安徽、黑龙江）设立六家区域医药集团公司，对本区域内的附属公司进行整合管理，同时将各区域医药集团公司的部分股权用作股权激励。

1．各区域医药集团公司的投资方式

公司本次拟通过对现有全资子公司增资或新设全资子公司的方式，在上述 5 省设立 6 家海王区域医药集团公司，投资总额不超过人民币 15 亿元（含原有投资，实际新增出资不超过人民币 5 亿元），如表 19.4 所示。

表 19.4 海王设立 6 家区域医药集团公司投资额

区域医药集团公司暂定名	简称	投资总额（亿元）
海王医药集团（山东）有限公司	海王山东集团	4.5
海王医药集团（枣庄）有限公司	海王苏鲁集团	1.5
海王医药集团（河南）有限公司	海王河南集团	3
海王医药集团（湖北）有限公司	海王湖北集团	3
海王医药集团（安徽）有限公司	海王安徽集团	1.5
海王医药集团（黑龙江）有限公司	海王黑龙江集团	1
合计		14.5

注：深圳市海王银河医药投资有限公司（简称“深圳银河投资”），系海王生物全资子公司。

本次公司对区域医药集团公司投资或增资的方式为现金和股权投入。其中现金来源为公司自有资金，股权来源为公司及深圳银河投资目前在相关省或区域直接控股的医药商业子公司股权。

2．医药商业体系股权激励计划

（1）本激励计划的目的。

为进一步建立、健全本公司及医药商业体系的激励和约束机制，调动中高层核心管理人员及业务骨干的积极性，留住人才、激励人才，将相关人员的激励与本公司的经营业绩更加紧密地结合在一起，本公司拟在医药商业体系主要子公司深圳银河投资及新设立的六家区域医药集团公司实施股权激励。

（2）激励主体。

激励主体指深圳银河投资及新成立的六家区域医药集团公司。

① 以深圳银河投资为激励主体。

在深圳银河投资完成公司要求的 2017—2020 年各期业绩及其他相关考核指标的前提下，公司拟于 2018—2021 年将深圳银河投资 3%的股权，分四期转让予被激励对象，转让当期每股转让价格为上一年度经审计的每股合并净资产值。

② 以各区域医药集团公司为激励主体。

在各区域医药集团公司完成公司要求的 2017—2020 年各期业绩及其他相关考核指标的前提下，公司拟于 2018—2021 年将各区域医药集团公司 20%的股权，分四期转让予被激励对象，转让当期每股转让价格为上一年度经审计的每股合并净资产值。

（3）激励对象的范围及后续审批程序。

① 本计划激励对象为激励主体的董事会拟定的相关中高级管理人员(含其所属主要子公司高管)、核心业务人员以及认为需要进行激励的本公司体系内相关人员。

② 激励主体的监事会应当对激励对象名单予以核实。

③ 本公司总裁办公会经董事会授权对激励对象的范围予以审批。

（4）激励计划的股权来源、价格、数量和分配。

① 激励计划的股权来源。

本激励计划的股权来源于本公司所持深圳银河投资的 3%股权，以及本公司持有的各区域医药集团 20%股权。

公司通过转让持有的上述标的公司股权予激励对象成立的持股企业（简称“持股企业”），以达到授予激励对象股权的目的。

本公司持有的相关股权，将根据本股权激励计划规定的条件，分期转让予持股企业，激励对象通过持有持股企业股权的方式，间接持有上述标的公司的股权。

② 激励计划的股权价格。

按授予期前一年度经审计的上述标的公司的每股合并净资产值确定。

③ 激励计划的股权数量。

从 2018—2021 年，由本公司分四期将相关股权分阶段转让予持股企业。本激励计划完成股权授予后，深圳银河投资的激励对象通过相关持股企业持有深圳银河投资 3%股权，各区域医药集团公司的激励对象分别通过相关持股企业持有各区域医药集团 20%股权。

④ 激励计划的股权转让条件。

激励对象只有在满足下列条件时，本公司才能够按规定向持股企业转让所持激励主体的股权。

a）在股权转让的时点，根据激励主体 2016—2020 年发展规划，完成 2017—2020 年当年设定的各项任务指标。

b）激励主体及所属主要分子公司达到海王生物下达的 KPI 考核指标。

c）参与股权激励的个人达到公司的考核条件。

（5）激励计划的实施步骤。

本次激励计划的股权授予分四年四期实施。深圳银河投资每期按 0.75%转让，各区域医药集团每期按 6%、4%、4%、6%转让。具体如下。

① 深圳银河投资。

a）深圳银河投资 2017 年度的各项考核指标，达到激励计划规定的股权转让条件，公司于 2018 年第二季度，向持股企业转让所持深圳银河投资 0.75%的股份。

b）深圳银河投资 2018 年度的各项考核指标，满足激励计划规定的股权转让条件，公司于 2019 年第二季度，向持股企业转让所持深圳银河投资 0.75%的股份。

c）深圳银河投资 2019 年度的各项考核指标，达到激励计划规定的股权转让条件，公司于 2020 年第二季度，向持股企业转让所持深圳银河投资 0.75%的股份。

d）深圳银河投资 2020 年度的各项考核指标，达到激励计划规定的股权转让条件，公司于 2021 年第二季度，向持股企业转让所持深圳银河投资 0.75%的股份。

② 各区域医药集团。

a）相关区域医药集团 2017 年度的各项考核指标，达到激励计划规定的股权转让条件，本公司于 2018 年第二季度，向该区域医药集团受激励对象成立的持股企业转让所持该区域医药集团 6%的股份。

b）相关区域医药集团 2018 年度的各项考核指标，满足激励计划规定的股权转让条件，本公司于 2019 年第二季度，向该区域医药集团受激励对象成立的持股企业转让所持该区域医药集团 4%的股份。

c）相关区域医药集团 2019 年度的各项考核指标，达到激励计划规定的股权转让条件，本公司于 2020 年第二季度，向该区域医药集团受激励对象成立的持股企业转让所持该区域医药集团 4%的股份。

d）相关区域医药集团 2020 年度的各项考核指标，达到激励计划规定的股权转让条件，本公司于 2021 年第二季度，向该区域医药集团受激励对象成立的持股企业转让所持该区域医药集团 6%的股份。

激励对象不享有相关股权激励公司土地房产等资产的增值，只享有经营性增值。

激励主体如未能满足激励计划规定的股份转让条件，未能转让的股份仍由本公司持有。

（6）股权激励的回购。

在激励主体完成股权激励计划的四期股权转让后，本公司将对激励主体2017—2020年四个会计年度业绩目标的完成情况进行总结与考评，制订相应的股权回购方案。

计划于2022年启动股权回购相关工作，以2021年经审计合并经营性每股净收益8～10倍的价格回购受激励对象所持激励主体的股权。

有关股权回购的具体方案届时将根据法律法规及《公司章程》的规定，另行提交公司董事局及股东大会审议批准。

本事项不构成《上市公司重大资产重组管理办法》规定的重大资产重组。不构成关联交易。

3．海王山东集团的情况

（1）出资方式及股权结构。

公司将采用股权出资和现金出资的方式，对拟成立的海王山东集团进行出资。

① 股权出资。

a）山东海王银河医药有限公司90%股权净值。

b）威海海王银河医药有限公司43.33%股权净值。

c）威海海王银河投资有限公司100%股权净值。

② 现金出资。

海王山东集团注册资本为人民币4.5亿元，股权出资后不足4.5亿元的部分，将采用现金出资的方式，由本公司和深圳银河投资按持股比例缴足，最终实现本公司持股20%，全资子公司深圳银河投资持股80%。

（2）业务发展规划。

海王山东集团拟用名“海王医药集团（山东）有限公司”，作为山东省的区域集团管理平台公司，对山东省及其周边区域的附属公司进行管理。

出资完成后，“海王山东集团”将使用自有资金对本公司在山东省及周边地区的医药商业公司进行股权整合，以实现公司在山东省及周边地区的医药集团管理平台功能。

（3）股权激励规划。

为调动本公司医药商业体系相关人员的积极性，在海王山东集团完成2017—2020年约定的业绩（不含海王苏鲁集团）后，本公司持有的20%股份将作为激励股份分四期转让予海王山东集团及相关商业公司的核心管理人员和业务骨干，将相关人员的利益与公司利益紧密地结合在一起，以促进公司医药商业体系在山东省及周边地区的快速发展。

分析：激励主体需满足2017—2020年各年度的业绩指标达标，方可实施股权转让（归属），这是业绩股票的激励方式。当然，非上市公司可以说是业绩股权的激励方式。根据2017—2020年的考核情况，在2018—2021年分四年按比例实施股权转让（归属），这是期股激励计划。因此，海王生物医药商业体系的股权激励计划，其激励方式为非上市公司的业绩股票及期股激励计划的结合。

19.6 【案例】华康药业：非上市股份公司的股权激励方案

长春高新技术产业（集团）股份有限公司（长春高新，000661），系深交所主板上市公司。

吉林华康药业股份有限公司（简称：华康药业），系长春高新子公司，公司类型为股份有限公司（非上市）。

2013年6月25日，上市公司董事会审议通过《华康药业股权激励方案（草案）》。须经华康药业公司股东大会审议通过方可实施。

本期股权激励计划简述如下。

以下的“公司”指华康药业。

（1）本激励计划采用的激励工具为股票期权，公司拟向激励对象一次性授予总量1 000万份的股票期权，占本计划签署时公司股本总额9 280万股的10.78%。

（2）拟授予的激励对象7人，占2012年末公司在册员工总人数920人的0.76%，包含董事、高级管理人员、监事。

（3）授予日在本计划经公司股东大会批准后由股东大会授权董事会确定。行权价格1.76元/份，以2012年底经审计的每股净资产值作为行权价格。

（4）本计划有效期4年，自股票期权授予之日起算。等待期12个月，此后3年分三期行权，各期行权比例为40%、30%、30%，每期行权有效期12个月。

（5）股票期权授予需满足授予条件（公司和激励对象未发生负面情形），股票期权行权只需满足业绩条件。

① 公司业绩考核要求为：以2012年为基期，公司净利润年复合增长率

不低于 22%，即第一、二、三个行权期分别达到 22.00%、48.84%、81.59%。

上述净利润指扣除非经常性损益后归属于母公司所有者的净利润。2012 年扣非归母净利润为 2 139.75 万元。

② 个人考核要求为激励对象须行权期内持续在高管岗位及骨干岗位工作。

（6）管理机构：以公司股东大会作为最高权力机构，负责审议批准本计划的实施、变更和终止。公司董事会是本计划的决策管理机构，负责拟订和修订本激励计划。公司监事会是本计划的监督机构，负责审核激励对象的名单，并对本计划的实施是否符合相关法律、行政法规、部门规章进行监督。

公司董事会审议通过后，须报上市公司董事会审议通过，再由公司股东大会审议通过后，方可实施。

分析：

由于本期股权激励计划的激励主体为华康药业，其公司类型为股份有限公司（非上市），不必按照当时的《上市公司股权激励管理办法（试行）》规定执行。

按当时生效的《上市公司股权激励管理办法（试行）》规定，上市公司股权激励的累计股票数量占当时公司总股本的比例不得超过 10%。但华康药业不需要遵照《上市公司股权激励管理办法（试行）》执行，其股票期权授予总量占当时公司总股本的超过 10%（10.78%）没有问题。

本计划采用的激励工具称为“股票期权”，似乎改为股份期权更贴切。

如果由长春高新为实施主体，以长春高新股票作为股权激励的标的股票来源，激励主体和激励对象为华康药业及下属子公司人员，则属于上市公司股权激励，须按当时的《上市公司股权激励管理办法（试行）》执行。

第20章

国有科技型企业股权激励计划案例–今晚网络

天津市今晚网络信息技术股份有限公司（今晚网络，835353），系新三板挂牌公司、国有科技型企业。公司成立于 2000 年 8 月 22 日。2016 年营收 3 148 万元，净利润 629 万元。

本激励计划签署当时公司总股本 2 000 万股，公司股权结构为：今晚报社 1 800 万股，占 90%；天津市今晚传媒投资有限公司 200 万股，占 10%；均以净资产形式出资。

2016 年 10 月 13 日，公司股东大会审议通过《今晚网络股权激励计划》。本计划内容分基本情况和激励计划两部分，其中激励计划包含 10 点。

1～5 点：公司符合本办法规定实施激励条件的情况说明，激励对象的确定依据和具体内容及其职位和主要贡献，激励方式的选择及考虑因素，股份来源及数量，股份定价。

6～10 点：每个激励对象预计可获得的股份数量和金额，公司与激励对象各自的权利义务，公司与激励对象发生异动的调整性规定，激励计划的审批变更终止程序，其他重要事项。

20.1 本期股权激励计划简述

（1）采用的激励工具为限制性股票。股票来源为公司向激励对象定向增发股份。

（2）公司拟向激励对象授予 200 万股限制性股票，占当时公司总股本 2 000 万股的 10%。

（3）激励对象 29 人，其中董事和高级管理人员 5 人，其他激励对象 24 人。

（4）按收益法的资产估值、以 2016 年 6 月 30 日为基准日，确定授予价格 1.96 元/股。

（5）解除限售安排主要考虑禁售时间。禁售期 5 年，不得对外转让。不设业绩条件。

20.2 实施条件说明

1. 属于国有科技型企业

根据《国有科技型企业股权与分红激励暂行办法（财资[2016]4 号）》规定，国有科技型企业是指中国境内具有公司法人资格的国有及国有控股未上市科技企业（含全国中小企业股份转让系统挂牌的企业）。具体包括三种类型：①转制院所企业、国家认定的高新技术企业；②高等院校和科研院所投资的科技企业；③国家和省级认定的科技服务机构。

今晚网络属于国家认定的高新技术企业（证书编号 GR201512000837），

且属于国有科技型企业（国有资产登记证号 Q21120116000015）。因此，今晚网络属于《国有科技型企业股权和分红激励暂行办法》所称国有科技型企业。

2. 具备实施条件

根据财资[2016]4 号文，今晚网络符合国有科技型企业股权激励的实施条件如表 20.1 所示。

表 20.1 今晚网络符合国有科技型企业股权激励的实施条件

政策规定条件	今晚网络情况	是否具备条件
企业建立了规范的内部财务管理制度和员工绩效考核评价制度。年度财务会计报告经过中介机构依法审计，且激励方案制订近 3 年没有因财务、税收等违法违规行为受到行政、刑事处罚。成立不满 3 年的企业，以实际经营年限计算	公司建立了规范的财务管理制度和员工绩效考核评价制度	是
	年度财务会计报告经过中介机构依法审计，且近 3 年没有因财务、税收等违法违规行为受到行政、刑事处罚	是
对于（1）、（2）类企业，近 3 年研发费用占当年企业营业收入均在 3%以上，激励方案制订的上一年度企业研发人员占职工总数 10%以上。成立不满 3 年的企业，以实际经营年限计算	研发费用占比：2013—2015 年研发费用为 166.90 万元、217.62 万元、455.54 万元，2013—2015 年营业收入为 1 850.53 万元、1 977.80 万元、3 045.19 万元，因此，2013—2015 年研发费用占营业收入比例为 9.02%、11%、14.96%。均在 3%以上	是
	研发人员占比：2015 年公司研发人员 56 人，职工总数 163 人，研发人员占职工人数 35%。在 10%以上	是
对于（3）类企业，近 3 年科技服务性收入不低于当年企业营业收入的 60%		不适用

注：今晚网络成立于 2000 年 8 月 22 日，成立满 3 年以上，激励方案制订年份为 2016 年，因此近 3 年指 2013—2015 年。

20.3 实施激励计划的目的

（1）进一步完善公司法人治理结构，确保公司未来发展战略和经营目标的实现。

（2）充分调动公司中、高层管理人员及技术员工的主动性和创造性，吸引与保留优秀员工，提升公司凝聚力，并为稳定优秀人才提供一个良好的激励平台，增强公司竞争力，提升公司的行业地位。

（3）建立股东与经营管理层及技术人员之间利益共享、风险共担的机制，实现股东、公司和员工各方利益的一致，为股东带来更为持久、丰厚的回报。

20.4 管理机构

（1）公司股东大会是公司最高权力机构，负责审议批准本激励计划的实施、变更和终止。

（2）公司董事会是本激励计划的执行管理机构，负责拟订和修改本激励计划，报公司股东大会审批，并在股东大会授权范围内办理本激励计划实施的相关事宜。

执行管理机构成员包括：董事长李大连、董事刘晓津、董事范夕河、董事李云、董事孙绍武，以及公司董秘办成员。

（3）公司监事会是本激励计划的监督机构，负责审核激励对象的名单，对本计划的实施是否符合相关法律、行政法规、部门规章和全国中小企业股份转让系统业务规则进行监督。

20.5 激励对象的确定依据、具体名单及其职位和主要贡献

1. 激励对象确定的依据

本激励计划激励对象根据《公司法》《证券法》《非上市公众公司监督管理办法》《国有科技型企业股权和分红激励暂行办法》《全国中小企业股份转让系统业务规则（试行）》等有关法律及其他有关法律、法规、规范性文件和《公司章程》的相关规定，结合公司实际情况而确定。

激励对象均为与公司签订劳动合同的重要技术人员和经营管理人员，在该岗位上连续工作 1 年以上。具体包括以下人员。

（1）关键科技成果的主要完成人，重大开发项目的负责人，对公司主导产品或者核心技术做出重大创新或者改进的主要技术人员。

（2）公司高级管理人员，负责公司主要产品（服务）生产经营的中、高级经营管理人员。

2. 激励对象确定的职务依据

本计划的激励对象为目前公司高级管理人员、中层管理人员、主要技术人员以及公司董事会认为需要进行激励的其他核心员工。

3. 具体名单及其职位和主要贡献

本计划激励首次授予的激励对象共计 29 人，占公司在岗职工总数的 17.79%，包括：①公司高级管理人员；②公司中层管理人员；③主要技术人员。

涉及的具体职位为董事和高级管理人员 5 人，其他激励对象 24 人（含：部门主管 7 人，董秘助理 1 人，高级项目经理 6 人，核心技术人员 2 人，主要技术人员 8 人）。

以上激励对象中，高级管理人员经公司董事会聘任。中层管理人员及主要技术人员为公司核心员工。核心员工名单系经董事会提出，后由公司向全体员工公示和征求意见（全体员工在公示期间及征求意见期间均未有任何异议），又经监事会发表明确同意意见，最终由股东大会审议批准。

所有激励对象必须在本激励计划的有效期内于公司任职并已与公司签署劳动合同。

20.6 激励方式的选择及考虑因素

1. 选择的激励方式及考虑因素

根据《国有科技型企业股权和分红激励暂行办法》，结合公司实际情况，公司拟通过向激励对象增发股份的方式解决激励标的股份的来源问题，即通过定向增发限制性股票方式实现激励对象的持股。

本激励计划选择定向增发方式对中高级管理人员和技术人员进行激励。因为公司属于国有企业，为了充分保证国有资产不流失，实现国有资产的保值增值，不采取股权奖励和分红奖励方式进行激励。

定向增发价格不低于第三方专业评估机构的评估价格。

2. 激励的原则

本次增发股份后，不改变公司国有控股性质和地位。

20.7 股权来源及数量

1. 股权来源

公司本次股权激励的股份来源采用定向增发方式确定。

2. 数量及其占公司实收资本（股本）总额的比例

公司本次用于股权激励的股份数量为 200 万股，占公司实收资本 2 000 万股总额的 10%。

注：占增发后公司总股本 2 200 万股的 9.09%=200/2 200×100%。

分析：根据《国家统计局关于印发统计上大中小微企业划分办法的通知（国统字[2011]75 号）》的规定，软件和信息技术服务业的公司，其从业人员在 100 人（含）～300 人内，营业收入在 1 000 万元（含）～1 亿元内，属于中型企业。

根据今晚网络 2016 年年报显示，2016 年的职工总数为 157 人，营业收入 3 048 万元，因此今晚网络属于中型企业。

根据财资[2016]4 号文，国有科技型企业的中型企业的股权激励总额不超过企业总股本的 10%。

今晚网络本次股权激励总额 200 万股占增发后公司股本总额 2 200 万股的 9.09%，符合规定。

3．与激励对象约定的业绩条件

由于本次股权激励采用向公司中高级管理人员及核心员工定向增发方式进行，价格以第三方专业评估机构的评估价格为基础，且不低于评估价格。因此，综合考虑公司发展和员工持股成本两方面因素，在激励对象的约定业绩条件方面，暂不设定。本次股权激励主要考虑解禁时间方面的限制。

20.8 股份定价

公司本次股权激励是通过定向增发限制性股票的方式进行。具体增发的股票价格不低于经具有相关资质的会计师事务所审计和资产评估机构评估后的每股净资产。

以 2016 年 6 月 30 日为基准日，并经：

（1）中审华寅五洲会计师事务所（特殊普通合伙）审计、并出具《今晚网络 2016 年 1～6 月财务报表审计报告》（CHW 证审字[2016]0456 号）。

（2）天津华夏金信资产评估有限公司评估、并出具《今晚网络拟进行定向增发所涉及的股东全部权益价值资产评估报告》（华夏金信评报字[2016]182 号）。

今晚网络以资产基础法评估价值为 3 446.06 万元人民币，以收益法评估的评估价值为 3 915.33 万元人民币。

基于本次评估目的，评估机构认为本次评估结论采用收益法的结论作为最终的评估结论，即评估价值为 3 915.33 万元人民币。以 2016 年 6 月 30 日公司总股本 2 000 万股计算，每股评估值为 1.96 元人民币。

综上，以不低于评估价格为原则，确定本次股权激励定向增发的每股发行价格为 1.96 元人民币，其中 1.00 元进入实收资本，0.96 元进入资本公积。

20.9 每个激励对象预计可获得的股权数量、金额

本次通过定向增发方式实施的股权激励计划中，每个激励对象预计可获得的股权数量和购买金额如表 20.2 所示。

表 20.2 今晚网络限制性股票授予分配情况

序号	姓名	职务	人数	认购股权数量（万股）	认购金额（万元）	占标的股票总数的比例（%）	占总股本的比例（%）
1	李大连	董事、总经理	1	19.5	38.22	9.75	0.975
2	李洪波	常务副总经理	1	19	37.24	9.5	0.95
3	付妍	副总经理、董秘	1	15.5	30.38	7.75	0.775
4	梁盛	副总经理	1	14.5	28.42	7.25	0.725
5	金淑铮	财务总监	1	13	25.48	6.5	0.65
6	董事和高级管理人员小计		5	81.5	159.74	40.75	4.075
7	其他激励对象小计		24	118.5	232.26	59.25	5.925
8	合计		29	200	392	100	10

其他激励对象人均获授股票数量为：部门主管 5.6 万股，董秘助理 8.8 万股，高级项目经理 6.9 万股，核心技术人员 6 万股，主要技术人员 2.1 万股。

20.10 公司与激励对象各自的权利、义务

1．公司的权利与义务

（1）公司有权要求激励对象按其所聘岗位的要求为公司工作。

（2）激励对象转让其持有的公司股份，相应税款及费用由激励对象本人负担，公司有权代扣代缴税费。

（3）公司确定定向增发及本计划激励对象的人员，但并不构成对该等人员聘用期限的承诺，公司仍应按与该等人员签订的《劳动合同》，确定聘用关系。

（4）公司不得为激励对象购买股份提供贷款以及其他形式的财务资助，包括为激励对象向其他单位或者个人贷款提供担保。

（5）公司要坚持同股同权，不得向激励对象承诺年度分红回报或设置托底回购条款。

（6）公司应当委派专人负责按照相关规定完成主管单位备案/核准程序、本次股票发行产生的新增股份在有关机关的股份登记及挂牌手续、以及相关工商变更登记（包括但不限于公司章程的变更）手续等事宜，激励对象应当配合上述手续的办理。

（7）法律、法规规定的其他相关权利义务。

2．激励对象的权利义务

（1）本次股票发行认购完成后，激励对象享有资产收益、参与重大决策、选择管理者的权利、履行按时缴纳出资等股东义务。

（2）激励对象应当按公司所聘岗位的要求，勤勉尽责、恪守职业道德，

为公司的发展做出应有贡献。

（3）激励对象应在签订股票发行认购协议之日起连续 5 年为公司提供劳动（激励对象依法退休的情况除外），除《劳动合同法》第三十八条规定情形外，激励对象不得单方解除《劳动合同》；如在前述服务期内，劳动合同约定的履行期届满，则双方的劳动合同将自动延续，续签的劳动合同期限以双方协商为准，但劳动合同终止日期不得早于双方约定的服务期限届满之日。

（4）激励对象应全职为公司或公司关联公司工作，不得与其他用人单位建立劳动关系或劳务关系，不得在外兼职，不得以任何方式直接或间接参与与公司、公司子公司业务相同或相似的经营活动或投资活动；不论公司与激励对象因何种原因在前述服务期内终止劳动关系，激励对象均应在劳动关系终止之日起两年内履行竞业限制义务。

（5）激励对象因本次股权激励获得的收益，应按国家税收法规交纳个人所得税。

（6）激励对象在取得公司股份后 5 年内不得对外转让持有股份，遵守限售安排。在限售期内，激励对象不得就限售股份进行出售、交换、担保、设定任何负担或偿还任何债务，或就激励股份订立任何口头或书面协议。

20.11 公司与激励对象发生异动的规定

发生公司控制权变更、合并，激励对象职务变更、离职、被解聘、被解除劳动合同、死亡等特殊情形时的调整性规定：激励对象不得以任何理由要求企业收回激励股权，如遇上述特殊情形按照全国股份转让系统相关业务规则进行处理。

20.12 激励计划的审批、变更、终止程序

1. 股权激励计划的审批程序

股权激励计划经董事会审议后，提请监事会和股东会审议，审议通过后报天津市财政局审批实施。

2. 股权激励计划的变更程序

股权激励计划变更时，经董事会审议后，提请监事会和股东会审议，审议通过后报天津市财政局审批实施。

3. 股权激励计划的终止程序

股权激励计划因故需要终止，经董事会审议后，提请监事会和股东会审议，审议通过后报天津市财政局审批实施。

20.13 其他重要事项

1．禁售期

禁售期是指对激励对象行权后所获股票售出进行限制的时间段。

本激励计划的禁售规定按照《公司法》《证券法》等相关法律、法规和规范性文件以及《公司章程》执行，具体规定如下。

（1）激励对象在取得公司股份后 5 年内不得对外转让持有股份，遵守限售安排。在限售期内，激励对象不得就限售股份进行出售、交换、担保、设定任何负担或偿还任何债务，或就激励股份订立任何口头或书面协议。

（2）激励对象为公司董事、监事和高级管理人员的，限售期后在任职期间每年转让的股份不得超过其所持有公司股份总数的 25%；在离职后半年内，不得转让其所持有的公司股份。

（3）激励对象为公司董事、监事和高级管理人员的，将其持有的公司股票在买入后 6 个月内卖出，或者在卖出后 6 个月内又买入，由此所得收益归公司所有，公司董事会将收回其所得收益。

（4）在本激励计划的有效期内，如果《公司法》《证券法》等 相关法律、法规、中国证监会或股转公司的规范性文件和《公司章程》中对公司董事、监事和高级管理人员持有股份转让的有关规定发生了变化，则这部分激励对象转让其所持有的公司股票应当在转让时符合修改后的《公司法》《证券法》等相关法律、法规、中国证监会或股转公司的规范性文件和《公司章程》的规定。

2．解释权

本期股权激励相关事宜的解释权归公司董事会。

天津市今晚网络信息技术股份有限公司
董事会
2016 年 9 月 27 日

第21章

虚拟股权激励计划案例

本章介绍虚拟股权激励计划案例，包括：①中国卫星子公司岗位分红权激励方案；②焦点科技股票收益权转让激励计划；③格林美子公司虚拟股权激励计划；④精冶源虚拟股权激励方案。

股权拆分为所有权、其他权利（含投票权、收益权等）。实有股权是包括了所有权和其他权利的完整股权，虚拟股权是公司保留了所有权、授予激励对象部分其他权利。

虚拟股权的类型有分红权、增值权、收益权（分红权及增值权）。

21.1 【案例】航天恒星科技：中国卫星子公司岗位分红权激励方案

中国东方红卫星股份有限公司（中国卫星，600118），系上交所主板上市公司（国有控股）。其控股股东为中国航天科技集团公司第五研究院（2016年末持股51.46%）、实际控制人为中国航天科技集团公司。

航天恒星科技有限公司（简称：航天恒星科技），系中国卫星子公司，其公司类型为有限责任公司。

2011年9月15日，上市公司股东大会审议通过《关于航天恒星科技岗位分红权激励的议案》。

本岗位分红权激励方案如下。

关于航天恒星科技岗位分红权激励的议案

各位股东：

为进一步促进科技创新能力的不断提高，经营机制的不断完善，公司子公司航天恒星科技有限公司拟实施岗位分红权激励方案，以调动关键科研与管理岗位任职人员的积极性。

本事项已经公司第五届董事会第十九次会议审议通过，现就相关事项向各位股东进行汇报。

一、分红权激励的背景情况

为促进自主创新和科技成果转化，充分发挥技术、管理等要素的作用，推动高新技术产业化，2009年国务院下发了《国务院关于同意支持中关村科技园区建设国家自主创新示范区的批复（国函[2009]28号）》。2010年，根据国务院28号文精神，财政部、科技部及国资委分别在2月和10月下发《中关村国家自主创新示范区企业股权和分红权激励实施办法（财企[2010]8号）》

和《关于在部分中央企业开展分红权激励试点工作的通知（国资发改革[2010]148号）》，鼓励企业在中关村国家自主创新示范区实施企业股权和分红权激励，全面探索事业分配制度改革，建立有利于自主创新和科技成果转化的中长期激励分配机制。

这项重要改革措施得到央企的积极响应，全国共有50家央企提交了196个改革单位的申请。经遴选，国资委确定了13家央企的23个单位入围第一批。随后，国资委根据企业基础情况，从首批试点的23家企业中选择7家先行启动激励方案编制和上报程序，航天恒星科技成为了中国航天科技集团公司下属的唯一一家分红权激励的先行试点单位。

二、激励方案的目的及原则

（一）设计目的

1. 以分配改革实现“三促进”，即“促创新”“促改革”“促发展”，大力推动经济进入创新驱动、内生增长的发展轨道，加快形成科研创新提升，经营结构调整，内部管理机制转变的局面。

2. 通过分红权激励方案，实现股东、公司和激励对象利益一致，为股东带来更高效、更持续的回报。

3. 适应公司战略发展的需要，增强整体竞争实力，促进公司持续健康发展，进一步完善公司的整体激励体系，健全公司激励与约束机制，完善股东与公司经营管理、核心科研骨干之间的利益共享、风险共担机制。

4. 兼顾公司长期利益和近期利益，更好的吸引、激励和稳定公司经营管理骨干、核心科研骨干以及所需的其他关键人才，从而更好促进公司发展。

（二）设计原则

1. 基于岗位价值管理体系，明晰的岗位序列，明确的岗位职责，建立基于岗位的业绩考核体系，实现激励公司核心岗位的效果。

2. 从公司发展中进行激励原则，鼓励人力资本创造价值，同时给予享受价值的收益权。

3. “公开、公正、公平”的原则，根据国家政策法规、公司实际情况，达到相对公平、合理。

4. 激励与约束相结合原则：通过将公司效益与激励挂钩，将公司核心岗位利益与公司利益紧密结合，实现激励与约束相统一。

5. 竞争性和公平性：与同地区同行业相比，公司科研与管理骨干激励力度具有一定吸引力与竞争力，并与内部保持合理差距。

三、激励对象

（一）激励岗位序列及分布情况

基于战略性新兴产业发展战略导向、航天恒星科技“创新型、开发型、融合型”科技工业体系，此次分红权激励对象包括科研管理、专业科研两大岗位序列，各序列岗位数分别占总体激励岗位的15%、85%。本次总共激励岗位54个，100%体现向科研岗位倾斜的导向。

（二）拟激励对象具体情况

岗位分红权激励方案首期拟激励对象包括科研管理人员、专业科研共计101人，占公司2010年在岗职工总数835人的12%，低于在岗职工的30%。首期拟激励对象中，专业科研人员共计86人，占拟激励对象的85%，分红权整体激励重点向科研骨干倾斜。

首期拟激励对象呈现高学历、高素质的结构，硕士及以上学历的人员达77%；年龄结构形成以老带新，老中青合理搭配的人员结构，其中30~40岁人员（含）占拟激励对象42%，30岁以下的人员占总拟激励对象40%。

四、激励总额

（一）激励总额设计导向

分红权激励总额整体设计将引导员工从创造价值、业绩发展的增量中分享激励，以实现航天恒星科技价值创造与激励对象的利益共享。

（二）激励总额提取办法

1. 计提模式

每一年度激励方案的激励总额以经济增加值（EVA）及经济增加值改善值（△EVA）作为提取基数，有效统一股东利益、公司利益与分红权激励岗位利益。其中，EVA为绝对值，即当期实际达成的绝对值，△EVA为当年实际的EVA与上一年度的EVA相比的实际增量。

分红权实施期间，采用2008—2010年经济增加值的平均值作为基准EVA，鼓励分红权实施期间每年EVA水平在前三年的基础上逐渐提升，并将提升比率与分红权激励总额挂钩，即以相对前三年平均水平的提升比率作为△EVA计提比例。

2. 拟激励总额结果

航天恒星科技分红权激励总额提取坚持稳妥起步、渐进式提高。分红权实施期间激励总额将随着企业业绩动态变化，与企业效益挂钩。激励总额未来三年预测占当年净利润的6.52%、6.93%、7.29%，皆低于当年净利润的15%。

（三）激励总额兑现条件

分红权实施前三年的净利润平均增长水平达到14.94%，未来三年净利润增长比率低于14.94%，则停止提取分红权激励总额。

五、激励方案分配及模拟测算

（一）激励岗位序列模拟测算

分红权激励以科研类岗位为核心，100%向科研管理序列、专业科研序列岗位倾斜。

（二）拟激励对象个人岗位分红权模拟测算

分红权实施期间，航天恒星科技采取稳妥起步、渐进式提高的方式，逐步提升对激励对象的激励力度，坚持与其分红权实施期的经营目标相挂钩，与外部薪酬水平相匹配。有效期三年内，拟激励对象整体人均岗位分红权所得为 4.85 万元、5.99 万元、7.38 万元，均未突破激励对象个人岗位分红权所得占其薪酬水平与岗位分红权之和 40%的上限；2011—2013 年，拟激励对象整体的年总现金收入水平涨幅 23%、25%、28%，薪酬水平逐步提升到市场中位水平。

（三）激励对象个人岗位分红权发放方式

充分体现对激励对象的约束与激励，本激励方案将采取分红权激励延期支付的发放方式，即每年提取个人的岗位分红权的 30% 进行留存，至分红权有效期结束后统一考核发放，剩余的 70% 在分红权有效期内每年进行兑现。

六、激励方案的实施与管理

（一）机构设置

中国卫星总裁办公会是分红权激励方案的管理机构，在获得股东大会授权后，履行授予的相关权利。

绩效考评委员会是分红权激励方案拟定机构，负责分红权激励方案的日常管理事务，航天恒星科技总经理任委员会主任，党委书记任副主任，成员由副总经理及各部门负责人构成。

航天恒星科技职代会作为分红权激励工作实施的监督机构，有权指定代表列席分红权激励会议，对公司分红权激励工作实施情况进行监督、询问，并每年向分红权激励管理机构汇报监督情况。

（二）激励方案有效期

本激励方案的有效期为自国资委批准之日起三年。

本激励方案已于 2011 年 6 月获国资委《关于航天恒星科技有限公司岗位分红权激励方案有关问题的批复（国资改革[2011]559 号）》文件批复。

请各位股东审议。

中国东方红卫星股份有限公司
2011 年 9 月 15 日

21.2 【案例】焦点科技：上市公司股票收益权转让激励计划

焦点科技股份有限公司（焦点科技，002315），系深交所中小板上市公司。2014 年 2 月 13 日，公司股东大会审议通过《关于控股股东计划转让部分股票收益权的议案》。

议案内容如下。

公司及江苏永衡昭辉律师事务所出具的法律意见书，均认为控股股东向部分员工转让部分股票收益权的行为不属于《上市公司股权激励管理办法(试行)》规定的股权激励事项。

焦点科技股份有限公司（以下简称“公司”或“焦点科技”）于近日收到公司控股股东兼实际控制人沈锦华先生(以下简称“控股股东”)的书面通知，计划将其所持有的不超过 1 000 万股的公司股票收益权以每股 1 元的价格转让给已工作一定年限的员工（以下简称“员工”)。公司于 2014 年 1 月 26 日召开第三届董事会第三次会议审议通过了《关于控股股东计划转让部分股票收益权的议案》，现将相关事项公告如下。

1. 股票收益权转让交易的主要内容

（1）转让方：控股股东沈锦华先生。

（2）受让方：为公司或其全资、控股子公司工作一定年限的员工，但不包括公司的董事、监事和高级管理人员。

（3）交易标的：焦点科技股票收益权。股票收益权只包含利润分配及资本公积转增股本的收益权及增值收益权。控股股东保留除上述收益权之外的其他所有股东权利，包括但不限于股东大会的投票权、提案权、董事、独立董事及监事候选人的提名权、临时股东大会的召集权等。

（4）股票收益权数量：不超过 1 000 万股。

（5）转让对价：每股股票收益权的转让对价为 1 元人民币。

（6）控股股东将在本议案通过股东大会审议批准生效后三年内分批次与员工签署《股票收益权转让协议》，主要条款如下。

① 员工根据受让的股票收益权数量，按照每股股票收益权 1 元的价格向控股股东支付对价。本次转让涉及的税款由控股股东承担。

② 协议生效后的第一年内，员工享有对应数量股票的利润分配及资本公积转增股本的收益权，无权实施增值收益权。

③ 协议生效后的第二年起，员工除继续享有上述利润分配及资本公积转增股本的收益权外，有权实施不超过其受让数量 50%的增值收益权。增值收益的计算方式为。

出售股票数量×（出售价格-约定价格）-所有因出售所发生的税费及其他交易费用。

④ 协议生效后的第三年起，员工享有剩余未实施的全部股票收益权。

⑤ 协议生效后，如遇公司发生资本公积金转增股本、派送股票红利、增发等事项，协议中的约定价格以及员工享有股票收益权的数量将做相应

调整。

⑥ 如员工在签署《股票收益权转让协议》后，从焦点科技或其全资、控股子公司内离职，本协议即自动终止，员工不再继续享有本协议约定的股票收益权。

⑦ 除控股股东已代扣代缴的税负外，其他因实施股票收益权而产生的税负，由员工自行承担。

（7）本议案经股东大会审议批准生效后，首批次签署的《股票收益权转让协议》中，交易双方的约定价格拟为每股35元人民币。控股股东有权对以后不同批次的《股票收益权转让协议》中的约定价格做适当调整。

（8）增值收益权的实施：在当年度定期报告（含季报、半年报和年报）披露后的五个交易日内，员工向控股股东申报其拟实施增值收益权的数量，控股股东在员工申报后的十个交易日内，将在非敏感期将上述已申报增值收益权数量的对应股票全部出售（如遇敏感期，则出售时间顺延）。控股股东出售前，需将拟出售的股票数量书面通知公司，公司将依据相关规定及时履行信息披露义务。

2. 审批程序

（1）本议案尚需提交股东大会审议通过后方可实施。控股股东作为关联股东回避表决。同时，股东大会将以现场及网络投票的方式召开。

（2）本议案经股东大会审议批准后，控股股东需将每批次的转让员工名单及转让的股票收益权数量提交公司董事会审议。控股股东作为关联董事回避表决。

3. 控股股东及公司承诺

（1）控股股东承诺：上述股票收益权转让行为不会影响其公司实际控制人地位；其在出售公司股份时，将严格遵守有关规定，不进行内幕交易、敏感期买卖股份和短线交易。

（2）公司承诺：不为员工受让股票收益权提供贷款或其他任何形式的财务资助，包括为其贷款提供担保；不因员工参与控股股东的股票收益权转让计划而降低其工资薪酬水平。

焦点科技股份有限公司
董事会
2014年1月27日

21.3 【案例】凯力克钴业：格林美子公司虚拟股权激励计划

格林美股份有限公司（格林美，002340），系深交所中小板上市公司。

江苏凯力克钴业股份有限公司（简称：凯力克），系格林美子公司。

2017 年 11 月 14 日，上市公司董事会审议通过《关于凯力克公司引进人才、稳定人才与促进创新的激励方案的议案》。

本激励计划内容如下。

关于江苏凯力克钴业股份有限公司
引进人才、稳定人才与促进创新的激励方案的公告

一、背景及目的

格林美股份有限公司（以下简称“格林美”或“公司”）下属公司江苏凯力克钴业股份有限公司（以下简称“凯力克公司”）是公司钴原料与新能源电池原料及材料的核心生产基地之一。为促进凯力克公司面向世界引进优秀人才，激励技术创新，快速打造全球竞争力的以钴原料为中心的新能源电池原料与材料制造基地，凯力克公司决定用不超过 10%的虚拟股权即分红权对为企业发展做出突出贡献的核心管理层，技术与管理等相关业务骨干进行激励，并制订了《关于凯力克公司引进人才、稳定人才与促进创新的激励方案》，以促进凯力克公司新能源原料及材料业务的快速发展，加快转型升级步伐，实现可持续发展。

二、激励方案主要内容

（一）激励方式

用凯力克公司合计不超过 10%的虚拟股权即分红权对为企业发展做出突出贡献的核心管理层，技术与管理等相关业务骨干进行激励。

（二）激励方案设计原则

1. 遵循上市公司治理规范与国家相关法律法规。

2. 竞争力原则：与行业其他企业相比，具备竞争力与可持续力。

3. 技术领军性与重要性原则：主要配置行业领军人才以及对提高公司技术、产品质量、稳定生产有重要作用的关键人员。

4. 激励与约束相结合原则：通过将公司效益与激励挂钩，将公司核心岗位利益与公司利益紧密结合，实现激励与约束相统一。

5. 近期与远期兼顾原则：按照稳定凯力克公司现有人才与骨干、近期发

展预期引进人才以及未来发展预期引进人才的原则进行激励，具体激励对象和向各激励对象所享有的分红权比例的确定，按本方案的相关规定执行。

（三）激励对象的范围与条件

1. 范围

（1）凯力克公司现有连续工作两年的做出突出贡献的核心管理层，技术与管理等相关业务骨干。

（2）新引进（含格林美其他分子公司调入凯力克公司）的行业突出的核心研发技术人才、市场技术服务人才、相关业务管理人才等。

2. 条件

（1）胜任其岗位工作，敬业尽职，能有效完成工作任务的。

（2）承诺履行保守凯力克公司技术秘密和商业秘密义务，且切实遵守承诺的。

（3）承诺履行竞业限制义务，不从事与凯力克公司业务形成竞争的活动，且切实遵守承诺的。

（4）承诺遵守法律和凯力克公司规章制度，且切实遵守承诺的。

（5）承诺遵守职业道德、不损害凯力克公司利益，且切实遵守承诺的。

（6）与凯力克公司签订分红权激励协议的。

（四）激励总额、分配与回购

1. 凯力克公司用于激励的分红权总额不超过凯力克公司利润的 10%，其中利润是指可供股东分配的净利润，是指依照《公司法》和凯力克公司《章程》的规定，依据会计准则从税后净利润提取相关公积金与公司发展基金后的可供股东分配的利润。凯力克公司按本方案的相关规定，在上述总额范围内，根据人才计划、步骤，以及人才职能等因素，分别确定各个激励对象所享有的分红权比例，并由凯力克公司就此与各激励对象分别签订分红权激励协议。

2. 各激励对象按凯力克公司所给予的分红权比例，享有凯力克公司利润分配。各激励对象享有分红权应纳税费由该激励对象自行承担。

3. 分红权的存续与回购。

（1）纳入激励对象的人员，属于凯力克公司既有员工的，自凯力克公司与之签订分红权协议之日起，并在凯力克公司任职期间，享有分红权；属于新引进人才（含格林美其他分子公司调入凯力克公司）的，在与凯力克公司签订劳动合同或聘用合同，试用期满且试用合格后，并在凯力克公司任职期间，享有分红权。自前述之日起，激励对象当年在凯力克公司任职不满一年的，按实际工作月数（不足一个月的，按一个月计）所占 12 个月的比例，享有当年的分红权。

（2）激励对象在凯力克公司连续不间断工作满六年（本方案生效之日前，已在凯力克公司连续工作满两年的员工需连续工作满五年，已在凯力克公司连续工作的时间不满两年的，仍须自签订分红权激励协议之日起连续工作满六年）后，其所享有的分红权按下列规定处理。

① 激励对象在凯力克公司任职满上述年限后，激励对象继续在凯力克公司任职的，在其因任何原因从凯力克公司离职前，可以要求凯力克公司回购分红权，在凯力克公司回购分红权之前，继续享有分红权，回购之后则不再享有。

属于本方案规定的终止分红权情形的，不适用上述规定。

② 激励对象在凯力克公司任职满上述年限后因任何原因从凯力克公司离职的，在离职时或离职后的任何时候，只要凯力克公司要求回购分红权，该激励对象应当出让，并自凯力克公司的回购要求送达激励对象之日起，不再享有分红权。

属于本方案规定的终止分红权情形的，不适用上述规定。

（3）激励对象在凯力克公司任职期间，凯力克公司因其自身原因，在激励对象在凯力克公司任职时间尚未满上述六年或五年前解除与激励对象的劳动合同或聘用合同的，凯力克公司回购该激励对象的分红权，激励对象应当出让。

（4）发生上列第（1）、（2）项规定的分红权回购时，回购价格参照当时并购市场行业平均 PE 倍率（以下简称“行业平均 PE 倍率”），按照行业平均 PE 倍率的 30%计，计算公式为：

回购价格=最近一个会计年度经审计的净利润×行业平均PE倍率×30%×激励对象所享有的分红权比例。

发生上列第（3）项规定的分红权回购时，根据激励对象在凯力克公司的实际工作年限（折算为月数，下同）与本方案规定工作年限的比例，以及上述价格原则，相应降低回购价款，计算公式为：

回购价格=最近一个会计年度经审计的净利润×行业平均 PE 倍率×30%×（实际工作年限÷规定工作年限）×激励对象所享有的分红权比例

回购当年激励对象在凯力克公司任职时间不足 12 个月的，激励对象当年应分得的分红权项下的收益（回购前享有的收益），按上述相关规定计算。

（五）激励分红权的继承、转让与终止

1. 激励分红权仅限激励对象享有，在任何时候和任何情形下，都不得继承、转让、抵押等，即使激励对象在凯力克公司任职时间已满上述规定的六年或五年，也不得继承、转让、抵押等，因此，如发生激励对象身故事件时，其继承人不得要求凯力克公司回购分红权，继承人也不享有分红权。

2. 激励权利的终止

（1）激励对象发生以下情形的，其享有的分红权不做变更。

① 激励对象职务发生平级调动或职位晋升，但仍在凯力克公司或其子公司任职，包括退休返聘等情形。

② 达到法定退休年龄而退休但在凯力克公司任职的时间已经达到本方案规定的年限，或者退休后按退休返聘继续在凯力克公司任职，达到本方案规定的年限。

③ 本方案另有规定的，按相关规定执行。

（2）激励对象发生以下情形之一的，其享有的分红权自动终止，凯力克公司无偿收回；激励对象严重损害凯力克公司利益的，凯力克公司可根据实际情况，要求激励对象赔偿其行为给凯力克公司造成的损失，并返还凯力克公司既往按分红权已经给予激励对象的该分红权项下的全部收益款。

① 因个人原因在凯力克公司工作时间未满本方案规定工作年限而主动离职的。

② 因不胜任岗位工作、考核不合格、个人绩效不达标、违反法律被追究刑事或治安管理责任、违反公司规章制度、违反劳动合同或聘用合同等原因被凯力克公司解除劳动合同或聘用合同，或者虽未解除劳动合同或聘用合同，调任其他岗位工作，已不属于本方案规定的激励对象范围的。

③ 有触犯法律、违反职业道德、失职或渎职、徇私舞弊、泄露公司技术秘密或商业秘密、违反竞业限制规定等损害凯力克公司利益、声誉等违法违纪行为的。

④ 违反分红权激励协议的。

⑤ 有凯力克公司认定的其他损害公司利益行为的。

三、激励方案的审批程序

本激励方案已于2017年11月10日经凯力克公司股东会审议通过，并于2017年11月14日经公司第四届董事会第三十次会议审议通过。根据公司《章程》及相关法律法规的要求，本方案无须提交公司股东大会审议。

特此公告

格林美股份有限公司董事会

2017年11月14日

21.4 【案例】精冶源：虚拟股权激励方案

北京精冶源新材料股份有限公司（精冶源，831091），系新三板挂牌公司。

2015年5月18日，公司股东大会审议通过《精冶源虚拟股权激励方案》，并于2015年11月30日，公司股东大会审议通过《精冶源虚拟股权激励方案（2015年11月修订）》。

本虚拟股权激励方案修订稿内容如下。

北京精冶源新材料股份有限公司
虚拟股权激励方案（2015年11月修订）

第一章 总则

第一条 目的

为提高北京精冶源新材料股份有限公司（以下简称“公司”）的经济效益水平和市场竞争能力，吸引和保持一支高素质的人才队伍，营造一个激励员工实现目标和自我管理的工作环境，倡导以业绩为导向的文化，鼓励员工为公司长期服务，并分享公司发展和成长的收益，特制订本虚拟股权激励方案。

第二条 定义

虚拟股权指公司授予被激励对象一定数额的虚拟股份，被激励对象不需出资而可以享受公司价值的增长，利益的获得需要公司支付。被激励者没有虚拟股票的表决权、转让权和继承权，只有拟制分红权（即获得与虚拟股权收益金额相等的激励基金）。

第三条 有效期限

本计划的有效期限为三年，即2015—2017年，激励对象无偿享有公司给予一定比例的分红权，计划有效期满后，公司可根据实际情况决定是否继续授予激励对象该等比例的分红权。如在该方案的有效期内经股东大会和董事会决议通过了其他的股权激励计划，经股东大会和董事会表决后可以中止该计划。

第四条 组织实施

（1）公司董事会负责虚拟股权的组织管理工作：根据年度税后净利润确定虚拟股权分配方案；根据员工持股情况设立员工个人持股明细账户，登记员工持有的虚拟股权状况，结算年终分红收益，办理虚拟股权的授予等事宜。

（2）董事会负责审核虚拟股权授予方案。

（3）董事会负责批准授予人选，制订年终分红方案，批准虚拟股权的授予方案。

（4）股东大会负责批准虚拟股权设置方案以及年终分红方案。

第二章 虚拟股权的授予

第五条 授予对象确定的标准和范围

虚拟股权授予对象参照如下标准确定：（1）在公司的历史发展中做出过突出贡献的人员；（2）公司未来发展亟需的人员；（3）年度工作表现突出的人员；（4）其他公司认为必要的标准。

授予范围包括公司高级管理人员、中层管理人员、业务骨干以及对公司有卓越贡献的新老员工等。

第六条 授予对象的确定

虚拟股权的授予，由公司根据上述标准在可选范围内提名确定具体人员名单，报经董事会批准。后进入公司的新员工如果符合上述条件，公司可以调整当年的股权激励计划，经董事会批准后，新员工可作为当年度的激励对象。原则上员工需在公司工作满一个自然年后（自入职到该方案每年的实施时间）方可享受该方案。

第三章 授予数量的确定

第七条 虚拟股权持有数量

虚拟股权的授予数量，根据虚拟股权激励对象所处的职位确定股权级别及其对应基准职位股数（经董事会表决同意后基准职位股数可按年度调整），根据个人能力系数和本司工龄系数确定计划初始授予数量，根据年终绩效考核结果确定当年最终授予虚拟股权数量。

虚拟股权的初始授予数量=基准职位股数×能力系数×本司工龄系数

虚拟股权的最终授予数量=数量×绩效考核系数

第八条 股权级别及职位股数确定

精冶源股权级别及职位股数评定表如表21.1所示。

表21.1 精冶源股权级别（职位股数）评定表

股权级别	评定标准	基准职位股数（万股）
1级	通过按指令能基本完成本岗位的工作任务	4
2级	能够独立、合格地完成本岗位的工作	6
3级	通过自己的技术专长或团队管理能较好地完成本岗位的工作	8
4级	通过他人或团队管理能完成工作目标，业绩卓越，且能保持团队稳定	10

本方案实施或修订后，公司未来因权益分派、股票发行或其他因素导致总股本变动的，则上述基准职位股数按照总股本变动比例同步调整，相应基准职位股数按照变动时间进行加权平均计算确定（2015 年股本变动已直接调整基准职位股，不再加权计算）。

第九条 个人能力系数

个人能力系数由公司根据表 21.2 所列能力评定标准，结合员工个人学历、工作经历及在公司的工作表现等因素进行综合评定。

精冶源能力系数评定表如表 21.2 所示。

表 21.2 能力系数评定表

能力等级	能力评定标准	能力系数
中级	①熟练运用所掌握知识、技能完成一般复杂程度的工作；②对工作相关风险或潜在问题具有一般的认知与把控能力；③能够将岗位相关经验应用于工作实际	1
高级	①精通某一方面知识或技能的工作应用；②能够独立处理富有挑战性和复杂的事项；③能够带领一定规模的团队开展相关工作	1.1
专家级	①能被征询意见，解决本职工作领域相关的复杂技术问题；②能对其掌握的知识、技能提出战略性建议或做出合理调整；③对公司业务及其工作有敏锐的洞察力并提出解决方案	1.2

第十条 本司工龄系数表

精冶源本司工龄系数表如表 21.3 所示。

表 21.3 精冶源本司工龄系数表

本司工龄	本司工龄系数
3 年以下（含）	1
3～5 年（含）	1.1
5 年以上	1.2

第四章 业绩目标与绩效考核

第十一条 业绩目标

公司以年度营业利润作为业绩考核指标。设定的每年业绩目标为年度营业利润增长率不低于 20%（含 20%）。上述业绩目标作为确定是否授予年度分红权激励基金的基准指标。在计算确定上述作为业绩目标的营业利润时，涉及本方案所产生的应计入考核年度的成本费用不予扣除。

第十二条 业绩目标考核

每个考核年度期满且审计报告出具后 30 天内，由董事会组织财务部门考核是否实现公司业绩目标。如公司业绩目标实现，则开始实施当年度的分红权激励，向激励对象授予分红权激励基金。业绩目标未能实现的，不得授予分红权激励基金。

第十三条 业绩目标调整

当出现如下情况时，由董事会审议决定，可对公司业绩目标做出相应调整以剔除下述因素对利润的影响。

（一）会计政策及会计处理办法发生重大变更。

（二）国家税收政策直接导致公司的税收发生重大变化。

（三）国家经济环境、经济政策、行业政策等的重大变化直接对公司产品的市场和价格产生重大影响。

（四）战争、自然灾害等不可抗拒因素影响公司正常经营。

（五）发生管理人员职责范围外的其他不可控制风险。

如果调整后的业绩目标变动幅度超过30%，则须由股东大会重新审议通过后才能执行。

第十四条 考核周期

本计划以一个完整的会计年度为一个业绩目标和绩效考核的周期。

第十五条 考核内容

每年年初，根据激励对象所在岗位的岗位职责，确定考核内容，包括工作态度、工作能力和工作业绩等方面的考核，其中工作业绩是重点考核内容。

第十六条 考核结果与绩效系数

每年年初，公司对上年度的个人绩效做评估，评定激励对象的考核结果和绩效系数。其结果作为激励对象参与股权激励基金分配的依据之一。

精冶源绩效系数确定标准如表21.4所示。

表21.4 精冶源绩效系数确定标准

绩效评级	绩效系数
优异	1.5
良好	1.2
达标	1
不达标	0

第五章 激励基金的提取、分配和发放

第十七条 年度激励基金总额

每年以上述第十一条所确定业绩目标作为确定是否授予股权激励基金的考核基准指标。在实现公司业绩目标的情况下，按照公司该年度扣除非经常性损益后净利润和虚拟股权占比核算和提取股权激励基金。即：

当年激励基金总额=考核年度扣除非经常性损益后净利润×加权虚拟股

权总数÷加权实际总股本

每个考核年度末，当年激励基金总额参考经审计机构初步审定的财务数据和激励对象考核评定情况进行预提。在计算确定预提考核年度激励基金总额所参考的扣除非经常性损益后净利润时，涉及本方案所产生的应计入考核年度的成本费用不予扣除计算。根据经审计的扣除非经常性损益后净利润，确定考核年度最终激励基金实际应发放金额。

第十八条 虚拟股权的每股现金价值

每股现金价值＝当年激励基金总额÷实际参与分红的虚拟股权总数

第十九条 分红办法和分红现金数额

将每股现金价值乘以激励对象持有的虚拟股权数量，就可以得到每一个激励对象当年的分红现金数额。

个人实际可分配虚拟股红利=虚拟股权每股现金价值×虚拟股股数

第二十条 红利发放

当年的虚拟股红利在次年 5 月份发放，虚拟股红利以公司公告为准。虚拟股红利发放通过银行转账发放到员工银行卡上，涉及征税，公司代扣代缴。

第六章 激励计划的修订、终止及其他

第二十一条 虚拟股份退出

从激励对象离职或被解雇之日起所授予虚拟股份自动丧失；不再享有任何分红权。

第二十二条 转换条款

公司处于收购、兼并或转板上市阶段的，虚拟股权可以通过一定的对价方案转化为股票或者现金补偿，具体转换方案另行制订。

第二十三条 修订、解释

本办法试行期为一年，试行期结束后根据执行情况进行修订。本办法由董事会办公室负责拟定、修改和解释，由董事会、股东大会审议通过后实施。

第22章

员工持股计划案例

本章介绍员工持股计划案例。

只罗列方案要点的各类员工持股计划案例有：上市公司“神州数码”员工持股计划（后终止）、国有控股混合所有制企业“天桥起重”员工持股计划和新三板挂牌公司“联讯证券”员工持股计划。

包含详细制度条款的员工持股计划案例有：非上市公司“智光节能”员工持股计划。

22.1 【案例】神州数码：员工持股计划

神州数码集团股份有限公司（神州数码，000034），系深交所主板上市公司。

2016 年 7 月 8 日，公司股东大会审议通过《神州数码 2016 年第一期员工持股计划（草案）（认购非公开发行 A 股股票方式）》及其摘要，以及《关于神州数码 2016 年非公开发行 A 股股票方案的议案》《关于神州数码 2016 年非公开发行 A 股股票预案的议案》《关于公司与认购对象签订附条件生效的股份认购合同的议案》等议案。

2017 年 12 月 18 日，公司股东大会审议通过《关于终止神州数码 2016 年第一期员工持股计划的议案》以及《关于终止神州数码 2016 年非公开发行 A 股股票的议案》、《关于公司与特定对象签署非公开发行股份认购协议之终止协议的议案》。

终止本次非公开发行 A 股股票的原因如下。

由于资本市场政策变化，按照当前监管政策要求，目前非公开发行 A 股股票项目将会对公司正在实施重大资产重组项目的顺利推进产生较大影响。综合考虑以上原因，为了促进公司长远发展以及维护股东和广大员工的长远利益，公司决定终止 2016 年非公开发行 A 股股票及公司 2016 年第一期员工持股计划等事项。

本期员工持股计划的内容共包括如下 14 方面。

1~5：员工持股计划的目的，员工持股计划遵循的基本原则，参加对象及确定标准，资金和股票来源，员工持股计划的存续、变更和终止。

6~10：员工持股计划的管理模式及管理机构，资产管理合同的主要内容，持有人会议，管理委员会及其选任程序，员工持股计划的资产及其投资。

11~14：标的股票的限售期，公司融资时员工持股计划的参与方式，员工持股计划权益的处置办法，其他。

神州数码本期员工持股计划的方案要点如下。

1. 制订依据

本员工持股计划系神州数码依据《公司法》《证券法》《关于上市公司实施员工持股计划试点的指导意见》等有关法律、行政法规、部门规章、规范性文件和《神州数码公司章程》的规定制订。

2. 参加对象

本次员工持股计划参加对象为神州数码全体员工及神州数码全资、控股子公司中符合本次员工持股计划实施条件的员工。

3. 持股规模和资金来源

本次员工持股计划设立时每单位份额对应人民币 1 元，设立时份额合计不超过 29 710 万份，对应资金总额不超过 29 710 万元。参加对象认购员工持股计划份额的资金来源于公司员工的合法薪酬及通过法律、行政法规允许的其他方式取得的资金，不包含任何杠杆融资结构化设计产品。

4. 认购价格

本次员工持股计划的股票来源为认购公司本次非公开发行的股票。认购价格为本次非公开发行的发行价格，即每股人民币 15.73 元，该发行价格不低于公司第八届董事会第十次会议决议公告日前二十个交易日公司股票交易均价的 90%。若公司股票在定价基准日至发行日期间除权、除息的，该发行价格将进行相应调整。

5. 股票规模

本次员工持股计划认购本公司非公开发行股票金额不超过 29 710 万元，认购股份不超过 1 888.747 6 万股，按公司非公开发行 2 664.335 3 万股计算，员工持股计划认购的股票数量将不超过公司总股本的 10%，单个员工所获股份权益对应的股票总数量累积不超过公司本次非公开发行 A 股股票后股本总额的 1%。

6. 锁定期和存续期

本次员工持股计划的存续期限为 48 个月，自公司公告本次非公开发行的股票登记至本次员工持股计划名下时起算，其中前 36 个月为锁定期，后 12 个月为解锁期。

7. 管理方式

公司委托中信建投基金管理有限公司管理本员工持股计划资产。在员工持股计划的存续期内，资产管理人不得在未经本员工持股计划的授权下行使上市公司投票权。

8. 股票来源

本员工持股计划的股票来源为员工持股计划设立后委托资产管理人管理，并全额认购资产管理人设立的中信建投基金定增 35 号资产管理计划，上述资产管理计划通过认购本公司 2016 年度非公开发行 A 股股票的方式持有上市公司股票。

若公司股票在定价基准日至发行日期间发生派息、送股、资本公积金转增股本等除权除息事项，本员工持股计划认购的股数将因此进行调整。

9. 实施条件

本员工持股计划必须满足如下条件后方可实施：①本次交易及本员工持股计划经公司股东大会批准；②本次交易经中国证监会核准。

10. 表决方式

公司审议本次员工持股计划的股东大会将采取现场投票与网络投票相结合的方式。公司将通过深圳证券交易所交易系统向公司股东提供网络形式的投票平台，股东可以在网络投票时间内通过上述系统行使表决权。

11. 股权结构

本次员工持股计划实施后，将不会导致公司股权分布不符合上市条件要求。

22.2 【案例】国有控股混合所有制企业“天桥起重”：员工持股计划

株洲天桥起重机股份有限公司（天桥起重，002523），系深交所上市公司，国有控股混合所有制企业。

2017 年 9 月 18 日，公司股东大会审议通过《天桥起重第一期员工持股计划（草案）》。

本员工持股计划内容共包括如下 12 个方面。

1 ~ 5：总则，本期员工持股计划的持有人，本期员工持股计划规模及份额分配情况，本期员工持股计划的资金来源和股票来源，本期员工持股计划的存读期限及锁定期限。

6 ~ 10：本期员工持股计划的变更、终止，本期员工持股计划的资产构成及权益处置办法，公司融资时员工持股计划的参与方式，员工持股计划的管理模式，员工持股计划的投资、管理合同的主要条款。

11 ~ 12：本员工持股计划的实施程序，其他。

本员工持股计划具体内容如下。

1. 制订依据

本员工持股计划依据《公司法》《证券法》《关于上市公司实施员工持股

计划试点的指导意见》《中小企业板信息披露业务备忘录第7号：员工持股计划》《关于国有控股混合所有制企业开展员工持股试点的意见》及其他有关法律、法规、规范性文件以及《株洲天桥公司章程》制订。

2. 参加对象

本期员工持股计划的参与对象为公司员工，总人数不超过400人，具体参加人数根据员工实际缴款情况确定。

本员工持股计划遵循公司自主决定、员工自愿参加的原则，不存在摊派、强行分配等强制员工参加的情形。

3. 资金来源

参加对象认购本员工持股计划的资金来源为其合法薪酬及法律、法规允许的其他方式的自筹资金。

4. 股票来源

本员工持股计划的股票来源为主要通过二级市场竞价交易或大宗交易购入天桥起重股票，标的股票的价格为本员工持股计划购入股票的实际价格。

5. 持股规模

本期员工持股计划上限规模最高不超过1.36亿元，本期员工持股计划以“份”作为认购单位，每份份额为1元。公司全部有效的员工持股计划所持有的股票总数累计不超过公司股本总额的10%，单个员工所持持股计划份额所对应的股票总数累计不超过公司股本总额的1%。

员工持股计划持有的股票总数不包括员工在公司首次公开发行股票上市前获得的股份、通过二级市场自行购买的股份及通过股权激励获得的股份。

6. 锁定期和存续期

员工持股计划的存续期和锁定期：本员工持股计划的存续期为48个月，自上市公司公告标的股票登记至员工持股计划名下之日起计算，经资产委托人、受托管理人同意并与托管人协商一致，本员工持股计划可展期。本计划所涉及股票的锁定期为36个月，自上市公司公告标的股票登记至员工持股计划名下之日起计算。

7. 实施条件

公司董事会对本员工持股计划进行审议且无异议后，公司将发出召开股东大会通知，审议本员工持股计划。公司审议本员工持股计划的股东大会将采取现场投票与网络投票相结合的方式。本员工持股计划实施还须经国有资产监督管理部门审核备案。

8. 股权结构

公司董事会对本期员工持股计划进行审议通过并实施后，将不会导致公司股权分布不符合上市条件要求。

22.3 【案例】联讯证券：第一期员工持股计划

联讯证券股份有限公司（联讯证券，830899），系新三板挂牌公司。

2015年2月7日，公司股东大会审议通过《联讯证券第一期员工持股计划（草案）》。

本员工持股计划内容共包括如下11章。

第1~5章：总则，参加对象的范围、确定标准及额度分配，员工持股计划的资金和股票来源，员工持股计划的存续期、锁定期和变更，员工持股计划的管理。

第6~11章：公司融资时员工持股计划的参与方式，员工持股计划的持有人会议、管理委员会，员工持股计划的资产及其投资，员工持股计划权益的处置办法，资管计划合同的主要条款，其他。

持股计划具体内容如下。

1. 制订依据

本员工持股计划（草案）系依据《公司法》《证券法》等有关法律、行政法规、规章、规范性文件和《公司章程》的规定并参照《关于上市公司实施员工持股计划试点的指导意见》的规定设立。

2. 基本原则

本员工持股计划遵循公司自主决定、员工自愿参加的原则，不存在摊派、强行分配等强制员工参加本员工持股计划的情形。

3. 持股规模和资金来源

本员工持股计划以“份”作为认购单位，每份额的认购价格为人民币1元，本员工持股计划份额合计不超过8 345.36万份，资金总额不超过8 345.36万元，具体份额和金额根据实际出资缴款金额确定。参加对象认购本员工持股计划份额的资金来源于参加对象合法薪酬和法律、行政法规允许的其他方式。

4. 参加对象

参加本员工持股计划的员工总人数不超过1 025人，其中公司董事、监事和高级管理人员认购份额占员工持股计划总份额的初始比例不超过25.37%，具体参加人数根据员工实际缴款情况确定。

5. 管理模式、资金杠杆

本员工持股计划设立后委托中信信诚资产管理有限公司管理，并全额认购由中信信诚资产管理有限公司设立的中信信诚联讯启航1号专项资产管理计划（以下简称“启航1号资管计划”）的次级份额。启航1号资管计划份额上限为21 250万份，资金总额不超过21 250万元，按照1:1.5的比例设立次级份额和优先级份额，启航 1 号资管计划主要投资于本公司在全国中小企业股份转让系统定向发行的股票以及银行存款和货币基金等低风险高流动性现金管理工具。

6. 份额分级及风险

启航 1 号资管计划存续期内，优先级份额按照 10.7%的年基准收益率按实际存续天数优先获得收益。对于次级份额而言，通过份额分级，放大了次级份额的收益或损失，若市场面临下跌，次级份额的跌幅可能大于市场指数跌幅。

7. 股票来源

启航 1 号资管计划取得并持有本公司股票的方式为认购本公司根据 2015 年第一次临时股东大会审议通过的股票发行方案发行的股份（以下简称“标的股票”）。本公司股东大会审议通过本员工持股计划后，启航 1 号资管计划根据《联讯证券股份有限公司股票发行认购办法》认购标的股票，标的股票的价格为 1.46 元/股。

8. 锁定期和存续期

启航 1 号资管计划所获标的股票的锁定期为 12 个月，自本员工持股计划通过本次定向发行所认购标的股票完成股份登记手续之日起计算；本员工持股计划的存续期为 24 个月，自股东大会批准本员工持股计划之日起计算。

9. 股票规模

本员工持股计划全部份额对应标的股票总数不超过 5 716 万股，占公司现有股本总额的比例不超过 4.71%，累计不超过公司股本总额的 10%；任一持有人持有的本员工持股计划份额所对应的标的股票数量不超过公司股本总额的 1%。最终标的股票数量以实际执行情况为准。

10. 实施条件

公司董事会对本员工持股计划审议通过后，公司将发出召开股东大会通知，审议本员工持股计划，本员工持股计划经公司股东大会批准后方可实施。

22.4 【案例】非上市公司“智光节能”：员工持股计划

广州智光电气股份有限公司（智光电气，002169），系深交所中小板上市公司。

广州智光节能有限公司，系智光电气子公司，其公司类型为有限责任公司。

2015 年 11 月 24 日，智光电气董事会审议通过《智光电气控股子公司智光节能 2015 年度员工持股计划实施方案细则》。

该细则内容共包括如下13章。

第1~5章：总则，员工持股计划的要素，程序与时点，组建有限合伙企业，有限合伙企业对公司进行增资。

第6~10章：有限合伙企业所持公司股权的转让，后续员工持股计划及入伙，退伙和除名程序，利润分配，增资跟投权。

第11~13章：相关税费，解散和清算，附则。

本实施方案细则具体内容如下。

智光电气控股子公司广州智光节能有限公司
2015年度员工持股计划实施方案细则

第一章 总则

第一条 为进一步健全和完善广州智光电气股份有限公司（简称智光电气）控股子公司广州智光节能有限公司（以下简称智光节能或节能公司，或公司）的法人治理结构及激励机制，特此制订针对节能公司高级管理人员及重要骨干人员的员工持股计划实施方案细则。

第二条 员工持股计划所遵循的基本原则。

1. 依法合规原则

公司实施员工持股计划，严格遵循法律、行政法规等相关规定。

2. 公司自主决定原则

员工持股计划的参加人员均需符合公司制订的标准，并经公司董事会确认。

3. 员工自愿参加原则

员工持股计划遵循员工自愿参加的原则，不存在以摊派、强行分配等方式强制员工参加员工持股计划的情形。

4. 风险自担原则

员工持股计划参与人员盈亏自负、风险自担。

第三条 员工持股指参与人员通过成立有限合伙企业，由合伙企业向公司增资，间接持有公司股权，并通过长期持有或进行股权交易，与公司分享股权增值的成长果实，达到公司和员工共赢的目的。

第四条 本次员工持股计划涉及的股权总数不超过公司增资后注册资本的10%。

第五条 员工持股计划方案需提交控股股东智光电气董事会审议通过，且经智光节能股东会决议后生效，具体实施方案由智光节能董事会授权智光节能公司总经理组织实施。

第二章　员工持股计划的要素

第六条　定人。

参与本次员工持股计划的人员为直接负责公司经营管理、对公司经营效益产生直接影响的高级管理人员及重要骨干人员。

本次员工持股计划不涉及智光电气控股股东及其实际控制人，也不涉及智光电气董事、监事、高级管理人员。

本次员工持股计划预留部分份额，由合伙企业的普通合伙人持有，用于本次员工持股计划实施一年后至三年内公司新引进人才的激励及参与人员的份额调配。预留份额为本次员工持股计划涉及的公司股权总量的10%~20%，预留份额在员工持股计划存续期内因新引进人才的认购、调配、普通合伙人的回购而变化。

第七条　定量。

智光节能董事会授权智光节能总经理拟定持股方案。拟定方案时须考虑参与人员的岗位重要性、服务年限、不可替代性等因素，并据此确定参与人员的范围及相应的可持股份额额度。

原则上首批参与人员间接持有的公司股权为本次员工持股计划涉及的公司股权总量的80%~90%。

员工持股计划存续期内，若参与人员在公司内部进行岗位调动，涉及持股份额档级变化的，其持股份额应做相应调整。份额调增的，差额部分由参与人员向普通合伙人认购，认购数额不得超过预留份额；份额调减的，差额部分由普通合伙人根据参与人员实际出资具体情况进行调减或回购。

普通合伙人持有的预留份额，作为后续参与员工持股计划的新引进人才的份额来源。新引进人才参与员工持股计划的，根据任职岗位可持股份额额度向普通合伙人认购。

普通合伙人持有合伙企业财产份额达到40%以上的，可解散合伙企业。

第八条　窗口期。

窗口期指根据员工持股计划，进行入伙、份额调整、回购、认购、利润分配等操作的特定时间。

每年6月份为窗口期（公司完成年度审计、股东会召开后），窗口期外的其他时间均不进行上述操作。

退伙、除名不受窗口期的限制，但退伙、除名后的结算，仍在后续窗口期内进行。

第三章　程序与时点

第九条　参与人员间接持有股权的程序如下。

1. 智光节能董事会授权智光节能总经理负责首次及后续方案的实施，包括但不限于持股对象的选定、持股份额的分配、《有限合伙企业合伙协议》的拟订等事宜。

2. 方案审议通过后，参与人员签署《有限合伙企业合伙协议》并认购及缴纳相应的出资，设立有限合伙企业，成为合伙人。

3. 有限合伙企业与公司签署《股权增资协议书》，成为公司股东，参与人员作为合伙人间接持有公司股权。

第十条 员工持股计划方案经智光电气董事会及智光节能股东会审议通过之日起两个月内完成有限合伙企业的设立登记及对公司增资事宜。

第四章 组建有限合伙企业

第十一条 公司确定员工持股计划的参与人员，并由参与人员设立有限合伙企业。

第十二条 出资方式。

参与人员均以货币方式出资设立有限合伙企业，并以合伙企业对公司增资的方式进行出资。

第十三条 出资数额。

增资的定价基准日为2015年9月30日，增资价格为公司2015年9月30日的每股净资产（未经审计）。

参与人员根据增资所需的资本总额及员工持股计划确定的其可持股份额，确定其在有限合伙企业中的出资额。

第十四条 出资时间

参与人员（暨有限合伙企业合伙人）可分三次认缴出资额

1. 第一次认缴：签署各项协议后一周内，认缴全部出资额的30%。

2. 第二次认缴：第一次认缴出资后一年内，认缴全部出资额的40%。

3. 第三次认缴：第一次认缴出资后二年内，认缴全部出资额的30%。

第十五条 认缴时间届满，有限合伙企业根据各参与人员实际缴纳的出资额确定其在有限合伙企业中的财产份额。未按期缴纳的，其财产份额按实际出资额核算，未缴纳部分，由普通合伙人认缴，并且由普通合伙人占有认缴部分对应的财产份额。

第十六条 有限合伙企业的组建工作由智光节能总经理负责，参与人员应予以配合，并应根据《合伙企业法》之规定签署《有限合伙企业合伙协议》等法律文件。

第十七条 有限合伙企业由普通合伙人执行合伙事务，普通合伙人由智光节能总经理担任，除普通合伙人外其他参与人员作为有限合伙人不执行合伙事务，且不得对外代表有限合伙企业，但有权监督普通合伙人执行合伙事务的有关情况。普通合伙人应定期向各参与人员公布合伙企业的财务状况。

第五章　有限合伙企业对公司进行增资

第十八条　有限合伙企业以货币方式向公司增资，持有公司股权。

第十九条　有限合伙企业对公司的增资与合伙人认缴出资额进度挂钩，分三次缴清。

1. 第一次认缴：签署《增资协议》后一周内，认缴全部增资额的30%。
2. 第二次认缴：第一次认缴增资后一年内，认缴全部增资额的40%。
3. 第三次认缴：第一次认缴增资后二年内，认缴全部增资额的30%。

第二十条　签署《增资协议》并完成首次增资后，有限合伙企业成为公司股东，公司滚存的未分配利润由新老股东共享。

第六章　有限合伙企业所持公司股权的转让

第二十一条　经占有限合伙企业财产份额60%以上合伙人（含普通合伙人份额）同意，普通合伙人可代表有限合伙企业将所持有的公司股权进行协议转让，转让价格由双方协商，同等转让条件优先由公司原股东收购。

第二十二条　经占有限合伙企业财产份额60%以上合伙人（含普通合伙人份额）同意，普通合伙人可代表有限合伙企业在公司资产重组、定增、并购等资本运作中，将有限合伙企业所持有的公司股权进行转让。

第二十三条　经占有限合伙企业财产份额60%以上合伙人（含普通合伙人份额）同意，普通合伙人可代表有限合伙企业要求由公司董事会指定的对象对有限合伙企业持有的公司股权进行收购。

第二十四条　有限合伙企业在上述运作总所得收益作为合伙企业的财产，可根据合伙人的财产份额进行分配（如合伙人出资未完成，应根据实际出资额/总出资额，按比例、份额进行分配），各合伙人的个人所得税按国家规定进行缴纳。

第七章　后续员工持股计划及入伙

第二十五条　首次员工持股计划实施后，智光节能董事会根据公司发展需要，确定新引进人才需纳入员工持股计划参与人员中的，可开展后续计划，并确定新引进人才的可持股份额额度。

第二十六条　经普通合伙人同意，新引进人才可以作为新的有限合伙人入伙。

新引进人才入伙，应根据可持股份额额度向普通合伙人认购财产份额，价格按公司最近一期经审计的每股净资产确定，首次支付的认购价款根据首次参与人员已支付的出资额的比例确定，如首次参与人员已出资完毕，则新引进人才入伙时须按照本《实施细则》十八条约定的比例和时间点足额认购。

第二十七条 新引进人才入伙后，与原合伙人享有同等权利，承担同等责任。

第八章 退伙和除名程序

第二十八条 如参与人员未对公司及关联公司造成负面影响的，可向有限合伙企业提出退伙申请，经普通合伙人同意后可退伙。

第二十九条 如参与人员出现下列情况，且未对公司及关联公司造成负面影响的，当然退伙。

1. 死亡或被依法宣告死亡的。

2. 到法定年龄退休且退休后不继续在公司或关联公司内任职的。

3. 丧失劳动能力而与公司或关联公司结束劳动关系的。

4. 已不适合继续在公司或关联公司任职，与公司协商终止劳动合同或公司单方面解除劳动合同的。

5. 与公司协商一致，公司同意离职的。

6. 不再在员工持股计划范围内的。

但如首次参与人员首次认购及缴纳出资时，已在公司及关联公司工作满一年且按期足额全部缴纳完出资后，继续在公司及关联公司工作满一年的，或后续参与人员全部认购及缴纳出资后，继续在公司及关联公司工作满三年的，其在有限合伙企业的财产份额可选择长期持有，当出现上述4～5款规定的情形时，无需当然退伙。

第三十条 参与人员根据第二十八条、第二十九条退伙后，普通合伙人对其的财产份额进行回购，回购价格根据公司最近一期经审计的每股净资产确定。

第三十一条 如参与人员出现下列情况的，视为对公司及关联公司造成了负面影响，普通合伙人可将其除名。

1. 违反国家有关法律、行政法规或《公司章程》等的规定，给公司或关联公司造成重大经济损失。

2. 严重失职、渎职、营私舞弊、受贿、索贿、侵占、盗窃、泄露经营和技术秘密等重大违法违纪违规行为，给公司或关联公司造成重大损害的。

3. 未经公司同意，个人无正当理由单方面终止或解除合同、个人不再续签等恶意离职情形的。

4. 在同行业任职，与公司或关联公司存在同业竞争，损害公司或关联公司利益。

5. 其他经认定的有法律依据或公司管理制度依据的，对公司或关联公司造成负面影响的情形。

参与人员被除名后，不再作为有限合伙企业的合伙人，其在有限合伙企业中的财产额强制由普通合伙人回购，回购价格为其实际出资。

第三十二条 合伙人的财产份额任何情况下不能私自转让，只能按《有限合伙企业合伙协议》约定转让给普通合伙人。经普通合伙人回购的财产份额，作为预留份额。

第三十三条 回购价款的支付。

有限合伙人退伙或除名，由普通合伙人回购的，回购价款自退伙或除名之日起两年内分批支付。

第九章 利润分配

第三十四条 自参与人员成为有限合伙企业的合伙人之日起，若公司股东会通过了当年利润分配方案，有限合伙企业作为公司股东获得公司分配的利润的，普通合伙人可根据本办法及《有限合伙企业合伙协议》的规定，按参与人员在有限合伙企业中的财产份额，在提取管理费（管理费由全体合伙人共同承担，按出资总额的1.5%提取）后向各参与人员分配有限合伙企业分得的公司现金利润。

第三十五条 利润分配在窗口期进行，按合伙人的财产份额进行分配，如合伙人出资未完成，应根据实际出资额/总出资额，按比例、份额进行分配。

如在窗口期内，还有认购、份额调整、回购等操作的，利润分配应在上述操作完成后进行。参与人员退伙的，其所得的当年利润分配仅截止至退伙手续完毕之日。参与人员被除名的，不参与利润分配。

第十章 增资跟投权

第三十六条 经公司各股东协商一致同意后，若存在公司增资扩股情况，有限合伙企业拥有对应被稀释股份比例的跟投权，认购股权的价格应与其他股东的相同。

第十一章　相关税费

第三十七条　各参与人员应根据中国法律之规定，对其因参与本计划或行使本计划项下的权利而取得的任何形式的收益，向相关税务机关缴纳个人所得税。

第十二章　解散和清算

第三十八条　解散。

当下列任何情形之一发生时，有限合伙企业应被解散并清算。

1. 合伙期限届满且未依据《有限合伙企业合伙协议》或全体合伙人其他书面约定获得延长，或者依据《有限合伙企业合伙协议》或全体合伙人其他书面约定经延长后的经营期限届满。

2. 普通合伙人或单独或者合计持有合伙企业三分之一以上实缴出资额的合伙人提议，并经合计持有合伙企业60%以上实缴出资额合伙人同意后解散。

3. 普通合伙人持有的合伙企业财产份额达40%以上的，普通合伙人可解散合伙企业。

4. 普通合伙人退伙或被除名且合伙企业未接纳新的普通合伙人。

5. 有限合伙人严重违约，致使普通合伙人判断合伙企业无法继续经营的，普通合伙人可解散合伙企业。

6. 合伙企业被吊销营业执照。

7. 合伙企业所持股权全部转让的。

8.《合伙企业法》《有限合伙协议协议》或全体合伙人其他书面约定的其他解散原因。

第三十九条　清算。

全体合伙人委托普通合伙人担任清算人，清算人在清算期间执行下列事务。

1. 负责管理所有合伙企业未变现的资产。

2. 清理合伙企业财产，分别编制资产负责表和财产清单。

3. 处理与清算有关的合伙企业未了结事务。

4. 清缴所欠税款。

5. 清理债权、债务。

6. 处理合伙企业清偿债务后的剩余财产。

7. 代表合伙企业参加诉讼或者仲裁活动。

8. 以合伙企业的资产支付清算费用。

所有合伙企业未变现的资产由清算人负责管理。

清算期从合伙企业收益分配完毕之日起不超过半年，清算财产的分配由合伙人另行书面约定。

第十三章　附则

第四十条　本办法解释权归属智光电气董事会。

广州智光电气股份有限公司
董事会
2015年11月24日

第23章

激励基金计划案例

本章介绍上市公司、非上市公司的激励基金计划案例，包括威孚高科激励基金实施办法和广州越秀金控超业绩奖励基金计划。

23.1 【案例】威孚高科：上市公司激励基金实施办法

无锡威孚高科技集团股份有限公司（威孚高科，000581；苏威孚 B，200581），系深交所主板 A 股、B 股上市公司。其控股股东为无锡产业发展集团有限公司，实际控制人为无锡市国资委。据威孚高科 2016 年年报显示，无锡市国资委通过前述“产业集团”间接持有威孚高科股份 20.22%。

2014 年 6 月 20 日股东大会 2014 年 5 月 27 日公司董事会、2014 年 6 月 20 日股东大会分别审议。

实施办法内容包括：一、目的与原则，二、激励基金的管理，三、激励基金计提，四、激励基金使用，五、附则。

实施办法具体如下。

无锡威孚高科技集团股份有限公司
激励基金实施办法

一、目的与原则

为保障公司长远发展和保证股东利益、公司利益和员工利益保持一致，根据国家相关法律、法规及《公司章程》的规定，特制订威孚高科激励基金实施办法。

本办法遵循以下基本原则。

（一）人才激励与创新发展主题激励并举。

（二）强化核心人才激励，兼顾员工普惠激励。

（三）激励与约束相结合。

（四）短期激励与中长期激励相结合。

（五）股东利益、公司利益与员工利益相结合。

（六）符合法律、法规、规范性文件和《公司章程》。

二、激励基金的管理

（一）股东大会为激励基金的最高决策机构，行使以下职权。

（1）审议批准《激励基金实施办法》。

（2）审议批准《激励基金实施办法》的变更和修订。

（3）其他须经股东大会审议的事项。

（二）公司董事会为激励基金的最高管理机构，行使以下职权。

(1) 审核《激励基金实施办法》及修正案，并提交股东大会决策。

(2) 审议批准年度激励基金的计提方案。

(3) 股东大会授予的有关激励基金的其他职权。

(三) 公司监事会为激励基金的监督机构，行使以下职权。

(1) 对激励基金的相关方案的知情权和建议权。

(2) 监督激励基金方案的制订和执行。

(3) 对激励基金的使用和管理进行监督。

(四) 董事会薪酬与考核委员会行使以下职权。

(1) 拟订《激励基金实施办法》或修订案并提交董事会审议。

(2) 拟订年度激励基金计提方案并提交董事会审议批准。

(3) 评估基金使用的效果并向董事会报告。

(4) 本办法授予的其他权限。

(五) 由公司人力资源部和财务控制部联合成立激励基金保管小组作为激励基金的日常管理机构，行使如下职权。

1．根据公司董事会的委托，负责激励基金的日常管理。

2．负责对激励基金的预算、使用、管理实行独立核算，并定期向董事会薪酬与考核委员会进行汇报。

3．其他与激励基金管理的有关具体工作。

三、激励基金计提

公司每年按经审计后的当年归属于母公司所有者的净利润为计算基数，计提不超过该额度5%的比例的激励基金。为进一步促进公司盈利能力稳定和持续提升，并结合公司实际，确定如下具体的计提要求。

(一) 计提激励基金的基本条件。

(1) 当年加权净资产收益率低于8%，则当年停止计提。

(2) 当年加权净资产收益率达到或超过8%，则当年可计提激励基金办法如下。

①激励基金计提基本计算办法分三部分构成，如表23.1所示。

表23.1 威孚高科激励基金计提办法

计提构成	具体条件	计提最高标准
第一部分	基础计提	当年归属于母公司所有者的净利润的3%
第二部分	当年营业收入较上年度不降低	当年归属于母公司所有者的净利润的1%
第三部分	当年归属母公司所有者的净利润较上年度不降低	当年归属于母公司所有者的净利润的1%
合计		当年归属于母公司所有者的净利润的5%

②若主营业务利润较上年度出现下降时，则当年可计提最高标准，在按

上表基本计算办法计算结果基础上，还须做如下控制。

a）若主营业务利润较上年度下降幅度在 20%（含）以内，则当年计提激励基金最高标准还须满足不超过当年归属于母公司所有者的净利润的 4%的条件。

b）若主营业务利润较上年度下降幅度在 20%以上，则当年计提激励基金最高标准还须满足不超过当年归属于母公司所有者的净利润的 3%的条件。

（二）其他必须终止当年度的激励基金计提的情况。

（1）最近一年度财务会计报告被注册会计师出具非标准无保留意见。

（2）最近一年内因重大违法违规行为被中国证监会予以行政处罚。

（3）董事会薪酬与考核委员会认定的绩效目标完成度出现较大偏差等其他不满足激励计提条件。

（三）公司审计机构对公司上一年度财务报表出具标准无保留意见后，由董事会薪酬与考核委员会按照上述规定核算计提额度，并报董事会审议。

（四）如果出现由于会计政策调整或会计差错导致对以前年度经营业绩进行追溯调整事项的，董事会应对以往年度提取的激励基金进行相应调整。

四、激励基金使用

根据公司激励基金目的和原则，结合公司实际情况需要，本办法将激励基金统筹划分为“核心人才中长期激励专项基金”、“重大创新发展激励专项基金”和“员工补充保险福利及奖励专项激励基金”分别进行使用和管理。每年由人力资源部在激励基金的结余和当年计提总额范围内，根据当年实际需要，编制各专项激励基金分配额度预算方案，报集团公司管理层批准后执行。

（一）核心人才中长期激励专项基金

1．激励对象

（1）激励对象包括以下范围。

①董事（独立董事、外部董事除外）、总经理、副总经理及同级别党群主要负责人。

②依据公司《薪酬和福利管理制度》认定为：8 级（含）以上级别管理方向、技术方向、项目管理方向人员、5B~5D 级别高技能方向人员（注：1~5A 级、6~7 级为普通员工）。

③由总经理提名的其他级别管理、技术、项目管理、高技能骨干和卓越贡献人员。

④由董事长提名的特别人才（仅限本条②、③人员范围）。

（2）激励对象应当与公司或下属公司建立正式的劳动关系或聘用关系。下列人员不得成为激励对象。

①按集团公司《绩效管理制度》，其所属一级部门绩效评估奖励指数较低（<1.3）的。

②按集团公司《绩效管理制度》，其所属二级部门绩效评估奖励指数较低（<1.3）的。

③依据集团公司《绩效管理制度》年度绩效等级为“需改进”或“不合格”的。

④在任职或合同期内辞职、离职的或因违法违纪而被公司解除劳动关系的。

⑤劳动合同到期终止未与公司续签而终止劳动关系的。

⑥在任期或合同期内有损害公司利益行为的。

⑦在任期或合同期内因管理不当造成重大事故或重大损失的。

⑧董事会薪酬与考核委员会认定的其他不应参与激励基金分配人员。

（3）现有可纳入激励对象范围的员工约 450 名。董事（独立董事、外部董事除外）、总经理、副总经理及同级别党群主要负责人具体对象及人数由董事会薪酬与考核委员会确认，其他上述属激励对象范围人员由公司管理层根据公司发展战略等确定年度激励具体对象和人数。

2．分配和发放办法

（1）根据专项基金分配总额和依个人层级确定的分配系数，核定各层级部门分配总额，再由各部门根据个人岗位责任、个人年度绩效评估结果进行二次分配后，确定个人分配额度。

（2）参与分配人员具体分配系数按照如表 23.2 所示原则执行。

表 23.2　威孚高科激励基金分配系数

激励对象/薪级	层级分配系数	备注
董事（独立董事、外部董事除外）、总经理、副总经理及同级别党群主要负责人	由董事会薪酬与考核委员会具体评定	依据《高级管理人员薪酬管理办法》第九、十一、十五条及相关条款执行
12	1	各部门负责人本人须由其直接主管负责具体分配 期间薪级有变动时，原则按照最新薪级计算 二次分配后上下浮动不超过 30% 总经理提名人员需突破奖励额，由总经理决定 对象范围须符合上述规定
11	0.7	
10、5D	0.5	
9、5C	0.35	
8、5B	0.25	
总经理提名人员	0.15	
董事长提名特别人才	由管理层评定	

注：该原则的调整需经董事会薪酬与考核委员会批准。

（3）根据激励与约束相结合的原则，同时为了避免短期行为和达到长期留人的目的，本专项激励基金的发放，采用当期支付和中长期支付相结合的原则。

激励基金支付方式如表 23.3 所示。

表 23.3 威孚高科激励基金支付方式

支付类别	支付比例	支付方式	实施时间	归属比例
当前支付	30%	①现金；②补充商业养老保险（主要适用下属公司人员）	实施方案获批准后 6 个月内	100%
中长期支付	70%	补充商业养老保险		参保满 3 年：50%；参保满 6 年：100%

注：本表及下述第（4）项有关支付的规定，不适用于“董事（独立董事、外部董事除外）、总经理、副总经理及同级别党群主要负责人”类对象，该类对象的支付将按公司《高级管理人员薪酬管理办法》执行。

（4）对于中长期支付部分，若激励对象出现如下情况，将按下述规定执行。

①因个人原因辞职，或劳动合同、聘用合同到期，单位愿意续签而员工本人不愿续签的，或因触犯法律、违反职业道德、泄露公司机密、失职或渎职等行为，严重损害公司利益或声誉的，其激励资格终止，尚未归属的中长期支付部分激励转入公司公共账户。

②因组织原因调离公司的或者在集团公司内部发生职务变动的，归属比例不受影响。

③激励对象退休、死亡、因公丧失劳动能力的，或劳动合同、聘用合同到期，单位和员工个人均同意不再继签的，归属比例不受影响。

④其他未说明情况的处理办法由董事会薪酬与考核委员会提议，董事会确定。

（二）重大创新发展专项激励基金

1．激励主题和内容

（1）激励主题：“强化创新发展激励机制，加速集团重大创新发展步伐，实现公司战略发展目标”。

（2）激励对象范围。

①集团重大创新发展项目，具体包括：集团战略产品研发重大项目；重点产业市场开拓创新重大项目；重点产品品质创新提升重大项目；新产业领域创新发展重大项目；其他管理层认定的重大创新发展项目。

②集团重大创新发展所引进的领军和关键人才的关键绩效目标。每年由集团管理层依据集团战略发展需要和专项基金额度，审议和批准具体激励对象、激励考核办法和具体激励额度。

2．考核和兑现

（1）公司制订《重大创新发展专项激励基金管理细则》，规范“项目管控”、“项目团队”、“项目评估和激励”和“引进的领军人才、关键人才”日常运行管理机制。

（2）本专项激励坚持事先激励导向原则，推行项目经理负责制，按节点目标设置分项奖励标准，并按具体考核兑现办法，进行节点奖励兑现或预兑现及项目奖励的终兑现。

（3）重大创新发展项目激励分配，根据项目评估结果核定的项目奖励额度后，由项目经理负责项目成员的激励分配，但须接受直接主管和项目条线归口部门的指导和审核。项目经理本人的激励分配额度由直接主管和项目条线归口部门共同提议。

（4）重大创新发展所引进的领军和关键人才绩效目标激励分配，由所引进领军和关键人才的绩效归口部门，按公司相关规定，完成绩效评估后，提出相应激励额度，获管理层批准后直接兑现。

（5）董事（独立董事、外部董事除外）、总经理、副总经理及同级别党群主要负责人本人，不得享受本专项激励基金分配。特殊情况须得到董事会薪酬与考核委员会的提前批准。

（三）员工补充保险福利及奖励专项基金

（1）根据普惠广大集团员工目的原则，公司将根据核定的本专项激励基金额度，紧密围绕员工养老、医疗、意外等方面，加强福利保障，增强员工企业归属感，提升员工满意度。

（2）员工普惠项目包括：员工补充年金；员工团体补充商业医疗意外保险及集团工资预算外主题性专项奖励。具体由公司根据相关规定、相关商业协议进行管理。

五、附则

（1）本办法自股东大会通过之日起执行，原公司《薪酬及薪酬激励考核方案》同时作废。

（2）本办法由董事会薪酬与考核委员会负责解释。

（3）本办法将并根据国家政策、行业及市场情况变化而做必要的修订。

2014年5月27日

23.2 【案例】广州越秀金控：上市公司子公司超业绩奖励基金计划

广州越秀金融控股集团股份有限公司（越秀金控，000987），系深交所主板上市公司（国有控股），其控股股东、实际控制人为广州市国资委，持股 41.69%。

广州越秀金融控股集团有限公司（简称：广州越秀金控），系越秀金控子公司，其公司类型为有限责任公司。

2017 年 9 月 14 日，上市公司董事会审议通过《广州越秀金控超业绩奖励基金计划》。其内容包括第：一、计划目的及原则，二、概要与整体规划，三、参与对象，四、奖励基金的计提，五、奖励基金的分配，六、奖励的归属，七、风险事项认定，八、异动处理，九、管理机构及实施程序，十、变更与终止，十一、附则。

激励方式概述：本期激励基金计划是以上市公司子公司“广州越秀金控”为实施主体，以增量为主的超业绩奖励基金计划。公司在计划有效期内，每年根据事先预定的业绩指标达成情况，以当年实际净利润超过事先约定的门槛净利润的增加额为基数，按一定比例计提奖励基金，并在满足一定条件后归属至参与对象。

本计划摘要内容如下。

广州越秀金融控股集团有限公司
超业绩奖励基金计划（摘要）

第一章　计划目的及原则

第一条　本计划的目的。

（一）为推动实现广州越秀金融控股集团有限公司（以下简称广州越秀金控、公司）战略新格局。

（二）完善风险管理机制。

（三）优化完善整体薪酬体系。

第二条　遵循的原则。

（一）公开、公平、公正。

（二）坚持激励和约束相结合、风险与收益相对称。

（三）坚持股东利益、公司利益和参与对象个人利益相协调。

（四）合法合规。

第二章　概要与整体规划

第三条　本计划是以增量为主的超业绩奖励基金计划。公司于计划实施周期内每年度，视事先预定业绩指标的达成情况，以当年度实际净利润较事先约定的门槛净利润的增加额为基数，按一定比例计提奖励基金，并在满足一定条件后，归属至参与对象。

第四条　本计划实施周期为2018—2022年，共5年。奖励基金以年度为单位计提，针对2018—2022年各年度的业绩表现分别计提奖励基金。

第三章　参与对象

第五条　本计划覆盖满足以下条件的本公司员工：截至每年12月31日，于集团体系内连续累计任职时间不低于1年，具体待董事会确定。

第六条　有下列情形之一的，不能成为参与对象。

（一）最近三年内被监管机构公开谴责或宣布为不适当人选的。

（二）最近三年内因重大违法违规行为被监管机构予以行政处罚的。

（三）最近三年内，因泄露国家或公司机密、贪污、盗窃、侵占受贿、行贿、失职、或渎职等违反国家法律、法规的行为，或违反公序良俗、职业道德和操守的行为给公司利益、声誉和形象造成严重损害的。

（四）董事会认定的不能成为本计划参与人的情形。

（五）相关法律、法规或规范性文件规定的其他不能成为本计划参与人的情形。

第四章　奖励基金的计提

第七条　奖励基金计提的前提条件。

公司需同时达成以下条件，方可计提当年度奖励基金，如表23.4所示。

表23.4　广州越秀金控奖励基金计提条件

序号	考核指标	达成要求
1	净资产收益率ROE	董事会要求的门槛值
2	广州越秀金控年度绩效考核得分	100分及以上
3	风险调整资本收益率RAROC	考核基本值

第八条　奖励基金的额度计算。

奖励基金计提比例与广州越秀金控当年度净资产收益率的达成情况挂钩，具体计提比例由董事会确定。

第九条　计划实施周期内，出现下列情形之一时，取消当年奖励基金的计提。

（一）公司 ROE 小于或等于零。

（二）经董事会决议聘请的为公司提供年度审计服务的会计师事务所针对当年度财务会计报告出具否定意见或者无法表示意见的审计报告。

（三）国有资产监督管理机构、证券监督管理机构等有关主管部门或监事会对公司当年度业绩或当年度财务会计报告提出重大异议。

（四）经董事会决议应当取消当年度奖励基金计提的。

第十条 奖励基金的预留额度。

奖励基金正常计提年份中，需预留当年度计提额度的 20%。各年份预留额度的计提相互独立，奖励基金的计提总额及预留额度及使用由董事会审议确定。

第五章 奖励基金的分配

第十一条 参与对象于计提当年度需达成以下要求方可获授奖励基金分配资格。

（一）绩效考核达标：公司高级管理人员年度个人绩效考核得分达到 85 分及以上；其他参与对象年度个人绩效考核得分达到合格及以上。

（二）不涉及本计划第六条、第十六条等规定不得参与本计划的情形。

第十二条 获授分配资格的参与对象以当年度可分配奖励基金总额为总包参与分配，个人获授奖励由个人分配系数所占比例确定。个人分配系数由岗位职级系数、绩效系数、司龄系数、综合调整系数相乘确定。

第六章 奖励的归属

第十三条 奖励的归属条件。

截至归属时点，参与对象不涉及相关风险事项的责任认定，方可实现当期获授奖励的正常归属。

第十四条 广州越秀金控总经理任期考核得分影响参与对象于任期内各年度获授奖励的可归属比例，任期考核得分以经董事会审议后的任期考核结果确定。

第七章 风险事项认定

第十五条 风险事项的责任认定。

风险事件发生后，参照《国务院办公厅关于建立国有企业违规经营投资责任追究制度的意见》及《广州越秀金控风险事件问责管理制度》等相关制度组织对具体事件的问题性质及资产损失程度进行认定，形成详细的问责结果，明确相关责任人、分摊责任及处理方式。

第十六条 风险事项的扣罚机制。

(一) 一般资产损失情况下的扣罚机制。

若责任认定当年参与对象的中短期奖金不足以抵扣，则扣减参与对象责任认定当年获授但仍未归属的长效奖励。

若仍不足以抵扣，按次序依次从责任认定后续年份中短期奖金、获授但未归属的长效奖励中扣减，直至足以抵扣。

(二) 较大或重大资产损失情况下的扣罚机制。

主要参照《国务院办公厅关于建立国有企业违规经营投资责任追究制度的意见》，处理方式主要包括终止或收回中长期激励收益，取消参加中长期激励资格等。

第十七条 本章节所涉及资产损失及其责任主体的认定依照公司相关风险事件问责管理制度确定，具体扣罚额度根据公司董事会通过的风险问责决定确定。

第八章 异动处理

第十八条 权益归属的异动处理。

(一) 职务变更。

参与对象职务发生变更，但仍在广州越秀金控任职，或轮岗、借调至广州越秀金控下属企业任职，其所获授奖励不做变更。

(二) 解雇或辞职。

参与对象发生擅自离职、主动提出辞职，被公司依法解除劳动关系、因违反公司管理制度被公司辞退、被追究刑事责任等情况时，在发生时点未归属部分，对应获授奖励全部作废，已归属部分奖励不需上缴。

(三) 丧失劳动能力。

参与对象丧失劳动能力的（包括因公丧失劳动能力），其所获授奖励不做变更。

(四) 退休。

参与对象因达到国家规定的退休年龄而离职的，其所获授奖励不做变更。

(五) 死亡。

参与对象死亡的（包括因公死亡），其所获授奖励不做变更，由其合法继承人继续享有，该继承人不受需具备参与计划资格的限制。

第十九条 其他未说明情况，由董事会负责解释。

第九章 管理机构及实施程序

第二十条 管理机构的运作模式。

董事会为计划的决策机构和主管机构，经董事会授权的薪酬与提名委员会、人力资源部及战略管理部为计划的日常管理机构。

第二十一条 公司实施长期激励的程序如下。

（一）由战略管理部依据公司考核清算结果确定考核指标的达成情况，测算奖励基金计提总额度，提交公司薪酬与提名委员会审议，董事会审批。

（二）由战略管理部、人力资源部依据本计划中的分配方法测算参与对象的个人获授奖励，提交公司薪酬与提名委员会审议，董事会审批。

（三）人力资源部、战略管理部协调其他相关部门依据董事会决议分配授予奖励，人力资源部对以上相关文本进行备案。

第二十二条 窗口期的设立。

（一）公司每年设置一个窗口期，集中办理计划实施过程中的相关事宜。

（二）窗口期具体时间根据每年实际情况确定。

第十章 变更与终止

第二十三条 计划的变更。

在计划实施周期内，董事会下设的薪酬与提名委员会在董事会审议通过的框架和原则下，依据适用的法律、法规及监管部门的有关规定，根据公司的具体情况，可拟订及调整计划的具体实施方案，经董事会审议后方可实施。

第二十四条 计划的终止。

如发生下列情形之一时，应当依据相关法律、法规和规范性文件的规定终止实施计划。

（一）公司申请破产、清算、解散。

（二）继续实施计划将导致与国家届时的法律、法规或规范性文件相冲突。

（三）公司出现严重经营困难，经董事会决议终止计划。

（四）市场发生重大变化或公司发生其他重大事项，经董事会决议终止计划。

（五）相关法律、法规和规范性文件所规定的其他需要终止计划。

第十一章 附则

第二十五条 公司实施计划的财务、会计处理及其税收等问题，按有关财务制度、会计准则、税务制度规定执行。

第二十六条 本计划自公司董事会批准之日起生效。

第二十七条 本计划的解释权属于公司董事会。

广州越秀金融控股集团有限公司
董事会
2017 年 9 月 15 日

第24章

股权激励授予协议书

公司批准实施股权激励计划后，需与激励对象签署“股权激励授予协议书”。授予协议书应根据本公司的股权激励计划撰写，并结合采用的激励工具和本公司类型，进行适当修改。

以下是一份上市公司限制性股票授予协议书，可以作为参考。

【案例】限制性股票授予协议书

限制性股票授予协议书

甲方：xx 股份有限公司　　　　住所：________

乙方：________身份证号码：____________住所：________

根据甲方______年第____次临时股东大会审议通过的《XX 股份有限公司限制性股票激励计划（草案修订稿）》（以下简称：《激励计划》）的有关规定，甲乙双方就甲方授予乙方限制性股票的有关事项，订立本协议，共同遵照执行。

第一条　授予对象资格

1. 乙方须在甲方或甲方全资、控股子公司全职工作，已与甲方或全资、控股子公司签订劳动合同并领取薪酬，并属于甲方的董事、高级管理人员、核心管理人员及技术业务骨干。

2. 乙方需经甲方董事会按照《XX 股份有限公司限制性股票激励计划实施考核办法》（以下简称：《考核办法》）的规定进行考核，经考核合格后乙方才具有获得授予限制性股票的资格。

第二条　授予限制性股票

1. 经甲方董事会确认，在授予日乙方具备本协议书约定的授予资格并符合《激励计划》规定的其他条件的，由甲方按照《激励计划》规定的分配情况向乙方一次性授予限制性股票。

2. 甲方负责办理乙方获授的限制性股票的过户等登记结算手续和锁定事宜。

第三条　授予价格

本次限制性股票的授予价格为每股____元，乙方应自本协议书签署之日起____日内将认购限制性股票的资金按照甲方要求交付于甲方指定账户。

第四条　限制性股票的锁定

1.《激励计划》的有效期为授予后的 48 个月，在授予日的 12 个月后分三期解锁，解锁期 36 个月。

2. 乙方获授的限制性股票自授予日起的 12 个月内被锁定，乙方不得转让。在解锁期内，乙方不得转让其获授的但未解锁的限制性股票。

3. 乙方因获授的限制性股票而取得的股票股利在锁定期内应同时锁定，乙方不得在二级市场出售或以其他方式转让，该等股票股利的解锁期与限制性股票相同。

第五条 限制性股票的解锁及考核条件

1. 乙方获授的限制性股票自授予日 12 个月后分三期解锁。第一期于授予日 12 个月后解锁，解锁比例为获授股票总数的 40%；第二期于授予日 24 个月后解锁，解锁比例为获授股票总数的 30%；第三期于授予日 36 个月后解锁，解锁比例为获授股票总数的 30%。

2. 在解锁期内，甲方董事会确认达到解锁条件后，乙方应该在甲方董事会确定的解锁窗口期内，就当期可申请解锁部分的限制性股票向甲方提交限制性股票解锁申请书。乙方未申请解锁的，甲方可将当期未申请解锁的限制性股票予以回购注销。

3. 乙方获授的限制性股票在解锁期内必须满足《激励计划》第____条所规定的解锁条件，方能申请股票解除锁定并上市流通。

第六条 限制性股票的受益

1. 乙方所获授的限制性股票，经登记结算公司登记过户后享有其股票应有的除转让以外的其他权利，包括但不限于该等股票的分红权、配股权、投票权等。

2. 乙方享有所获限制性股票在授予日后至解锁日前所产生的现金股利，但该部分股利在解锁日前应由甲方代管，在办理当期限制性股票解锁手续的同时向乙方支付。

3. 在授予日前若甲方发生派发现金红利、送红股、公积金转增股本、股票拆细或缩股等影响甲方总股本数量或股票价格事项时，甲方有权按照《激励计划》的规定对限制性股票的授予数量和价格相应进行调整。

第七条 不符合解锁条件的限制性股票的回购与注销

在《激励计划》有效期内：

1. 若甲方业绩考核未达到《激励计划》第____条规定的解锁条件的，乙方不得对获授的限制性股票中当年可解锁的限制性股票申请解锁，应由甲方回购注销。

2. 若甲方出现《激励计划》第____条第____项所列情形之一而失去实施股权激励计划资格的，应终止实施《激励计划》，乙方已获授但尚未解锁的限制性股票由甲方回购后注销。

3. 若乙方因出现《激励计划》第____条第____项、第____项所列情形之一而失去参与股权激励计划资格的，则乙方已获授但尚未解锁的限制性股票由甲方回购后注销。

第八条 回购价格和数量

甲方按本协议书的约定和《激励计划》的规定回购注销限制性股票的：

1. 回购价格为授予价格，但根据《激励计划》需对回购价格进行调整的，按照调整后价格回购。

2. 若授予日后甲方发生送红股、公积金转增股本或配股等改变激励对象获授的限制性股票数量的情况，甲方应当按照调整后的数量对乙方获授的限制性股票及基于获授限制性股票获得的其他甲方A股股票进行回购。

第九条 甲乙双方的权利与义务

1. 甲方的权利与义务

（1）甲方有权要求乙方按其任职岗位的要求工作，若乙方不能胜任所任职的工作岗位或绩效考核不合格，经甲方董事会批准将回购并注销乙方尚未解锁的限制性股票。

（2）甲方应当根据《激励计划》和中国证监会、证券交易所、登记结算公司等部门的有关规定，积极配合乙方办理符合解锁条件限制性股票的解锁手续。但若因中国证监会、证券交易所、登记结算公司的原因造成乙方未能按其意愿解锁并给乙方造成损失的，甲方不承担责任。

（3）法律、法规规定的其他相关权利义务。

2. 乙方的权利与义务

（1）乙方应当按甲方所聘岗位的要求，勤勉尽职，恪尽职守。

（2）乙方应当按照本协议书的约定和《激励计划》锁定其获授的限制性股票。

（3）乙方获授的限制性股票不得违反锁定及限售的相关规定进行转让、用于担保或偿还债务。

（4）乙方应按照《激励计划》的规定自筹认购限制性股票的资金来源，乙方不得以任何方式要求甲方为其依《激励计划》获取相关限制性股票提供贷款及其他任何形式的财务资助，包括为其贷款提供担保。

（5）乙方因《激励计划》获得的收益，应按国家税收法规交纳个人所得税及其他税费。

（6）乙方在获授限制性股票并解锁之后2年内离职的，应当将其因获授限制性股票而取得的全部收益返还给甲方。乙方在获授限制性股票并解锁之后离职的，自离职之日起2年内不得在与甲方存在竞争关系的机构任职或在其他机构从事与甲方承担的相同或类似工作，否则，乙方除应当将其因获授限制性股票而取得的全部收益返还给甲方外，还应承担与其因获授限制性股票而取得收益同等金额的违约金，给甲方造成损失的，还应同时向甲方承担赔偿责任。

（7）法律、法规规定的其他相关权利义务。

第十条 其他问题

1. 在《激励计划》有效期内，乙方发生正常职务变更，但仍在甲方或甲方下属分、子公司内任职的，其获授的限制性股票仍然按照《激励计划》规定的程序进行授予、锁定和解锁。但是，乙方不能胜任岗位工作、考核不合格、触犯法律、违反执业道德、泄露公司机密、因失职或渎职等行为损害甲方利益或声誉而导致职务变更，或因前列原因导致甲方解除与乙方劳动关系的，经甲方董事会决定对乙方根据《激励计划》已获授但尚未解锁的限制性股票不得解锁，并由甲方回购后注销。

2. 乙方因辞职、公司裁员而离职，由甲方董事会决定对乙方根据《激励计划》已获授但尚未解锁的限制性股票不得解锁，并由甲方回购后注销。

3. 乙方在本计划有效期内退休的，且退休年度经考核合格的，其可申请解锁的限制性股票根据《激励计划》继续有效，自退休之日起尚未解锁的限制性股票将由甲方回购并注销。甲方根据工作需要对乙方进行返聘，乙方因《激励计划》获授的限制性股票仍然按照《激励计划》规定的条件和程序解锁。若乙方在退休后因不接受甲方的返聘而离职，其获授的尚未解锁的限制性股票不再解锁，由甲方回购后注销。

4. 乙方因丧失劳动能力而离职的，若乙方因工伤丧失劳动能力而离职时，其丧失劳动能力后的个人年度考核被视为合格，尚未解锁的标的股票仍根据《激励计划》规定的条件申请解锁；若乙方非因工伤丧失劳动能力而离职时，由甲方董事会决定对乙方已获授但尚未解锁的限制性股票不得解锁，并由甲方回购后注销。

5. 乙方死亡的，其已解锁的限制性股票继续有效，尚未解锁的限制性股票由甲方回购后注销。

第十一条 承诺

1. 甲方承诺在《激励计划》有效期内，若发生控制权变更、合并、分立等情形时，《激励计划》由甲方承继主体继续执行。

2. 乙方承诺不存在下列情况。

（1）最近三年内被证券交易所公开谴责或宣布为不适当人选的。

（2）最近三年内因重大违法违规行为被中国证监会予以行政处罚的。

（3）具有《公司法》规定的不得担任公司董事、高级管理人员情形的。

3. 乙方承诺如在《激励计划》实施过程中，出现《激励计划》所规定的不能成为激励对象情形的，自不能成为激励对象年度起将放弃参与本激励计划的权利，并不向甲方主张任何补偿；但乙方可申请解锁的限制性股票继续有效，尚未确认为可申请解锁的限制性股票将由甲方回购并注销。

4. 乙方承诺了解甲方有效实施的限制性股票方面的规章制度，包括但不限于《激励计划》和《考核办法》，乙方将遵守上述规章制度；并且本协议书生效后，甲方根据实际情况和监管部门的要求对本次限制性股票激励计划制订新的规章制度，乙方应遵照执行。

乙方承诺，在本协议中所提供的资料真实、有效，并对其承担全部法律责任。

第十二条 协议的终止

乙方违反本协议的有关规定，违反甲方关于限制性股票激励计划的规章制度或国家有关的法规、规章及规范性文件，甲方有权视具体情况通知乙方终止本协议而不需承担任何责任。

第十三条 争议的解决

本协议中有约定的按照约定进行解决，本协议未约定的按照甲方关于本次限制性股票激励计划中的相关规章制度的有关规定进行解决。均未涉及的部分，按照国家有关法规、规章、规范性文件和公平合理的原则解决。

甲、乙双方对于本协议执行过程中发生的争议应协商解决；协商未果的，可以向甲方所在地的人民法院提起诉讼。

第十四条 生效

本协议一式两份，甲、乙双方各执一份，具有同等法律效力，协议自双方签字盖章之日起生效。

甲方（盖章）: 乙方:（签字）（手印）

代表人:（签字）

______年_____月____日 ______年____月____日

本协议书来源于网络。

第25章

业绩股票激励形式案例

《上市公司股权激励管理办法》的股权激励主要形式是限制性股票、股票期权，以及法律法规允许的其他方式。该办法没有出现业绩股票激励形式的提法。

以业绩股票命名的公司股权激励计划也不多见，有的话也是年份较早。比如：《夏新电子股份有限公司业绩股票激励实施办法》，2003 年制订；《广州药业股份有限公司业绩股票激励制度实施细则》，2003 年制订。

但也有一些上市公司、非上市公司，在员工持股计划中，设计了归属期及考核，因此属于业绩股票+期股制的结合形式。

上市公司员工持股计划的一般操作是这样的：员工出资购买份额，公司设立统一的员工持股计划账户，员工通过员工持股计划间接持有公司股票，员工获得分红及存续期届满后员工持股计划出售股票收益的分配金额，但不会把股票过户（归属）至参加对象本人账户。

当员工持股计划中的安排中，除了存续期、锁定期，还涉及了归属期，以及根据考核情况决定归属时，这份员工持股计划实际采用了业绩股票激励形式。

本章选取了非上市公司和上市公司的业绩股票激励形式案例，包括：360 奇酷的员工持股激励计划首次授予实施细则要点、美的集团的核心管理团队暨“美的集团合伙人计划”之第三期持股计划（草案）、青岛海尔的核心员工持股计划之第二期持股计划（草案），供大家对照，它们都是在员工持股计划名下的业绩股票激励形式。

如果以某年度的业绩考核达标，进行股票一次性归属，这是业绩股票激励形式；如果以某年度的业绩考核达标，进行股票的分次归属，这也是业绩股票激励形式（同时也是期股制）。

如果不必与某年度的业绩考核达标挂钩，只是在授予股票时（出资购买或奖励）非一次性授予，而是分次进行归属，这属于期股制。

上市公司采用的限制性股票也有分期解锁安排，股票期权或股票增值权也有分期行权，有的分期解锁或分期行权也根据考核情况决定实际解锁比例或行权比例，为什么这些不是业绩股票激励形式呢？

这是因为限制性股票在授予后 60 日内就完成了登记过户，直接持股是过户到激励对象个人账户，间接持股是过户到持股平台、持股平台完成激励对象的工商登记，这都是已经归属的情况。股票期权也是如此，在 60 日内完成了登记过户（期权的过户）。

此时，标的权益（股票或期权）的所有权已经属于激励对象了。为什么叫限制性股票？唯一被限定的股票权利是出售权，由于限制出售，就简称限售（锁定），期满后叫解除限售（解锁）。

而业绩股票是针对股票能否归属（及归属多少、归属方式），在完成设定的业绩指标（公司及个人）的前提下，公司决定给予激励对象股票数量的过户（归属）。

因此，在看员工持股计划或股权激励计划时，如看到“归属”两字，则要考虑：这有可能是一份业绩股票激励形式或期股制。

25.1 【案例】360 奇酷：员工持股激励计划首次授予实施细则要点

奇酷互联网络科技（深圳）有限公司（简称：360 奇酷），成立于 2015 年 1 月，现注册资本 4 亿美元。股权结构为：奇虎 360 公司持股 75%，酷派集团持股 25%。

2015 年 12 月 9 日，奇酷科技启动员工股权激励计划。

股权激励首批授予的实施细则如下。

1. 授予比例

授予员工总股权的 60%，作为本次首次授予的比例。预留 40%作为对业绩优秀员工再次授予的资源池。

2. 首次授予范围

首次授予股权的人员范围包括专业经理级或高级工程师级（含）以上的员工。未获得首次授予的员工，有机会在后续授予中获得股权激励。

3. 授予形式

公司授予员工（非高管）的股权形式是限制性股票，员工不需要出资购买。

4. 授予后归属进程

授予后，分 5 年归属，每年归属 20%。员工每年实际归属的比例与个人绩效等方面挂钩，具体细则以董事会批准通过的《员工股权激励计划》为准。

5. 保密要求

授予数量遵守保密原则，员工间不得互相打听、交流，也不得对外部透露。

案例来源：

360 奇酷实施员工股权激励计划：分五年兑现.新浪科技，2015-12-09.

25.2 【案例】美的集团：核心管理团队持股暨“美的集团合伙人计划”之第三期持股计划（草案）

美的集团股份有限公司（美的集团，000333），系深交所中小板上市公司。2017 年 3 月 29 日，公司董事会审议通过《美的集团核心管理团队持股暨“美的集团合伙人计划”之第三期持股计划（草案）》，本计划生效。

本期持股计划内容共包括 11 个方面。

1～5 方面：持股计划的目的，持股计划的基本原则，持股计划的参加对象、确定标准及份额情况，持股计划的资金来源、股票来源和规模，存续期内公司融资时持股计划的参与方式。

6～11 方面：持股计划的存续期、锁定期、变更、终止，持股计划股份权益的归属及处置，持股计划的管理模式，本计划管理机构的选任、管理协议条款，持股计划履行的程序，其他重要事项。

本计划要点如下。

1. 制订依据

本持股计划系美的集团依据《公司法》《证券法》《关于上市公司实施员工持股计划试点的指导意见》等有关法律、行政法规、规章、规范性文件和《公司章程》的规定制订。

2. 管理方式

本期持股计划委托第三方管理。受托方必须符合法律法规对资产管理资质的要求，为本期持股计划设立专门的资产管理计划，以法律法规允许的途径购买和持有美的集团股票。

3. 参加对象

本期持股计划参加对象为对公司整体业绩和中长期发展具有重要作用的公司核心管理人员合计为 15 人，包括本公司总裁、副总裁 5 人（含兼任事业部总经理人员 2 人），事业部及经营单位总经理和其他高管 10 人（以下统称“合伙人”）。

4. 资金来源

本期持股计划的资金来源为公司计提的持股计划专项基金，本期持股计划计提的专项基金为 9 900 万元，约占公司 2016 年度经审计的合并报表净利润的 0.6%。

5. 存续期

本期持股计划存续期为自董事会审议通过之日起四年，存续期满后，当期持股计划即终止，也可由持股计划管理委员会提请董事会审议通过后延长。

6. 锁定期及归属期

本期持股计划所购买的公司股票自美的集团披露完成标的股票购买的公告之日起设立不少于 12 个月的锁定期，法定锁定期内不得进行交易。

本期持股计划项下公司业绩考核指标达成之后，根据 2017 年公司、事业部与经营单位业绩目标的达成情况及考核结果确定各合伙人对应的标的股票额度，并将确定对应的标的股票额度分三期归属至合伙人，每期归属间隔 12 个月，每期归属的具体额度比例将根据各持有人考核结果确定。

在持有人每个归属期的考核结果均达标的情况下，持有人每期归属的标的股票权益比例如下。

第一期归属可享受 40%标的股票权益，第二期及第三期分别归属可享受 30%标的股票权益。

第一期及第二期归属给持有人的标的股票权益的锁定期为自该期标的股票权益归属至持有人名下之日起至第三期标的股票归属至持有人名下之日为止，第三期归属给持有人的标的股票权益自归属至持有人名下之日起即可流通，无锁定期。

若依据 2017 年公司、事业部及经营单位业绩目标达成情况及考核结果确定的合伙人对应的标的股票的额度小于公司计提基金并通过专项资管计划购买的标的股票额度，则剩余超出部分的标的股票及其对应的分红（如有）由持股计划管理委员会无偿收回，并在持股计划期满前择机售出，售出收益返还公司。

本期持股计划项下的公司业绩考核指标为 2017 年度加权平均净资产收益率不低于 20%，并依据持有人个人年度业绩考核结果确定其对应的标的股票额度。

若该期持股计划下的公司业绩考核指标达成且持有人在每个归属期的考核结果均达标，则持有人方可以享有该期持股计划项下按照上述规则归属到其名下的标的股票权益；若该期持股计划项下的公司业绩考核指标未达成，则该期持股计划项下标的股票权益均全部归属于公司享有，所有持有人不再享受该期持股计划项下的标的股票权益。

本期持股计划涉及的主要事项的预计时间安排如表 25.1 所示（若实际时间有调整，则以实际时间为准）。

表 25.1 美的集团核心管理团队持股计划之第三期持股计划（草案）归属安排

预计时间	主要事项	备注
2017-03-29	董事会审议持股计划	
2017-05—2017-07	持股计划购入标的股票	持股计划在 3 个月内完成标的股票的购买

续上表

预计时间	主要事项	备注
2018-05	根据公司、事业部与经营单位业绩目标的达成情况及考核结果，确定持有人对应的标的股票额度，并确定持股计划第一个归属期中 40% 标的股票权益的归属情况	若公司业绩考核指标未达成，则该期持股计划项下的标的股票权益均归公司享有
2019-05	确定持股计划第二个归属期中 30%标的股票权益的归属情况	
2020-05	确定持股计划第三个归属期中 30%标的股票权益的归属情况	
	归属至持有人的所有标的股票权益锁定期届满，可予以出售	

注：公司将依据相关规定，在持股计划完成标的股票的购买及分期归属时发布持股计划的实施及进展公告。

7. 持股规模

本期持股计划符合中国证监会《关于上市公司实施员工持股计划试点的指导意见》等监管规定对于公司及员工个人持股总数的要求：公司全部有效的员工持股计划所持有的股票总数累计不得超过公司股本总额的 10%，任一持有人所获股份权益对应的股票总数累计不得超过公司股本总额的 1%。标的股票总数不包括持有人在公司首次公开发行股票上市前获得的股份、通过二级市场自行购买的股份及通过股权激励获得的股份。

8. 实施条件

本期持股计划经公司董事会审议后即可实施。

9. 股权结构

本期持股计划实施后，将不会导致公司股权分布不符合上市条件要求。

25.3 【案例】青岛海尔：核心员工持股计划之第二期持股计划（草案）

青岛海尔股份有限公司（青岛海尔，600690），系上交所主板上市公司。

2017 年 2 月 27 日，公司董事会审议通过《青岛海尔核心员工持股计划之第二期持股计划（草案）》，本计划生效。

本期持股计划内容共包括 14 个方面。

1～5 方面：释义，员工持股计划的目的，持有人的确定依据和范围，资金来源，股票来源和数量。

6～10 方面：持有人的情况及份额分配，存续期、锁定期、归属期及终止，持股计划股份权益的归属及处置，持有人会议和管委会职责、召集及表决程序，管理模式及管理机构的选任、管理协议。

11～14 方面：管理规则主要条款，实施员工持股计划的程序，持有人的变更和终止，附则。

本计划要点如下。

1. 制订依据

1. 本期持股计划系公司依据《公司法》《证券法》《关于上市公司实施员工持股计划试点的指导意见》等有关法律、行政法规、规章、规范性文件、《公司章程》和根据《青岛海尔核心员工持股计划（草案）》的规定制订。

2. 参加对象

本期持股计划的参与对象为公司董事（不含独立董事）、监事、高级管理人员以及在公司及下属公司任职并与公司或下属公司签订劳动合同且领取报酬的正式员工。本期持股计划的人员共计不超过 600 人。公司董事会授权管委会可根据员工变动情况、考核情况，对参与后续持股计划的员工名单和分配比例进行调整。

3. 资金来源

本期持股计划的资金来源为公司提取的激励基金。本期持股计划的资金来源为公司提取的 27 000 万元激励基金。

4. 股票来源

本期持股计划股票来源为二级市场购买。本期持股计划通过二级市场购买标的股票，自董事会审议通过后 6 个月内完成购买。

5. 存续期、锁定期

本期持股计划存续期不超过 36 个月，自公司公告标的股票登记至持股计划时起计算。存续期满后，本期持股计划终止，也可经董事会审议通过后延长。

已设立并存续的各期员工持股计划所持有的股票总数累计不得超过公司股本总额的 10%，单个员工所持持股计划份额（含各期）所对应的股票总数累计不得超过公司股本总额的 1%。

本期持股计划所获标的股票的锁定期为通过二级市场或配股方式购买标的股票的，锁定期为 12 个月，自公司公告最后一笔购买之标的股票登记至本期持股计划时起计算。

6. 归属期及考核

锁定期结束后基于公司的业绩考核制度对本期持股计划持有人进行考核，由其考核后归属至经考核达标的本期持股计划持有人，考核期为两年，具体考核期及权益归属比例原则上由管委会确定，各期持股计划另有约定的除外。

持股计划股份权益的归属及处置如下。

（1）本期持股计划锁定期满之后，在归属期内，基于公司的业绩考核机制对持有人进行考核，经考核达标符合归属条件的，由管委会提出申请后，选择以下处理方式之一。

① 由公司代为向资产管理机构、上交所和登记结算公司提出申请，将股票归属至本期持股计划持有人个人账户。

② 委托资产管理机构在存续期间内代为出售本期持股计划所购买的青岛海尔股票。

③ 委托资产管理机构在存续期内继续持有股票。

本期持股计划项下归属期为两年，具体归属期及各归属期对应的标的股票权益比例原则上由管委会确定。

（2）本期持股计划的股份权益归属。

本期持股计划的参加对象分为两类：第一类持有人为青岛海尔董事、监事、高级管理人员及公司平台人员，第二类持有人为其他持有人。

① 第一类持有人的考核指标及归属安排。

2017 年度：

a）该等持有人 2017 年度经管委会考核其结果为达标，且 2017 年度公司经审计的扣除非经常性损益的归属于母公司股东的净利润较 2016 年增长超过 25%（含 25%），则将其名下本期持股计划标的股票权益的 40%全部归属于持有人。

b）如果增长幅度在 20%～25%，由管委会决定归属的比例并报公司董事会薪酬与考核委员会同意后进行归属。

c）如果增长低于 20%（不含 20%），则 2017 年不归属。

2018 年度：

a）该等持有人 2018 年度经管委会考核其结果为达标，且 2018 年度公司经审计的扣除非经常性损益的归属于母公司股东的净利润较 2017 年增长超过 10%（含 10%），则将其名下本期持股计划标的股票权益的 60%全部归属于持有人。

b）如果增长幅度在 8%～10%，由管委会决定归属的比例并报公司董事会薪酬与考核委员会同意后进行归属。

c）如果增长低于 8%（不含 8%），则 2018 年不归属。

② 第二类持有人的考核指标及归属安排。

经管委会考核，在2017年度、2018年度考核结果达标，分别归属40%、60%。

7. 管理模式

本期持股计划委托第三方管理。受托方必须符合法律法规对资产管理资质的要求，为员工持股计划设立专门的资产管理计划，以法律法规允许的途径购买和持有青岛海尔股票。

8. 实施条件

本期持股计划经董事会审议通过后方可实施。